未读

A
三
DR | 思想家 |

如何成为你

和波伏瓦
一起追求真实

[澳]斯凯·克利里 著
郭澍 译

天津出版传媒集团

天津人民出版社

图书在版编目（CIP）数据

如何成为你：和波伏瓦一起追求真实 / (澳) 斯凯
·克利里著；郭澍译. -- 天津：天津人民出版社，
2024.6 (2025.8重印)
书名原文: How to Be Authentic: Simone de
Beauvoir and the Quest for Fulfillment
ISBN 978-7-201-20508-3

Ⅰ.①如… Ⅱ.①斯… ②郭… Ⅲ.①哲学—通俗读
物 Ⅳ.①B-49

中国国家版本馆CIP数据核字(2024)第111228号

How to Be Authentic: Simone de Beauvoir and the Quest for Fulfillment
Copyright © Skye C. Cleary 2022
This edition arranged with The Science Factory and Louisa Pritchard Associates
through BIG APPLE AGENCY, INC., LABUAN, MALAYSIA.
Simplified Chinese edition copyright © 2024 United Sky (Beijing) New Media Co., Ltd.
All rights reserved.

著作权合同登记号图字：02-2024-056号

如何成为你：和波伏瓦一起追求真实
RUHE CHENGWEI NI: HE BOFUWA YIQI ZHUIQIU ZHENSHI

出　　版	天津人民出版社
出 版 人	刘锦泉
地　　址	天津市和平区西康路 35 号康岳大厦
邮政编码	300051
邮购电话	022-23332469
电子信箱	reader@tjrmcbs.com

选题策划	联合天际·文艺生活工作室
责任编辑	苏　晨
特约编辑	邵嘉瑜　李芳铃
美术编辑	梁全新
封面设计	艾　藤

关注未读好书

制版印刷	北京联兴盛业印刷股份有限公司
经　　销	新华书店
发　　行	未读（天津）文化传媒有限公司
开　　本	889 毫米 ×1194 毫米　1/32
印　　张	12.25
字　　数	233 千字
版次印次	2024 年 6 月第 1 版　2025 年 8 月第 3 次印刷
定　　价	88.00 元

客服咨询

我的哲学必须来源于生活。

——《一个哲学学生的日记》第一卷

目录

前言　做一个真实的反叛者

> 我感到自己体内一阵喧闹，令我害怕，这紧张
> 感让人筋疲力尽，但我接受这场"做自己"的伟大
> 冒险。
>
> ——《一个哲学学生的日记》第二卷

"做你自己就好了。"这里的"就好了"，让这件事听起来如此轻松。若果真如此，所谓的指导也就没有必要了。不过，事实证明指导的确是有必要的。我们之所以渴望"真实"（authenticity），就在于它是如此不同寻常，并且如此难以实现。说到底，我们必须付出极大的努力，才有望变得真实。本书的初衷就是帮助大家达到这个目的。

真实已经成了一种贬值的货币，几乎被贬低到毫无意义的地步。"做你自己就好"本就是一件谁都说不准的事情。主流文学引导我们如何辨别真实，它许诺我们揭示真实的"奥秘"，帮助我们提前做好准备。美国著名女性主持人奥普拉·温弗瑞（Oprah Winfrey）说，如果早知道做真实的自己如此大有裨益，

她会早早就做好准备。布芮尼·布朗（Brené Brown），畅销书《不完美的礼物》（*The Gifts of Imperfection*）的作者，将"真实"定义为"不再纠结于我们觉得自己应该成为谁，而是拥抱我们是谁的日常实践"。不纠结于我们应该成为谁听起来是对的，可是我们如何能知道我们是谁呢？为了保障长久的幸福，我们应该拥抱真正的自我。可是什么是真正的自我？我们有真正的自我吗？

如果要使用"真实"这个词，就有必要搞清楚它的真正含义，以及它到底是一件我们能够拥有的事物，还是一件我们必须做到的事情。我们可能会想谁能拥有它、如何拥有它，以及以之为目标将会如何影响我们的生活。说唱歌手莉佐（Lizzo）在大声唱出对自己的爱，同时驳斥他人的审美标准时，是不是真实的？或者说安杰拉·戴维斯（Angela Davis）坚守自己的信念，勇敢地说出对性别歧视、战争以及监禁等不公平现象的反对更为真实？或许我们的全部精力都集中在那些看起来完全不真实的事物上了：政客们无休无止的谎言、同事和朋友的闲言碎语，以及网络红人充满厚厚滤镜的自拍……但如果这些是不真实的，那么是什么让它们不真实呢？

法国存在主义哲学家西蒙娜·德·波伏瓦（Simone de Beauvoir）认为真实是生命意义的基本要素。但她在此所指的可不是常见的所谓"忠于自己天然的形态"那一套陈词滥调。对波伏瓦来说，我们的存在没有固定的本质，因为我们总是处于变化之中，成为和今天的我们不同的存在。对于波伏瓦而言，"存在先于本质"，也就是说，我们首先存在着，然后倾尽一生来缔造自我（我们的本质）[1]。她认为，并不存在一个"真实的自我"去等着我们发现，只存在一个我们通过一次次的选择创造出来的、不断变化的自我。换言之，我们是一些富有创造力的虚无之物（creative nothings）。

做真实的自己意味着创造我们自己的本质。这里至关重要的是"创造"。我们并非发现了自我，而是缔造了自我。真实是一种表达我们的自由的方式：认识到我们是自由的，并且接纳这一点；保持头脑清醒，明晰关于我们的自我、我们的处境和其他一些事物，哪些是我们可以选择的，哪些是无法选择的；善于运用我们的自由来完成自我塑造。我们的自我并非一连串客观因果的产物。创造自我是一种艺术——一种有意识地选择我们想要成为谁的主动行为。

追求真实是一段诗意的求索之旅，是一个不断自我创造、自我更新的过程，这段如诗般的旅程有其独特的"节奏"和"韵律"，有其"段落"与"诗行"，求索者可能一往无前，也可能误入歧途。没有固有的规矩，也没有既定的目标来指引我们形成自己的风格。我们必须自己塑造真实，其中如何塑造是重中之重。

* * *

尽管追求真实是一段求索之旅，但它绝不是一个人的旅程。抵达真实并不是一件仅凭一己之力就能完成的事，甚至不是一件只依靠自己就能去做的事，原因有二。其一，波伏瓦对真实的理解涉及伦理的维度。我们与他人共同存在于这个世界上，在和他人互动的过程中，我们有意无意地考虑着他们对我们的期望，以及我们对他们的期望。有时他人是令人鼓舞的，有时又是令人沮丧的。无论如何，我们的生命总是与他人密不可分。其二，我们能从别人的故事中找到一部分自己，甚至是——或者说尤其是从别人的错误和妄想中找到自己。对于自己、他人以及成长的诸多可能性的更清晰的认知，能够在我们追求自我实现的道路上为我们保驾护航。

要想活得真实，就要坚持我们自己的道路，但这并不意味着我们可以随心所欲，想做什么就做什么。在波伏瓦看来，抛开责任谈自由是毫无意义的。责任，就是意识到我们和别人是相互关联的，我们生活在特定的时间和空间里。我们掌握着自己的自由，在一个充满同样掌握着自己自由的他人的世界里穿行，波伏瓦正是帮助我们在这样的矛盾中辨别前进方向。在这一点上，波伏瓦比任何其他哲学家都更为特别。

波伏瓦写道："一个人只有通过爱、友谊、义愤和同情为他人的生命赋予意义，自己的生命才有意义。"[2] 爱、友谊和同情在人们的认知里是重要的，可以算作行为准则，但义愤不是。波伏瓦所说的义愤是指对世界上不公的愤慨。义愤解释了为什么对他人的同情是活得真实所不可或缺的，也正是反抗产生的基础——对压迫的反抗，为每个人都有能自由创造自己生命的权利而抗争。

第二次世界大战初期，波伏瓦倾向于和平主义，但是在看到法西斯主义的蔓延和恐怖后，她意识到人道主义、团结和反抗的重要性。她生活在被纳粹德国占领的巴黎。她的终身伴侣让-保罗·萨特（Jean-Paul Sartre），曾作为战犯在监狱里被关了9个月。她的许多朋友都神秘失踪了。波伏瓦成立了一个反抗组织，但不久就解散了，因为其他反抗组织的成员陆续被捕，甚至消失。1939年，她曾写道："历史攫住了我，从那以后再没放开。"[3]活得真实所涉及的伦理问题也再没有放开她。

波伏瓦以"主体间性"（intersubjectivity）把握真实的伦理问题，这一概念指向人们对彼此自由的共同认知和互相尊重。在其最具争议性的文章《要焚毁萨德吗？》（*Must We Burn Sade?*）中，波伏瓦剖析了性虐待中主体间性存在的可能性。萨德侯爵（Marquis de Sade）是18世纪一个放荡不羁的人，热衷于暴力、性虐待和折磨。

萨德制定了一套自己的规则，无视社会传统，对写作和虐待无比狂热。从这个角度来讲，波伏瓦将萨德视作一个活得真实的典范。但是从存在主义角度来讲，他不是一个真实的人，因为他混淆了权力和自由。他专干丑事，无视社会公平，受害者们被他剥夺了自由，沦为他欲望的被动承受者，他的行为是专横残暴的。

这里，波伏瓦暗指萨德这样的利己主义者在人们看来也许是在做真实的自己，但这种生活方式忽略了我们存在的相互关联性。真实不是一种自私，不是只考虑自己内心的追求。真实还涉及道德的维度，因为我们是和他人共存的。存在主义的自由要求一种对他人的责任，因为我们分享着共同的人类境遇。

一种在通俗意义上反对存在主义的观点认为，既然我们可以自由选择自己的价值观，并且做真实的自己就是拥抱并践行我们的自由，况且没有什么能阻挡我们压榨他人，那么还有什么理由去表现得有道德感呢？正如费奥多尔·陀思妥耶夫斯基（Fyodor Dostoyevsky）在《卡拉马佐夫兄弟》（*The Brothers Karamazov*）中说的，如果上帝死了——如果没有一个外部的规范来指导我们的行为，那么凡事都可以随心所欲了。波伏瓦和这个矛盾不懈地斗争着，努力构筑一套以自由为基石的道德规范。她持久地驳斥"凡事都可以随心所欲"这一说法，这也是令她在一众存在主义哲学家里显得独一无二的原因之一。

综观波伏瓦的作品，从她早期的小说到晚年的自传，再到卷帙浩繁的哲学著作和哲学随笔，她描绘了一种真实生命的可能，这种真实的生命认可我们与他人之间的关系。毕竟，做真实的自己需要我们勇敢地对自己坦诚，要求我们好好看清自己。当我们近距离仔细观察自己时，我们会发现所有我们依赖于他人的地方，会发现我们如何令彼此的生命更加丰富，也会发现我们如何成为彼此及彼此行事的阻碍。

那么如何活出波伏瓦的存在主义意义上的真实呢？找个理由做一个有创造力的反叛者——这个理由就是自由本身。要想变得真实，我们必须把自己从压迫和自我设限的枷锁中解救出来。我们把自己束缚在恐惧、焦虑和渴望融入的枷锁中。我们为他人而戴上各种面具，也经常为自己的一部分自我戴上面具——不完全让我们感到舒适的那部分自我。真实让我们卸下包袱，摘掉这些用来自我保护的面具。它让我们能因着自己的选择而追求一种光明的未来。

当我们站起来，把我们的自我推上风口浪尖，认准自己认为正确的，然后放手一搏，我们就是在缔造自我——我们将自己塑造成有创造力的反叛者。采取这样鼓舞人心的行动，成为这样鼓舞人心的自我，是非常令人激动的。但是这个过程很费力气，我们必须三思。做事情时，不要自动接受他人的关于我们应该做什么的期待；要有我们彼此的命运是息息相关的意识，要对我们会成为谁而负责。

* * *

我是在一个最出人意料的场景中接触到西蒙娜·德·波伏

瓦的[i]。当时我在攻读工商管理硕士，正坐在夜间的课堂上听一场长达4小时的课，老师讲着公司治理的错综复杂之处。就在大家的脑袋开始变得昏昏沉沉、神思恍惚之际，老师加快了语速。她突然提高嗓门，开启了一个新话题。

"在工作中，你们实际[i]能有多自由？"她问道。我的思绪啪的一下回到正轨。"多么奇怪的问题啊！"我心想。自由和公司治理方法能扯上什么关系？接着她开始激情洋溢地介绍起了西蒙娜·德·波伏瓦、让-保罗·萨特，还有他们对自由、真实以及对我们所做的选择负责的捍卫。她谈到各种组织机构如何乐于制造自由的假象，然而大多数人在工作中拥有的唯一自由就是，要么忍受已有的条件，要么辞职。我们被要求独立思考——像人们所说的"跳出条条框框"，但这么做通常没什么好果子吃。此刻她的话完全吸引了我的注意力。

她继续说，存在主义者主张我们创造自己的价值观，但是在工作中，我们面临着遵循公司价值观的压力，稍有不慎便会被扣上"不团结合作"的帽子。我们受到所谓企业文化的约束，公司是否雇用我们也是基于我们是否和公司"适配"。且不论工作表现如何，这种行为本身就不符合存在主义理念。存在主义认为我们是不断变化着的，不断成为新的自我，而且通常是以始料不及、难以预测的方式。我感到一阵眩晕。我上课

---

i　本书特殊形式字体均遵照原书形式（若无特殊说明，本书脚注均为编者注）。

前没来得及吃晚饭，但不是因为这个，是这堂课有一种令人眩晕的魔力。

　　法国存在主义哲学家西蒙娜·德·波伏瓦和让－保罗·萨特，我都听说过，不过我对他们的了解仅局限于一些浅显的事实。我知道波伏瓦1949年的作品《第二性》（*The Second Sex*）掀起了一股女性主义的狂潮，这是一部非同凡响的宣言书，直接向女性压迫发起了挑战。我还知道她的个人生活的知名程度丝毫不逊于她的思想——混迹于巴黎各种爵士俱乐部和咖啡馆，与社会名流的交往，以及和哲学家、放荡公子萨特那惊世骇俗的终身伴侣关系。

　　波伏瓦的生活和哲学与我当时所处的那个满是令人苦恼的陈词滥调的生活环境大相径庭。工作上我驾轻就熟，可精神上却精疲力竭，感到迷惘。27岁时，我有了一份体面的工作，成了一名国际股票套利交易员，管理着自己的股票和货币投资组合。在华尔街工作6年后，我的工作签证到期了，我回到澳大利亚，成立了自己的家庭工作室，在悉尼从事美国和欧洲证券市场贸易工作。

　　不到一年，我便厌倦了这种"金融吸血鬼"的生活：每天熬夜，盯着彭博社的各种大屏，从市场波动中"吸"出金钱。互联网泡沫破裂的同时计算机算法收窄了利差[i]，这意味着冒的

---

i　即利率之差，指债券或国库券等现货金融工具所带来的收益和投资成本之差，也指银行的贷款利率和存款利率之差。

风险更大，获得的收益却更少了。在我看来，工商管理硕士学位将会是我重返生活并开启新的职业生涯的入场券。但我不知道工作重心该往哪儿放。起初，我尝试了新闻工作，可我发现自己几年来仿佛只是身处一个精品店经营顾问小组，于是我开始利用业余时间攻读博士学位。

与此同时，我和一个人保持着一种半死不活的乏味关系，不论是在智识还是职业上，他都丝毫不了解我的抱负。不管去哪里我都会遇到压力，无法安顿下来。人们给了我很多书，都是书名类似《如何钓到白马王子？经得起时间检验的黄金铁律》（*The Rules: Time-tested Secrets for Capturing the Heart of Mr. Right*）的作品。社会对我这样一个眼看就要30岁的未婚女人有着什么样的期待一目了然：找到爱情，结婚生子，永远幸福地生活下去。我怀疑这样的幸福生活公式根本就是个谎言。

存在主义正好在我需要它的时候走进了我的生命——在我迫切渴望听到它的时候。人们一直在我耳边喋喋不休的话题都是婚姻和生育——或者显然是不婚不育这样的事情，遵从社会规则的压力压得我喘不过气。就在这时，存在主义探讨着自由、责任和焦虑，对我无疑是一种警醒，或者说是一种激励，让我不要在浑浑噩噩的梦游中度过余生。

具有存在主义意识和做自己一样，在成人的世界里看似很困难。我发现波伏瓦的哲学是一种异常引人入胜的方法，能让我们思考应该如何生活，如何去爱，以及如何能以一种有意义的方式活得真实——在一个不断诱惑我们为了工作、为了被朋友接纳、为了社交媒体上的一份简介而背弃信念，并且用自拍和表面的身份象征填补我们的空虚感的世界里。

波伏瓦令我感到震撼，因为她是那么野心勃勃，又是那么古灵精怪、活泼可爱。她是那么富有智慧，令人心醉神迷，但她从来不以为意；她是那么魅力四射，但永远与世无争。她对哲学充满热情，敢于反对父母的想法，因为他们想让她从事一些更切合实际的工作，比如图书馆研究。波伏瓦的家庭并不富有。她的家庭没有给她准备嫁妆，所以她必须找一份工作，不过她本来也想要一份工作，因为除了自己她不想依靠任何人。她有一个终身男友（让-保罗·萨特），但她也爱着其他人。我发现她的哲学比她同时代男性哲学家的更细致入微，比如波伏瓦主张环境很重要。身为女性意味着你所处的环境和男性认为自己所处的环境不同，这就使得你拥有的选择也不同。

我对生活不再抱有幻想。我感到自己被他人对我的期待束缚住了手脚。我想知道波伏瓦是如何看待这个世界的，以及如果她处在我的境地，会如何看待这个世界。我并不是想完全照搬她的经验，不过我想知道她如何看待周遭的环境，想知道我如何尽可能地认识自己的选择以及这些选择的意义。我想创造自己，不过我想通过她有关做真实自我的哲学来使自己变得强大，从而实现这个目标。我认为学习波伏瓦的思想可以帮助我找到一条摆脱那种束缚感的道路，于是我踏上了理解波伏瓦真实性哲学的探索之路，并在这条路上不断求索，本书便记录了我迄今为止的发现。

* * *

谁是西蒙娜·德·波伏瓦？波伏瓦是法国哲学家、作家、社会活动家。她出生于1908年，在巴黎长大，后在索邦大学学习哲学——其时女性刚刚获得和男性同等的受教育权利不久。她如饥似渴地阅读了许多作家的作品：卡尔·马克思（Karl Marx）、罗莎·卢森堡（Rosa Luxemburg）、埃德蒙德·胡塞尔（Edmund Husserl）、马丁·海德格尔（Martin Heidegger）、索伦·克尔凯郭尔（Søren Kierkegaard）、戈特弗里德·威廉·莱布尼茨（Gottfried Wilhelm Leibniz）、格奥尔格·威廉·弗里德里希·黑格尔（Georg Wilhelm Friedrich Hegel）。她的同窗中，好多人也都和她一样，成了他们那个时代法国最伟大的知识分子。这些人包括让-保罗·萨特、莫里斯·梅洛-庞蒂（Maurice Merleau-Ponty）、西蒙娜·薇依（Simone Weil）。

波伏瓦毕业于巴黎高等师范学校（École Normale Supérieure）[4]，并通过了法国竞争激烈、享有盛誉的哲学教师资格考试，成为通过该考试的第九位女性和最年轻的考生。她是有史以来最著名、拥有读者最多的哲学家之一。美国编剧、作家洛兰·汉斯贝里（Lorraine Hansberry）曾说："《第二性》极有可能成为本世纪（20世纪）最重要的作品……整个世界都会变得和原来不一样。"莎拉·贝克韦尔（Sarah Bakewell）[i]曾说《第二性》是"最具有变革性意义的存在主义作品"。波伏瓦去世后，法国哲学家伊丽莎白·巴丹德（Élisabeth Badinter）沉痛地说："所有的女性，都应该感谢波伏瓦！"[5]波伏瓦的小说《名士风流》（*The Mandarins*）获得了1954年的龚古尔奖（Prix Goncourt）——法国文学最负盛名的奖项。

但是波伏瓦拒绝被贴上"哲学家"的标签。[6]波伏瓦对像其他哲学家那样——包括萨特——通过非人的努力跻身精英的行列，来创造一种"被称为'哲学体系'的疯狂"持怀疑态度。[7]她对当下人们的看法和切实可行的存在主义方法论更感兴趣。[8]这也是她还写了那么多小说，写了一部剧，还有几部自传的原因之一。

《第二性》的开头即质疑了对女性的定义。[9]波伏瓦认为这太复杂了，所以她用了将近一千页的篇幅进行历史和哲学的分析。这部卷帙浩繁的作品只花了她一年多的时间。这样的勤勉为她赢得了"海狸"的昵称。由于"海狸"一词的英文"beaver"在法国人听起来和波伏瓦的名字"Beauvoir"发音类似，这也成了一个笑料。[10]（不清楚这个昵称是否还含有性意味。波伏瓦本人没有说过她对这个昵称的感受，不过她对此似

---

i　莎拉·贝克韦尔，作家，生于英国，代表作《存在主义咖啡馆：自由、存在和杏子鸡尾酒》。

乎并没有什么意见。）ⁱ

20世纪40年代，波伏瓦辛勤地耕耘着《第二性》，同时也深深地意识到性别之间的不公。她意识到自己是何其幸运，能够获得教育，还能从事教学事业——尽管这和家人努力将她送往好学校以及她自己的努力分不开。凭借她的才智和中产阶级白人的身份，她得以拥有绝大多数女性所没有的选择。波伏瓦可以充分利用她的这些优势。她曾说："不，我并没有因为我的女性气质而受苦，恰恰相反，从20岁起，我就开始积累了男女两种性别的诸多优势。"[11]

在20世纪70年代的一次访谈中，波伏瓦讲述了创作《第二性》如何改变了她的观念：

> 从前，一个职业女性，比如秘书，只要坐在咖啡馆里，读着一本书，就不可能不遭到骚扰。她如果被邀请去参加聚会，很少是因为她的"头脑"。她不能建立存款账户，不能拥有个人财产。但我可以。更重要的是，我往往会鄙视那些感到无法独立于男性的女性，不论是经济上还是精神上。事实上，虽然没有说出来，可我心里的想法就是，"既然我能做到，那她们也能"。在做研究并创作《第二性》的过

---

i "beaver"一词在英语里还有忌讳用法"女性阴部"之义。——译者注

程中，我开始意识到，我的这些特权是我放弃了我的
女性特质的结果——起码放弃了某些重要的方面。[12]

构成波伏瓦哲学理论基础的其中一个核心理论，就是我们
都是被抛到这个世界上，并且通过我们自己的选择塑造自我
的。如果我们被剥夺了选择的权利，那是压迫；如果我们主动
选择放弃自由，那就是一种道义上的失败了。[13]《第二性》共
包含两卷，研究了对女性的压迫和女性对压迫的接受如何造就
了女性作为从属于男性的第二性的社会处境——不论是从机会
还是从社会地位的角度来讲均是如此，在波伏瓦写作《第二
性》的20世纪40年代是如此，直至今日也依然如此。

波伏瓦最具创新性的观点，也是她最著名的观点："女人
不是天生的，而是后天形成的。"[14]自《第二性》第一次出版以
来，这句话的意思就一直被广泛讨论，但在多数情况下，它被
理解为生理性别是生物学意义上的，但社会性别是社会和文化
共同铸就的——尽管波伏瓦在《第二性》里并没有特意强调
"社会性别"这个词。[15]在波伏瓦看来，女人之所以成为女人，
都是社会压力的产物，这些压力要求女性具有某些特征并以特
定的方式行事。这些社会压力包括你被抚养长大的方式，你的
社会关系圈子里人们对你的期待，甚至你自己想要服从刻板印
象的内在压力。这些压力足以对你产生潜移默化的影响，铸就
你的行为方式、你的为人，甚至你的外貌。

然而，女性拥有子宫的生理事实并不意味着她们的主要社会角色就应该是家庭主妇，而男性的主要社会角色就应该是赚钱养家的工作者。波伏瓦认为，正是这样过分强调生理特征致使女性沦为生育机器的错误逻辑，一直被用来使女性在社会和文化方面（同时延伸到经济方面）沦为男性的附属品。

"女人不是天生的，而是后天形成的。"对这句话的另一种解读是，我们不局限于*被塑造*成为女人，而是有着一种*自我塑造*成为女人的潜质。波伏瓦在《第二性》里关注的问题包含两个方面：一是了解外部的压力如何迫使我们服从有关女性的传统观念；二是理解我们拥有的自我创造的自由。在《第二性》的结尾，波伏瓦号召女性立刻行动，反抗压迫，拥抱自由，通过探索自己选择的工作和职业来活得真实。

波伏瓦因重新定义女性角色而出名——她不仅仅在理论上进行了定义，在自己的日常生活中也秉持着同样的态度。她在成长过程中是一个恭顺的天主教女孩，梦想着长大后成为一名修女。可是她并没有信奉天主教太久。波伏瓦背离了传统习俗规定的女性道路，比如结婚生子。不过，她对其他一些女性的经历却能产生共鸣，她能和这些女性分享观点——女人们可以选择传统的或是其他的生活方式来活出真实的自己，而且不管她们选择何种生活方式，都是因为自由和力量，而不是因为别无选择。

波伏瓦的《第二性》初版于1949年，当时法国女性刚获得选举权不久（1944年）。在女性拥有选举权方面，法国已经比世界上其他国家落后了一大截：新西兰（1893年——世界上第一个女性拥有选举权的国家）、美国（1920年）、英国（1928年）。第二次世界大战期间，出于战争需求，女性从事了很多根据传统由男性从事的职业。争取选举权的战役在二战前才刚刚打响。不过，二战后，不论是在职场还是在家庭内部，女性主义者们都继续投身到了争取更广泛的公平的斗争中。

二战的干扰使女性更加团结，为推翻有关女性社会地位的传统观念创造了条件。欧洲、北美，以及世界上的其他许多地方都掀起了女性主义运动的新浪潮，女性争取到了更多受教育以及通过避孕节育的权利。再后来，女性争取到了无过错离婚权——这在二战前是不被允许的。这些权利——以及其他权利，对于女性主宰自己的命运而言是至关重要的。

1975年，波伏瓦说，她很高兴自己的作品令如此多的女性以及社会活动家产生了共鸣，包括女性运动的领军人物贝蒂·弗里丹（Betty Friedan）、格洛丽亚·斯泰纳姆（Gloria Steinem）、凯特·米利特（Kate Millett）。波伏瓦从没有发起过一场女性运动，但是哲学家朱丽娅·克里斯蒂娃（Julia Kristeva）说，波伏瓦的作品清晰明确、简单易懂，比任何人都更快速地助推了20世纪中叶的女性运动。[16]波伏瓦的作品号召人们为女性的权利而战——为了让女性能主宰自己的身体，让女性在职场和政治上享有一席之地，也为了改善两性之间的关系。

* * *

波伏瓦的时代和我们今天的时代在许多方面都不相同。她经历了两次世界大战，没有无线网络和社交媒体，也没有流媒体电视节目。但波伏瓦的思想经久不衰的一个原因是，她是在一个前途极其黯淡、政治无比动荡的时代写作的。我们今天仍然面临着生活的不确定性，不局限于政治层面，还牵涉存在主义层面：世界像一个没有明确意义的深渊困扰着我们。一个个包装整齐的诀窍，不论是宗教、家庭、社会，还是我们的领导人传达给我们的，都令人高度怀疑。我们像是不时地堕入一个后真相的王国。我们需要批判地思考我们的生命，而波伏瓦能帮助我们做到这一点。我写作本书的目的就是揭示我们能从西蒙娜·德·波伏瓦的哲学中学到什么，以帮助我们清晰地洞见我们的生命，从而活得真实。

在存在主义中，特别是波伏瓦的存在主义中，没有严格的规定。存在主义者甚至都没有一个关于他们的哲学的定义。存在主义最好由各种不同的主题来界定，比如个人经历、自由、真实、责任、个人主义、焦虑、死亡、情感投入、具体行动，以及澄清我们自己生命的意义。

存在主义在20世纪40年代名声大噪，涌现出了一大批作品，不仅有波伏瓦和萨特的，还有卡尔·雅斯贝尔斯（Karl Jaspers）、加布里埃尔·马塞尔（Gabriel Marcel）、马丁·海德格尔、莫里斯·梅洛-庞蒂、阿尔贝·加缪（Albert Camus）等人的作品。存在主义流行的原因之一，是这些作家意识到了个人自由和集体责任的重要性，以及一个随时可能爆发野蛮战争的世界是多么荒诞。

二战将要结束，纳粹从法国撤离时，波伏瓦和萨特基于一系列的随笔和讲座，发起了一场她称为"存在主义进攻"（existentialist offensive）的运动。[17]我对波伏瓦作品的研读，正是在对流于表面的自立和短暂希望的"存在主义进攻"中开启了新的篇章。我不制定规则，也不保证结果。相反，我只是提供一个起点，帮助大家揭示和了解他人的要求加在我们身上的暴行，以及我们自己给自己套上的锁链——不管是以爱或责任之名，还是其他任何千丝万缕的借口，导致我们避开对自己的自由应尽的责任。

存在主义的思考方式并不是快速解决生活问题的灵药，也不是保证人生成功的良方。它不是一种纸上谈兵的哲学。存在主义让人们认清，创造个人的生命意义和价值事关每一个个体，需要每一个个体自己融入这个世界，推翻可能限制我们前途的种种压迫。我们要走出去，行动起来，而不是只在脑海中思考应该如何做。波伏瓦思想中的一个关键要素是，他人是我们存在的一个条件。如果我们重视自己的自由，就必须重视他人的自由。只注重自己的自由而罔顾他人的自由无异于自我欺骗。

波伏瓦被诟病戴着中产阶级白人的眼镜看这个世界。对于一些议题，尤其是种族主义，她确实没有提出有参考价值的解决方案，因此，我们需要求助其他思想家以弥补这些缺口。我们必须引入对种族主义更深层次的分析，包括结构性种族主义和一些交叉学科的研究——通过聆听贝尔·胡克斯（bell hooks）、奥德雷·洛德（Audre Lorde）、佳亚特里·斯皮瓦克（Gayatri Spivak）等讲述她们的个人经历来揭示社会动态的力量。不过，波伏瓦在揭示压迫和自由的结构模式方面做了很多努力。她极其重视客观存在的不平等，所以她很关注性别歧视、年龄歧视、阶级歧视等问题。

我们生活的世界面临着诸如种族和经济的不平等、新型冠状病毒的肆虐、气候变化、自然灾害等各种各样的破坏，在这样一个遭到破坏、满目疮痍的世界里，很难看到生命之美。生存在这样的世界里，我们需要重新审视人与人之间的关联，以及我们对待自己和他人的态度。许多人为了消除不平等而战，极力推动变革，但还有许多人身陷泥潭，在不确定性和深深的不安中挣扎，茫然无措，不知所终，不知道是否要改变、要改变什么，也不知道应该如何付诸行动。波伏瓦正好给我们提供了一些帮助我们思考自己在这个糟糕的世界里的处境的方式。

波伏瓦的存在主义能帮助我们把自己塑造成负责任的个体，使我们有能力把我们共同的世界变得更好。我们将会看到她给我们提供的一些有力的认知工具，包括认识到什么是我们可控的、什么不由我们控制，选定未来的目标并为之努力奋斗，做决定时应考虑他人，面对生命的矛盾和不确定性时能对自己保持坦诚。

本书不是"真实十二法则"实操手册。[18]它是对构成真实基础的哲学的初步介绍，是对寻求真实的满足感如何丰富了有血有肉的女性的生命的探索。我会分享一些或成功或失败的案例，这些案例是波伏瓦和其他女性，包括我在内，在追求真实的过程中的亲身经历。[19]你们将会在本书中看到，我追寻真实的经历绝对称得上一波三折。但我仍然不懈追求着。在这个过程中，波伏瓦的思想对我有着比其他人都重要的指导作用——除了最重要的我自己的思想。要想践行波伏瓦的思想，我们必须有自己的追求，而不是效仿她的追求。

我写作本书，是因为波伏瓦关于真实的思想让我的生活变得更美好了。我相信波伏瓦的哲学思想也能改变你的生活——或者如果你对她的思想要旨了然于胸，你也可以自己改变自己的生活。波伏瓦的哲学思想可以帮助我们了解活着会面临哪些挑战，以及我们需要不断对自己和自己的价值观做出选择。要想了解这些，我们可以留心学习她的哲学思想，并且将其延伸以满足今天特定的生活所需。

* * *

"真诚并不容易。"波伏瓦的小说《名士风流》中的一个人物这样说道。这句话抓住了"做自己就好了"的棘手之处。我们该如何表达自己，传递生活中某些时刻的深意，表明态度，解读我们和朋友、仇敌、爱人之间剪不断理还乱的生命故事——并且真实地去做这些事？

本书聚焦于以下话题之间的张力：我们如何塑造自己以及在此过程中他人如何影响我们，在他人自我塑造时我们又是如何影响他们的——以及我们如何共同改变这个世界，好让我们都能做真实的自己。本书的结构在一定程度上借鉴了《第二性》，讲述了有关女性的一些事实和失实的说法，以及一些过来人独特的经历。

第一部分讲述了作为人类所面临的几个核心问题：一些存在主义的问题，比如我们能控制什么、无法控制什么；一些对女性气质进行设定和约束的方式；以及为何青少年时期是一个揭示人类选择的力量可以塑造世界的时期。

第二部分探讨在一些特定的人类处境中，我们自己、他人以及我们身处的这个世界之间的矛盾是如何产生的。基于主体间性和互惠原则，我们在和朋友、爱人的关系里塑造着自己。结婚生子给许多人增添了来自传统和他人需求的重负，但我们可以通过自己的选择重新塑造我们的世界，以使这些生命轨迹不破坏我们的自由。年岁增长并不意味着我们要放弃继续塑造自我，我们需要创造一个消除歧视性目光的世界。死亡对我们的生命产生着极其深远的影响，它让创造意义变得更加紧迫。

第三部分集中于方案选择：如何评估哪些方案有助于我们实现人生追求，哪些又会让我们误入歧途。自恋（妄自尊大）、神秘主义（克己）以及追求幸福可能令人分心，而要想将我们自己和他人从自我破坏和压迫中解救出来，好让我们能以真实的方式自由地塑造自己的生命和这个世界，选择反抗的方案是关键。

当我说某件事情，比如关系、生活，或是幸福，是"真实的"时，我指的是*真正的有意义*。我指的是无论做人、处事、选择、行为、关联或改变之中都具有真实性，即都具有真实的意图。这些意图不是自私自利的选择，而是对做出这些选择的人及其做出这些选择的语境的认可。

本书不是对波伏瓦哲学思想的综述。我选择性地聚焦了一些在我看来和今天的生活息息相关的主题和策略。本书关注波伏瓦的思想和她的生活，不仅因为有时候她的存在本身就是一种反叛，更因为她从哲学的角度来描述自己的生活并思考自己所处的环境。她激励我们也这样做。她在书信、日记、回忆录及其他作品中事无巨细地分享了数量惊人的细节。她所有的社会面具都能帮助我们理解她的思想。

作为一个研究哲学的人，我被培养出了一种不去关注思想家如何生活的习惯；哲学家是谁、做了什么都不重要，重要的是他们在一场辩论中是否得出了正确的结论。真正重要的只有他们的思想、他们的论点，以及他们用以支持自己的结论的论据。如果我们讨论的是一种抽象的事物，比如数学哲学，那么谁写的这篇文章就没那么重要了。比如，戈特洛布·弗雷格（Gottlob Frege）是一个反犹主义者，他的数学思想就会因此有什么不同吗？不会。

然而，当我们说到人类境况时，这些就变得很重要了，而且似乎有必要犯这种"传记谬误"。当然了，告诉你如何生活不等同于你自己亲自活一遍。但是波伏瓦的选择和行动，她的成功和失败，对于她做真实的自己而言都具有非常令人着迷且富有启发性的意义。她不懈地与人们对她的生活和行为的设想作斗争，同时，她鼓励我们也这样去斗争。研究她的生活能够帮助我们预见可能会面临的一些挑战。

波伏瓦为何如此重要？哲学殿堂充满了男性的声音，他们的作品中有着一套又一套的假设、偏见和有色眼镜。而那些无法接受同等教育的女性，那些生来就面临压迫或其他不公正境遇的女性，有着不同的角度和经验来研究哲学。今天的许多女性比波伏瓦那个时代的女性拥有更多选择——特别是西方白人女性，我就是其中一员——但我们仍然面临着男性不会面临的诸多挑战。

2021年，我写作本书时，美国的《平等权利修正案》（*Equal Rights Amendment*）——旨在保障无性别差异的平等的合法权益——未能完全获得批准。同样是在2021年，得克萨斯州禁止了大多数六周以上孕期的女性堕胎，而这个时间内多数女性甚至都不知道自己已经怀孕。就在写作本书时，美国最高法院已经通过了此项裁决。作家贝尔·胡克斯写道："在面对现实时，那些伟大的人对我们说的那些充满爱意的话语，只会让我们失望。"[20]面对这个远远称不上理想的现实，女性必须比任何时候都要更加奋力反抗。我希望这本书里写到的例子能够激励人们去勇敢地抗争。

波伏瓦的一本自传的开头问了这样一个问题：我为什么是我，而不是千千万万个其他人？她觉得自己拥有这样一种生命形态是一件非常不可思议的事情。"倘若我没有出生，那么一切问题都将无从谈起。我必须承认一个事实，我的存在就是我这个人的基础"[21]"我今天不是我自己"这句话虽然只是一句随口的玩笑，不过我们仍然可以更进一步，严肃地去解构它。它道出了一些真正的问题，比如我们成为现在的我们意味着什么？怎么变成这个样子的？为什么会变成这个样子？以及我们发现这些之后应该怎么办？

让-保罗·萨特曾说他没有活出真实的自己，只是为他人指明了道路。同理，我也不敢说自己抵达了真实。但从波伏瓦的存在主义哲学让我生活中的那些假设有了裂缝的那一刻起，我就尝试着让我的生活朝着真实的方向前行。我尽量自己做出选择，而不是让别人替我做出选择。我并不总是知道我所做的决定是否真实——有时在我仓促做出一个选择后才慢慢看清真相。我也曾犯过许多错误。

但真实的生活并不是通过成功与否来评判的。真实之花在做出规划并付诸行动中才能开放。追寻真实是这样一个过程：大胆拥抱自由，大踏步迈向生活，创造我们的本质，创造我们周围的世界。当我们踏上探索如何活得真实的旅程时，我们便是在维护我们自己和他人的自由，并创造一个值得我们生活于此的世界。

不过，真实的人生也是一个指引自己追求一个永远无法达到的理想状态的过程，永远在路上，步履不停。真实是一个"更行更远"的目标，像雪花一触即化。如果你认为自己达到了真实，那很可能你并没有达到。真实不是一份可以挂在墙上的证书，而是一场永无止境的冒险。

既然如此，为什么还要竭尽全力去追求一个如此虚无缥缈的目标呢？因为放弃追求真实无异于形而上的营养不良，不去追求真实会导致超出我们所处境况的那部分自我被"饿死"。对于波伏瓦而言，追求真实区分了存在与虚无。如果你不努力创造自己，就有可能沦为一个物体，没有你的同意，世界和社会照常运转。[22]

存在主义不是一套实践，而是一种思考生活中的挑战的语言。它不是一套让你去信奉的思想体系，而是一个知识和理解的平台，我们必须从此一跃而起。[23]我们跳到什么地方，取决于我们自己的决定。波伏瓦的存在主义要求很高，它不是一剂疗愈良方，也可能不会让人感到轻松和舒适，但它有望帮助我们变得更适应目标明确、深思熟虑、朝气蓬勃的生活。活得真实不能保证我们一定会幸福，但如果我们不愿意选择这条勇敢无畏的道路，我们一定会错失活得真实的机会。并且我开始相信，真正的幸福不会通过任何其他方式获得。

第一部分

成长岁月

存在主义的基础建设

　　一旦我们接受了人性的一面，从存在主义角度
来定义人体，生物学就变成了一门复杂的学科。

——《第二性》

　　2016年美国大选结束后，我无意中听到一个女人说："我很高兴是男人当选了。女人太感情用事，不适合当总统。"这只是一个例子，代表了千百年来对女性能力持续不断的失实的描述：拥有女性的大脑和激素，就意味着你一定容易情绪失控，不适合担当大多数公共和私人领域的高层角色，或者说，身居高位的这些人不应该像女人一样行事（不管"女人"是什么意思）。[1]波伏瓦研究了大量针对女性的失实描述——她通常称之为关于女人的"障眼法"（mystifications）。"障眼法"是指关于我们是谁、我们应该做什么样的人的错误观念。"障眼法"是一个需要解决的问题，因为它是活得真实之路的绊脚石。

　　这些障眼法中的一个是，基于内在特质的不同，人们以一种绝对的方式被定义着——比如，女性是感性的，男性是理智

的，所以男性比女性更能胜任总统和领导人的角色。[2]对于人类所做的假设会加剧和固化那些僵硬和压迫的结构。了解自身所处的境况是很重要的，有助于我们思考什么是由我们所处的环境决定的，什么是我们可控的。你也许听过《宁静祷文》（Serenity Prayer）："上帝啊，赐予我一颗平静的心，让我能接受那些我不能改变的事；赐予我勇气，让我去改变我能改变的事；赐予我智慧，让我分辨两者的区别。"波伏瓦是无神论者，自然不信奉《宁静祷文》，不过她确实尝试将关于人类境况的事实从那些失实的描述中整理出来。区分我们不能控制的事情和我们能控制的事情也是非常棘手的，因为假设、偏见、成见的网和有关什么是人类的事实纷乱地搅在一起。

现代科学探索着这些复杂的网，有时也能解开一些，比如把自由意志和决定论区分开。有证据表明，尽管我们的存在有些部分是不受自由意志控制的，我们似乎也可以控制我们的冲动，甚或训练我们的大脑开辟新的道路。[3]即使我们的大脑不受控制，从存在主义的角度来讲，寻找一线自由的生机也是一件有趣的事。

如果在我们能控制什么、不能控制什么方面犯错误，则会导致各种各样的问题，比如扭曲我们自己和他人的形象，进而限制我们的诸多可能性。为了创造更好、更清晰的机会来塑造我们的未来和本质，我们需要揭示各种障眼法及其运行原理。只有我们明晰了我们能控制什么、不能控制什么，并且尽可能兴味盎然地去追求生活，我们才能活得真实。不过，可惜的是，父权文化一直在坚持不懈地破坏女性活得真实的能力。[4]幸运的是，父权文化也不能完全阻止我们活得真实，因为我们的人生阅历并不完全是由我们所处的环境决定的。

* * *

波伏瓦所说的"存在主义的基础建设"可以帮助我们揭示常见的"障眼法"，明晰我们所处的环境。[5]波伏瓦将人类存在的本质描述为自由和现实条件的结合。"自由"是一种向存在靠拢的活动，但同时也是一种永远无法拥有的开放式的存在方式。"现实条件"是指我们生命中那些既定的——或者说不可选择的事实，包括我们的父母、我们天生的身体和头脑、他人，以及我们与他人产生关联的地方。

波伏瓦告诉我们，我们既受制于现实条件（身体和环境），同时也具有超越性（我们的目标和规划）。我们通过超越现实条件过上自由的生活：保持好奇心、做出明确选择、努力实现目标、切实投入这个世界。这就是"存在先于本质"这一存在主义思想的基础，也就是说，我们先被抛到这个世界上，然后再各自去弄清楚自己会成为什么样的人。

不过，我们都生于不同的环境，也有着不同的生理基础。我们在不同的环境中长大，过着不同的社会生活。当我们被动失去自由——或者我们主动切断自由，即当我们深深陷进现实条件的泥沼不能自拔时，就会产生道德伦理问题。被现实条件困住无法自拔，就是波伏瓦所说的"内在性"（immanence）。践行自由就是超越。（我说的"超越"，指的是对现实条件的超越。）

要想活得真实，我们必须让我们的现实条件超越现在，走向未来，自由地追寻自己选定的目标，或者用波伏瓦经常用的一个词来说——"规划"（projects）。规划，即能让我们的生命具有一致性、富有意义，并为我们的生命赋予正当性的一系列活动。任何活动都可以被纳入规划的范畴——事业、情感、爱好、家庭、社会性的或创造性的工作，但是要想活得真实，就要求这些活动既能反映我们自己的选择，又能支撑集体的自由。在人类世界生存需要我们自发地做好自我规划，以融入这个世界。在生活中我们设立目标并自我规划，以便一步步向目标趋近。

真实的反面是不真实，有时称为"自欺"（bad faith）[i]——不同于法律意义上的欺骗，存在主义意义上的"自欺"指的是否定自己或他人的自由。自欺的人可能会希望自己能有另一番生命，可是却无所作为，他们无法面对自己的生命和境遇的真相，否认他们对自己行为的责任。[6]

---

i "自欺"为萨特哲学用语。

波伏瓦在短篇小说集《精神至上》(*When Things of the Spirit Come First*)中进行了一系列有关自欺的案例分析。其中一个人物尚达尔在人前展示了一种璀璨夺目、魅力四射的形象，但这一切其实都是假象。她无法面对自己生命的真相，企图通过谎言来操控他人对她的看法，这就是一种自欺。她的内心独白和日记揭露了她的私生活和公共生活的天壤之别。[7]

自欺不仅表现为向他人展现不真实的自己，还包括了为了他人而毁灭自己。另一个叫马塞尔的人物梦想着为伟大爱情献身。她痴迷于不惜一切代价做一个贤惠温顺的妻子，错误地把对糟糕性行为的被动接受和忍耐变成美德——"她用情意绵绵的顺从来接纳丹尼斯每一次的粗暴，为了让他更完全地占有自己，她让自己的意识消散于茫茫黑夜"[8]。这也是一种自欺。

还有一种自欺否认我们对生命的责任，比如相信我们的选择以及我们的行为产生的结果不重要。丹尼斯做出了承诺，比如娶了马塞尔，但是这些承诺并没有约束他。他认为事情只是被我们摊上了而已，我们的生命中没有真正的选择，所能做的唯有盲目地屈从命运的安排。

正如波伏瓦在《第二性》中所写的，《精神至上》中的人物表明，"不做真实的自己百害而无一益"。[9]马塞尔在这段被丹尼斯虐待的关系里恐惧、退缩，而丹尼斯在绝望和沮丧中苦苦挣扎。在这篇故事的结尾，马塞尔的妹妹玛格丽特哀叹道，她所爱的人们"直到死都没有真正了解或爱过任何真实的事物"。[10]反过来，当我们真诚地面对世界时——欣然拥抱自由，对我们的选择承担起责任，拒绝在妄想和虚假的偶像面前自我毁灭——这个世界将会呈现出令人激动的无数种可能。

波伏瓦的存在主义基础建设——现实条件、超越、自由、自欺，可以有这样一种解读方式：现实条件就是降生在一个讲英语的家庭，而超越是选择学习法语。尽管法语永远不会成为你的母语——因为你无法改变自己在哪里出生的事实，但你可以超越你讲英语这个现实条件。你可以通过"自欺"来削减自己的自由，找一些诸如"岁数太大""脑子不好"之类的借口，来低估自己学习法语的能力。你也可以通过熟练掌握法语来行使自己的自由。当你学习一门语言时，你就是在进行自我塑造，把自己塑造成一个掌握双语的人：一个努力朝着双语目标前进的人。如果你被禁止学习或是有人告诉你说你不行，或者你被剥夺了学习所需的基本资源（比如图书馆和互联网），那么你行使自由的途径就大大减少了。

有的人可能会说，认为我们的自由有外部限制也是一种自欺。但是如果完全忽略这些限制，就好比在恐怖电影里看到有人砍掉被囚禁者的双脚并告诉他们"你们可以走了"一样。这种观点与精英主义和白人特权分享同一套逻辑。但对于许多人来说，努力工作不一定总会取得成功，因为有一套系统性的种族歧视阻碍在前。

如果你没有力量去行使自由，那么自由就只能流于表层。

你必须从压迫中*获得自由*，进而才能*自由地*追求真实。这就意味着，忽视这些阻碍人们行使自由的结构就是一种自欺。波伏瓦的哲学是如此强有力，因为她意识到人类的存在就是自由和现实条件之间一系列复杂的矛盾。我们无法控制我们的现实条件，但行使自由意味着我们可以通过超越既有的环境来主宰我们的生命。

* * *

人们降生在这个世界上，并非白板（tabula rasa）一块，而是有着绝对的自由。我们需要像作诗一样，从零开始塑造我们的本质，创造我们的生活，但这并不是一个如同在虚空中的一张张白纸上书写的过程。我们降生的这个世界包含着一整部喧嚣的人类历史，其最上层建筑是厚重的社会和文化。这些结构形成了我们存在的背景，为我们通往真实之路制定了框架。

波伏瓦认为，我们的社会文化结构的一个主要特征就是"女性是第二性"这样的障眼法。女性是由其与男性的关系定义的，而男性则被定义为普遍的。男性承担了必不可少的角色（主体），而女性则扮演着无关紧要的角色（他者）。[11]当一个人的主体性被否定，当这个人只被视作"他者"，而非兼具主体性时，"他者"（Other）就成了一个专属名词。

在波伏瓦看来，这个将人他者化的过程——以人与人之间的关联性和对立性来定义人本身——深刻反映了人性。他者化在不同出身、种族、宗教、能力、阶级、年龄和性取向的人之间不断发生，并将会继续发生。那些在多个方面被他者化的人，受到的影响更剧烈。波伏瓦在《第二性》中提出的问题就是：为什么女性总是作为男性的他者而存在？为什么女性如此经久不衰地屈从于男性？为什么两性之间的关系一直无法达到平等？男性是怎么如此有效地压迫女性的？[12]

人是自己的主体，同时也是他人的客体。对波伏瓦而言是如此，对萨特而言也同样如此，人类是"自为存在"（being-for-itself），而物体，比如石头，则是"自在存在"（being-in-itself）。二者之间的关键区别在于，人类是有意识的，也就是说，人类具有超越意识，可以质疑自己、克服自己的现实条件，而石头不能。当我们认识到我们对于他人来说是客体时，就认识到了自己的"为他存在"（being-for-others）。我们在一块石头旁边时，不会感到不自在，可是假如我们旁边有别人，就会感到忸怩。理想状态是，我们能够成为"同他存在"（being-with-others），也就是说，建立团结和友谊。

对我们每个人而言，"自为存在"和"为他存在"之间都有着某种张力：我们对自己有一个定义，同时意识到他人对我们也有评判。过于重视"自为存在"是以自我为中心的行为，极有可能会让人觉得你无法忍受。而以忽视"自为存在"为代价，过分注重"为他存在"，则会把自己变成一个逆来顺受的受气包，极易失去自我。

　　压迫会让人沦为像石头一样的"自在存在"，同时贬抑他们的"自为存在"。压迫将人贬低为物体，否定人的主体性，将人们从互惠互利的"同他存在"关系中排除出去。女性之所以成为男性的"他者"，不仅仅因为她们在经济上依附于男性，也因为她们在存在主义层面依附于男性，而且这种互动关系基本上是依照男性的喜好在生效。

　　当人们试图理解自己的存在，在这个世界里维护自己时，会面临各种各样的阻碍：晚点的地铁，在拥挤不堪的交通高峰期想要挤进车厢的人群，自己的需求和欲望，比如饥饿、免费的无线网络等。世界上的事物对我们来说，要么是抽象的、陌生的，比如火车晚点；要么是被动服从的物体，比如一颗水蜜桃，我们可以拥有它、吃掉它，或是扔掉它。当我们将他人当作物体来对待时，我们拒绝他们的个人经验，拒绝将他人视为另一个有着强烈"自为存在"的自由意识的个体来对待。

　　此处，波伏瓦的学说里有两层含义。第一，当我们压迫他人时，我们将其视作物体，可以随意占有、消耗，或是毁灭，而不是把他们当成拥有主体意识的真实的人。第二，和物品（比如）桃子之间的互动并不能让我们加深对自己的理解。要想开始理解自己，我们需要他人。只有他人的自由、他人的主体性，才能揭示出我们存在的某些方面，而这些方面仅靠我们自己是看不到的。

让-保罗·萨特指出，这样的相互作用，这样离开"自为存在"而向"为他存在"趋近的过程，意味着"他人即地狱"！[13]波伏瓦认为，他人可能是友善的，也可能是富有敌意的，这取决于双方如何处理一段邂逅。友善意味着和另一个人建立真实的联系，因为这需要有互惠的眼光，将他人视作主体，超越想要互相占有和控制的欲望，不断克服自己想要成为自我宇宙的中心的冲动，彼此尊重，宽容以待。对于波伏瓦而言，真实的关系是人类相处中最美好的事物。[14]唯一的风险是，我们不知道在一段关系中，对方是否秉持着互惠的原则，不论是恋爱关系，还是纯友谊。我们无法选择别人是否将我们视作"他者"，但我们可以选择如何对待他人。

* * *

"永恒的女性"就是一些人试图用来解决"自为存在"和"为他存在"之间的矛盾的一种障眼法，他们这么做是为了避免真实关系中的危险和脆弱。永恒的女性指的是一种理想化的女性形象，这种女性本质上就是一种"为他存在"：她们是不具威胁性的、宽容的、友善的、圣洁的、恭顺的。波伏瓦指出，圣母马利亚就是"永恒的女性"的最高代表。[15]

波伏瓦在作品里写到"一个人成为女人"，她的意思是，文明社会是驯化并使女性遵从"永恒的女性"这一形象的障眼法的罪魁祸首。"驯化"这个词用在这里是恰当的：女性学着如何活在对她们角色的期待中，并且不断地被教导要符合对"永恒的女性"的期待。女性的顺从被书写进了最深层的文化脚本，并持续规定着现代社会的行为。

基督教、犹太教、伊斯兰教传统里的许多创世神话都运用了"永恒的女性"的障眼法。《旧约·创世记》里说夏娃是为亚当而创造的，生来就是他恭顺的伴侣。先有了亚当，因此亚当在这个世界上的存在是主要的，而夏娃的存在是次要的。像这样的障眼法设定了一个前提，即男性是这个世界的标准，是普遍的人类，是创造者，而女性是一个方便的、不错的助手。用存在主义的术语来说，亚当是本质性的（essential），而夏娃是非本质性的（inessential）。她是他的补充，是一个从属于（但是不可信赖的）他的"他者"，取之于他，用之于他。

对于波伏瓦而言，"永恒的女性"这个障眼法中最能对两性关系构成阻碍的一点，是男性想要女性成为"他者"。男性试图限制女性的现实条件，甚至到了奴役的地步——这样女性就成了附庸于男性主体地位的第二性。虽然如此，女性的超越性是没有办法被完全限制的，这令想要控制女性的男性非常沮丧。[16] 这些矛盾皆来自男性想要得到本来不属于他们的东西（女性的自由）。这样的妄想能在一定程度上解释为什么男性如此痴迷于控制女性的身体以及压制女性的声音。

波伏瓦挑战了一些简化了的、限制性的障眼法，比如"永恒的女性"这样的理念，并且因为不屈从而受到了惩罚。《第二性》出版时，波伏瓦41岁，铺天盖地的赞美和憎恶一起向她涌来。波伏瓦直白地写出了女性的体验，其中包括对许多禁忌话题的详尽讨论，如月经、青春期、性、女性压迫等。

一些读者因为波伏瓦的坦诚和勇气而成为她的狂热崇拜者。另一些人则感到震惊，因为她揭示了如此多的关于女性身体的隐私。还有一些人批判她没有充分展示女性经历的多样性——特别是没有关注有色人种女性。波伏瓦说，那一连串粗鲁的侮辱和嘲笑——特别是来自男性的部分——激烈而恶毒："不知足、性冷淡、慕男、色情狂、堕过一百次胎，这些字眼都被用在我身上，甚至未婚先孕。人们主动要求帮我治疗我的性冷淡，要不然就是要帮我缓解'唇部'饥渴。"[17]

哲学家阿尔贝·加缪，1957年诺贝尔文学奖得主，也曾是波伏瓦的朋友，曾说她侮辱了法国男人。[18]有人谴责她写的东西是淫秽作品。在后来的回忆录中谈及当时人们对《第二性》的接受时，波伏瓦指出了当年加之于她的那些双重标准：男人讨论女人的身体是正常的，但当女人讨论女人的身体时，就会被贴上不正经的标签。波伏瓦回忆道："你甚至都可以怀疑弗洛伊德和精神分析根本没存在过。因为我谈论了我的身体，就以此为借口来抨击我，那时候他们骂得多欢啊！"[19]

《第二性》明显触及了男性脆弱的神经，暴露了他们的诸多不安：他们不应该得到优于女性的待遇；他们在床上的表现

他动物的行为出于本能，而人类可以超越本能。在《第二性》中，波伏瓦说，人类冒着风险克服我们的自然环境，超越我们的既定条件，探寻生命的意义。[23]（其他动物也会思考、感知，建立社交关系，但据我们所知，它们没有形成思想体系。）作为人类，就意味着通过实际行动超越我们已有的现实条件，创造意义。

波伏瓦写道："一旦我们接受从人的角度，从存在出发去界定身体，生物学就变成了一门抽象科学。"[24]生物学界定了我们生命的现实条件，但无法定义生命的意义。生命的意义取决于我们如何过活、我们做了什么，以及我们对事物作何反应。我们通过选择来创造生命的意义，这些选择以我们拥有的性器官为基础，同时创造着为特定的性器官赋予特定价值的人类社会。

当然，生理基础可以使现实条件和自由之间产生复杂性和张力。身体有时会成为我们追求充实而有意义的生活道路上的绊脚石。在我20多岁时，痛经给我带来了巨大的痛苦，工作间隙我不得不蹲在桌子底下或就近的卫生间里像胎儿一样缩成一团。对于许多女性而言，月经会带来极大的不便甚至痛苦，生孩子极其痛苦甚至有致命的危险，哺乳极其累人甚至让人精疲力竭。[25]不过，在技术手段、计划生育和药物的帮助下，这些问题可以被轻松解决。于我而言，每个月只需几颗避孕药或是一片止疼药，我的痛苦就可以彻底消除。

定义我们的不仅仅是我们有着什么样的身体。重要的是我们用这独一无二的身体做什么，我们被允许用这身体做什么，能做什么。女性面临的最大问题是，我们身体的意义——我们的生物学意义，基本上是由建立在障眼法基础上的男性权力决定的。生物学意义上的障眼法通常被用于使歧视合理化，但是生理基础并不是形成社会化价值体系的原因。

波伏瓦指出，精神分析法是另一个阻滞真实性的潜在障眼法。认为女性的思考方式异于男性是因为她们拥有"女性的大脑"这种观念虽然有争议，但流传甚广。波伏瓦谴责那些产生这一观念的精神分析学家，如弗洛伊德。弗洛伊德的一个著名论断是，女性面临的大多数问题都是因为她们没有阴茎——这个观点让人们更加清晰地认识了弗洛伊德，而非女性。比如，弗洛伊德没有审视男性之所以能居于统治地位的更广泛的社会语境，或者社会和经济结构的影响，再或者选择和价值在其中所扮演的角色。

弗洛伊德和精神病学家阿尔弗雷德·阿德勒（Alfred Adler）将儿童描述为面临着与父亲还是与母亲产生共鸣的两难选择，面临着男性气质还是女性气质的两难选择。波伏瓦认为这一理论就是一种障眼法，她认为对童年焦虑更确切的描述应该是，女孩面临着行使自己的自由和做一个"好女孩"之间的两难选择。好女孩服从于永恒的女性特质。好女孩是别人让做什么就做什么，别人问话才开口，总是把自己打扮得漂漂亮亮，不会占太大的地方，并且永远面带微笑。

波伏瓦指出，历史唯物主义是又一个阻碍真实的障眼法，特别是恩格斯的经济人（homo economicus）理论。经济人理论认为，工具（比如材料和技术）形成了生产方式，从而形成了社会组织和性别分工。经济人理论的基础是，在石器时代，男性适合打猎，而女性适合使用小型工具，比如花园里用的铲子、织布工具等。后来，随着犁的发明，农业文明极大发展，一些人奴役**他者**来开垦土地，建立私有制来管理奴隶。男性用更大的工具劳作，获得了更多的收益，因此，和女性所做的家务和照顾家人的工作相比，男性的工作变得更有价值——从表层且有限的经济角度来衡量的话。

最著名的关于不平等的历史研究之一，格尔达·勒纳（Gerda Lemer）1987 年的《父权制的产生》（*The Creation of Patriarchy*）和这个观点不谋而合。勒纳将父权制的产生追溯至公元前 3100 年至公元前 600 年的某段时期。勒纳认为，不平等源自农业，因为男性将土地和女性的身体（还有孩子）作为经济资源控制了起来，而后由于私有制的产生，这一状况更加不可撼动。[26]

私有制和继承法加剧了不平等，女性被鼓励依附于男性，因为她们极少有，甚至根本没有任何拥有财富的权利。这些法律使父权制家庭和女性是资产的观念成为约定俗成。随着时间的推移，男性和女性之间的这种压迫关系成为一种惯常。男性不断超越——发明、创造、自我实现、勇于冒险，并且将这些活动转化为和男子气概相关联的价值。而女性则大多数都被困在动物自然属性的现实条件里——照顾自己和他人，为自己和他人提供食物，同时被阻挡了创造真实自我的道路。

波伏瓦指出20世纪两个改变女性境况的重要历史因素：生殖自由和生产自由。技术进步使得男女之间在工作中的生理差异基本成为过去式。计划生育为很多男女开启了更多的可能性，使他们从庞大的家庭和抚养子女的巨大压力中解脱出来，尽管这一点基于文化和阶级的不同仍有很大差异。一些享有特权的女性不用去工作，但是那些进入职场的女性受到了双重压迫：即使她们就业的权利得到了承认，她们从业的权利却没有得到保障。她们的薪水更低，被安排做相对枯燥乏味的工作，还要面对歧视和性骚扰。

这些历史发展都加剧了男性对女性的统治。不过，波伏瓦认为，诸如"经济人"的理论都是流于表面且抽象的，因为它们没能解释清楚单单是工具怎么足以让社会由合作变得利己。它们没能准确地解释私有制如何导致了女性的受压迫处境，也没能解释为什么劳动分工是基于征服，而不是基于友情。

身体的差异是生理性的，而权力的差异却与文化相关。尽管许多人仅仅以"向来如此"为男性的统治地位赋予天然的正当性，但这种理解属于概念混淆，同时也是一种压迫。这就好比说人们素来死于疾病，所以我们不应该寻求治疗方法和疫苗，这是极其荒谬的。波伏瓦警醒我们不要搞错类似"女性是温顺的"这些话里"是"这个动词的含义："是"这样不意味着就"该"这样，它真正的意思是"变成了"这样。[27]

尽管我们不能主宰自己的生理、心理或历史，但我们可以——或至少应该有能力——去掌控我们的职场和工作安排，以及运用技术手段去克服基于劳动分工所造成的历史性的不平等。将人贬低至只剩现实条件，这是一种压迫，是不道德、反人性的。渴望超越现实条件才是人性的真谛。作为人类，就是要怀疑自己的存在，寻找生命的意义，为自己辩护。简而言之：要去超越。

* * *

弗洛伊德的理论受到了很大的质疑。[28]但是生物的、心理的、历史的理论依然在当代文化中有效地运行着，让有害的障眼法绵延不绝，并阻碍着真实的生活。在《纽约时报》的畅销书《人类简史：从动物到上帝》（*Sapiens: A Brief History of Humankind*）中，作者尤瓦尔·诺亚·赫拉利（Yuval Noah Harari）也赞同波伏瓦的观点（虽然他并没有提到她），认为男性和女性被分配的角色、权利、义务都有其文化根源，而非生理使然。不过他同时也坚持认为男性之所以统治了女性，极可能有生理方面的原因，虽然他也欣然承认并没有相关证据证明这一点。

赫拉利指出，虽然男性总体上比女性肌肉发达，但是女性在许多其他方面都比男性强大，比如对饥饿、疾病和劳累的耐受力。[29]并且社会力量和肌肉之间的关系微乎其微——甚至有时恰恰相互对立。那些政治、宗教、法制领域的领军人物鲜少是肌肉最发达的大块头，更别说最成功的人士了。

一些理论认为，男性居于主导地位是因为他们更具有侵略性——这是基于睾酮越多的男性敌意越大这一假设而言的。不过男性比女性更具有侵略性这种说法一点都不清晰。一些研究表明女性比男性更具侵略性，尽管男性远比女性更易于导致伤害。[30]赫拉利特别指出，有侵略性的军人可能更容易打胜仗，因为带兵打仗需要更强的耐力、组织能力、操控力和协作能力，还需要站在敌人的角度去想象当下的形势。但没有证据表明男性比女性更具备上述能力。

另有一些理论认为男性需要与其他男性竞争来获得和女性繁衍的权利，女性需要那些能保护她们的男性，需要他们在怀孕期间和孩子出生后的头几年陪伴左右。但是，除了精子，看不出任何女性需要依靠男性的理由。大象、狮子、斑鬣狗、倭黑猩猩等动物就形成了母系社会，雌性之间互帮互助，养育后代，而雄性却在另一边相互打斗。不过，动物无法决定人类如何形成我们自己的社会体系。

波伏瓦的存在主义理论认为，将女性推向不是基于自由且真实的选择的命运——通过站在男性的立场来横加阻拦——阻碍了她们活得真实的脚步。那么，这种刻板印象的灌输是从什么时候开始的呢？很早很早以前就开始了。6岁的孩子已经开始相信，女孩不如男孩聪明，不如男孩适合学习科学、技术、工程、数学（简称STEM）等科目，就算女孩在等级和标准化测试中比男孩表现得更为出色。[31]对此可能的辩驳是，尽管男性普遍在STEM方面没有表现得更胜一筹，但有一部分男性在这些方面比大多数女性更拔尖；不过这个观点同样没有坚实的论据作为支撑。[32]

支持男性天生在STEM方面优于女性的理论本质上是性别歧视，因为这些理论忽略了社会经济和文化等因素对年轻女性从事STEM职业的刻意打压。硅谷就是一个例子，出了名的不欢迎不符合这一模式的人。STEM学科仍然被视作男性的学科，但这都是因为男性对它们相当重视，而不是因为男女之间固有的生理差异。波伏瓦对此的解读是："在形成普遍价值时——我说的普遍价值指的是譬如与数学相关的价值，男性总是为其打上独有的男子气概、雄性、阳刚之气的烙印……以一种不易察觉的迂回方式。"[33]

通往机会平等的关键一步，即为了使每个人都能真实地实现自我，而使其拥有置身事内且有所成就的权利的关键一步，是消除诸如认为男性应该阳刚、女性应该阴柔的糟糕的价值观。波伏瓦认为，像数学和科学这样的价值应该真正被确立为普世价值。我们无法一夜之间改变价值体系，但是不断挑战各种有关价值的障眼法是至关重要的。因为它们是可以改变的，并且一旦改变了，就将会是革命性的突破。

* * *

早年在澳大利亚读大学时，我加入了学校的陆军预备团。我看起来不像是那种你能想象得到会加入军队的人。我参军的目的就是赚钱，拥有全新的体验，以及结交一些朋友。但我第一天拆解步枪——二战期间用的那种老式的金属大块头——的经历一点都算不上开心。

在此之前，我接触过最危险的东西就是水枪，所以那天结束时，我满手擦伤和水泡，胳膊生疼。但我不是一个轻易善罢甘休的人。训练期间，我的很多极其优秀的老师和教练（多数是男性）鼓励我、支持我。其后的几年里，最开始和我一起训练的女性大多数都陆续放弃了，于是我成了一个用来装点门面的女性学员。但我为自己感到骄傲，因为我完成了和男性同样的全部训练和测试，虽然他们体格比我大，也比我强壮。

20岁时，我成了中尉。我的职责之一是做排长。在新兵训练营，我负责30名新学员的教学，教他们导航之类的技能。一次训练课开始时，我向一名全职的陆军中士做自我介绍，他的年龄大约是我的两倍，并且要向我汇报。我伸出手去和他握手。他没有回应，而是上上下下打量了我一番，随后爆发出一阵狂笑，然后走开了。我前面说过，我看起来不像个军人。不过对此我并不在意，我只是继续做我该做的工作，并且做得很好。结课时，他说他错看我了，并且为他先前的无礼而道歉。我都差点要相信他的道歉是真诚的了，结果他随即就提出要约我出去。（我拒绝了。）

在另一个新兵训练营里，刚刚结束了为期一周的林地训练后，要举行一场15公里的拉练。这一周里，大家先挖坑，再将其填平，在低矮的灌木丛里巡逻，晚上就睡在临时搭建的塑料棚子底下。当时我们正在返回营地的路上，每个人肩上都背着28千克的背包和军训打包带。拉练过程漫长而艰险，不过这样全副武装的拉练我已经历多次。就在我们列队行进时，一道命令下来了，要求所有女性把背包放到车里，进行无负重拉练。只有女性。

我的心底腾起一股怒火，肾上腺素飙升。我的靴子布满灰尘，脸上糊满棕色和绿色的油彩，身上的制服因连日来的汗水和泥尘而发臭。我气得浑身发抖，勉强站稳脚跟，竭力保持镇定，向我的上级报告。我告诉他，女性有能力完成这场拉练，应该以和男性同样的标准来要求我们。

他是个和蔼可亲的中年人，看到这样一个满腔义愤的年轻女性胆敢质疑他的命令，他本来应该震怒才对，可是他却宽容大度地解释是出于健康和安全的考虑，因为天气太热了云云。

让女性卸下包裹的命令是一种根深蒂固的观念，而不是我的上级一时心血来潮：是遵医嘱的（我不记得这些医生是男是女）。但下达给我的命令不容辩驳：如果我不照做，将有可能面临军事法庭诉讼。

一些人用支持的目光望着我，团结地往我这边靠拢。但这里是军队，拒不服从命令会有严重的后果。"你为什么如此在意呢？"一个人悄声问道。"我们不用负重了，你难道不开心吗？"另一个人问道。假如上级按照我的抗议收回成命，一些女性恐怕会生气。我不想让其他女性生我的气。我也不想成为"殉道者"。

我倍感挫败地卸下包裹。但那种耻辱却比任何包裹都来得重，这无疑让我在几十双眼睛好奇目光的注视下越发无法平静地以一个领导者的身份自处。这15公里路上的每一步，我都竭力压抑着屈辱的泪水、对自己如何被区别对待的愤恨，以及为了不伤和气而驯顺地任人摆布所产生的挫败感。

有人可能会觉得，我被以低于男性的标准来要求，应该感到轻松才是。如果摆在面前的是一条捷径，何乐而不为呢？波伏瓦很了解这种诱使你退而求其次的权宜之计。避开我们的自由不谈就是一种诱惑，因为它省去了费力去超越的苦恼。但是逃避我们的自由会让我们变得被动，从而沦为他人自由的猎物。[34]

我不了解波伏瓦和她在她那个时代的思想，但我很在意，因为我们都历经了相同的生理考验。那时候我知道我能做到。我想让其他人知道我能做到。我想让那些新学员知道，我是一个真正的领导，女性可以成为真正的领导。

那些命令不在我的掌控之中。我作为女性的生理特征不在我的掌控之中。我的选择原本很明确：要么服从命令，要么违抗命令，承担后果。现在回想起来，波伏瓦的哲学帮助我了解到，我在拉练中面临的那个非此即彼的两难困境中有一个关键信息被忽视了：那些命令是性别歧视。那道命令里隐含的预设是，女性的生理条件意味着她们不像男性那般强壮，所以就应该让她们少干点儿活。这种观点还宣称，女性需要被保护，如果有必要，甚至可以违背她们的意愿来保护她们。

波伏瓦还让我认识到，那天我在澳大利亚内陆那场沙地拉练中遇到的存在主义问题是，我被当成"他者"了。这种"他者化"的行为将人们降格至赤裸裸的刻板印象之内，同时忽略了一个事实，那就是每个人都不是仅凭一种固定的本质所能概括的。我被贬低为我的固有内在（我身体的条件）。所谓的"女性的柔弱"凌驾于我本人的工作意愿和想要获得与男性同等机会的渴望之上。我被当作一个需要人保护而免遭自己伤害的"他者"。

在波伏瓦看来，我们做什么事，我们就是什么人。我们的行为衡量着我们会成为谁。[35] 在这个例子中，"行为"就是那场负重拉练。男性被赋予自我衡量和被他人衡量的机会。女性则被剥夺了与男性同等的寻求成长和了解自己、挑战自己，以及发现自己的潜能的机会。比如说我，我就被告知我对自己能力的判断是错误的。

许多因素，比如每个学员的身体条件、他们的目标，或者他们的意志力——而不是他们的性别，调节着这场拉练的难度。一些学员更擅长体力的行军，另一些则更擅长心理上的"作战"。不能说负重行军对女性来说就一定是困难的，对男性来说就一定能完成。行至中途，一位男性学员颇显吃力，我提出要帮他拿包。他想了想，最终拒绝了。我理解他的想法：表现得比女人柔弱是一桩奇耻大辱，这代价太大了。

我至今仍在思考，我当时在那场拉练中还可以有何不同表现。我是不是应该拒绝卸下包裹？我是不是应该申请男性也被要求——或至少给他们一个机会，卸下他们的包裹？我是不是应该发起一场挑战性别歧视规则的运动？如果我当时有勇气和耐心，应该会做到上述的每一件事。不过，我干脆跳出了军队，自由地寻找那些不会（或起码不那么明目张胆）仅仅因为我是个女人而限制我的职业道路。

女性能力方面的障眼法仍然是在做同样工作的前提下女性的薪资低于男性的原因之一：因为通常女性的工作能力被认为不如男性。这也是许多女性的心声得不到倾听的原因之一：人们普遍认为她们不知道什么对她们才是最好的；不能指望她们理性思考，因为她们的大脑结构决定了她们会把生育放在第一位；应该替她们做决定；并且她们的观点不合逻辑。我们的文化持续不断地加强着这些障眼法。

* * *

女性主义为极少数拥有特权的人带来了益处。但是在很多方面，就连女性主义都屈从于男性制定的规则，维护着现存体系。它对个人的成功作出评价，维持着不可能达到的理想化的"平衡"，同时责备那些失败者。对于那些努力奋斗拥有一切的女超人，波伏瓦的小说《情迷莫斯科》（*Misunderstanding in Moscow*）中的一个人物这样说道：

> 她们从事着某种职业，她们要求穿得光鲜，她们参加体育运动，把家里打理得井井有条，孩子也带得非常好。她们想要证明自己在方方面面都是成功的。可实际上，她们的生命太空洞了，她们一事无成。[36]

虽然这么说有些言过其实，因为许多女性在很多事情上都取得了成功，但这种说法仍然强调了女性面临的一个持续存在的两难困境：女性主义没有充分认识到阻碍成功的体系，它让拥有特权的人和被剥削的人之间的鸿沟越来越宽，对于共同的正义和公平它实际上只止步于空谈。[37]

我们不知道波伏瓦会怎么看待我们今天的状况，但我怀疑她会对我们取得的"进步"极度失望。在美国，每68秒就有一个人被性侵，其中90%是女性。[38]全世界范围内，超过1/3的女性遭受过身体暴力或性暴力。[39]女性被拐卖的概率是男性的两倍多。[40]家庭凶杀案中的女性受害者是男性受害者的两倍；而被亲密关系伴侣所杀害的女性是男性的四倍。[41]女性比男性更容易陷入贫困，因为女性的收入普遍较低，工作也相对不稳定。[42]有色人种女性受到伤害的概率尤其大，因为她们在工作场合面临更多的体制壁垒，首当其冲地承受着身体和情感上的种族暴力。[43]少数——应该说极少数、少得可怜的女性得以管理公司或治理国家，而其中的有色人种女性就更少了。[44]

对许多女性而言，障眼法是错综复杂并且"齐头并至"的。一些女性，尤其是享有特权的白人女性，躲过或克服了波伏瓦分析的大多数阻碍。但是许多女性面临着同样的阻碍，甚至更大的、更为复杂的挑战。从某种程度上说，波伏瓦和早期的美国女性主义者犯了相同的错误，那时的美国女性主义活动家为了白人女性的选举权及其他权利而斗争，却懒于继续为有色人种女性斗争。[45]一些白人女性主义者至今仍旧忽视着有色人种女性。

在深入了解波伏瓦的哲学之前，我们有必要先看一些对其作品的批评。一些人认为，波伏瓦过分专注于大多数白人特权女性所面临的阻碍，而没有充分地深入探讨年龄、阶级、种族以及其他方面的差异交织在一起所产生的更极端的压迫——或者引用金伯利·克伦肖（Kimberlé Crenshaw）的一个著名术语——"交叉压迫"（intersectional oppression）。

哲学家、社会活动家安吉拉·戴维斯（Angela Davis）认为，波伏瓦式的分析低估了压迫交叉的复杂程度。戴维斯举出了许多种族、性别和阶级压迫的例子，比如，历史上，白人男性强奸黑人女性不会被起诉——因为黑人女性被认为是同意性行为的引诱者，并且白人女性也通常不能公正地对待黑人男性。[46]

白人女性直到今天还是如此：想想艾米·库珀（Amy Cooper），一个纽约白人女性，在2020年时报警称自己受到了黑人观鸟者克里斯蒂安·库珀（Christian Cooper）的威胁，其实他只是要求她在给狗拴绳的区域把狗拴上而已。白人男性亦然：想想俄克拉何马州的白人警察丹尼尔·霍尔茨克罗（Daniel Holtzclaw），他在2016年性侵了至少13名非裔美国女性。他专门选中那些有犯罪记录且与邻里关系不好的弱势女性下手，因为他认为没有人会把她们的诉求当回事。

另一个针对波伏瓦的批评是，她将性别作为压迫的支点是错误的，因为影响一个人的自由和现实条件的因素还有很多。就连分外崇拜波伏瓦智慧的贝尔·胡克斯，都批评波伏瓦对交叉压迫没有足够的关注："虽然波伏瓦将阶级、种族和性别等问题分开讨论——这种视角曲解了人类真正的本质，我还是一直坚持认为，如果不批判地检视处于支配地位的、紧密连接的各个系统，我们就无法了解作为女性或男性意味着什么。"[47]

一些人批评波伏瓦忽视了她自己的白人身份。在2021年的《反对白人女权主义》（*Against White Feminism*）一书中，律师、人权活动家、作家拉菲娅·扎卡里亚（Rafia Zakaria）认为，不是所有的女性都面临着同样的困难，因为白人女性可以从白人的身份中获益。扎卡里亚说，波伏瓦应该意识到有色人种女性的处境要糟糕得多，做不到这一点，就是在掩盖她们的苦难。

还有人批评波伏瓦没有剖析白人女性的种族主义。英国教授凯西·格拉斯（Cathy Glass）认为波伏瓦忽视了白人女性使有色人种女性边缘化的倾向，她们对有色人种女性缺乏同理心，并且在政治斗争中不情愿接纳有色人种女性为同道中人。不过，格拉斯仍然认为波伏瓦的哲学确实包含着一种"联盟的可能性"，因为它拒绝固化的本质和身份，而它们往往就是压迫的基础。[48]

诚然，波伏瓦的分析没有囊括所有女性的全部境况，她的分析也没有把有色人种女性当作核心人群来探讨。站在别人的角度想问题已经很难了，更别说为他人发声，但波伏瓦对特权阶级女性的批评——她们是父权社会的守门人，并通过经济剥削来巩固压迫——在她那个时代仍然是不同凡响的。

更重要的是，波伏瓦意识到了自己的特权，也知道许多女性和像她这样的西方白人女性相比，面临着更加严重的阻碍。在《第二性》中，波伏瓦坦言，女性，尤其是享有特权的白人女性，和她们的压迫者之间的联系比她们彼此之间的联系要更紧密。[49]

波伏瓦也意识到种族主义在美国的泛滥。她非常欣赏理查德·赖特（Richard Wright）的作品，并引用他的回忆录《黑孩子》（*Black Boy*）里的话来说明美国黑人就连和苦苦挣扎着的白人"同台竞技"都已经无比艰难，更不要说在一个白人繁荣兴旺的地方取得一席之地。[50]（尤其是她引用的作品出自一位黑人男性。）

波伏瓦还意识到了乡村地区的女性所遭受的虐待，在那里，她们被贬低为"像牲畜一样的累赘"。[51]她同样关注到了对性工作者的剥削以及她们极其恶劣的工作条件。[52]波伏瓦还指出，男性常常将被他们压迫的人当作幼儿来对待，告诉她们应该怎么想、怎么做，如有违背就惩罚她们。[53]波伏瓦对父权社会造成的弱势群体中人与人之间的相互倾轧深感忧虑，因为这样人们无法团结起来，会让压迫更加根深蒂固。

在后来的访谈中，波伏瓦开始意识到更大范围的压迫。她认识到，阶级斗争并不会让每一个人都自动得到解放。她说："当然，不同阶级里，对女性的压迫以不同形式呈现。有的女性在两方面都是受害者，'她们既是工薪阶层女性，也是工人的妻子'。"[54]文学学者梅丽尔·阿尔特曼（Meryl Altman）认为，波伏瓦对交叉压迫很熟悉，但波伏瓦对此的论述主要集中在物质剥削层面。[55]

我曾经绞尽脑汁思考有色人种女性对波伏瓦的批评，以及我到底是否应该写作这本书，因为作为一个中产阶层白人女性，我不想以充满道德性的口吻声称我的努力才是唯一重要的。有很多视角是我不具备的，也有很多东西是我无法完全把握的，因为我没有亲身经历过。即使我仍然在努力反抗父权社会的压迫，我的白人身份也赋予了我一定的特权和力量，这些都是很多人所不具备的。

但是，假如因为我天生的白人身份——这是一个我无法改变的存在主义事实，我就一言不发的话，对任何人都没好处，我也必定无法实现真实的自我。对轻微的不公正视而不见，意味着我们正在向着接受更大的不公正滑落。于是我决定好好利用我的声音和特权，将有色人种女性的批评也包括进来，力求做到以一种尊重的、认识到她们的苦难的方式来进行书写。我相信个人的苦难和局限可以成为与他人产生共鸣的起点——虽然这些人可能会认为我的生活犹如在度假。波伏瓦的"真言"是，我们每一个人都有责任去挑战我们自己所面临的特定的压迫，应该日日反思并付诸行动。

波伏瓦的分析并不能令每一种情境下的每一个女性都产生共鸣。她写作《第二性》的时代，信息绝不像今天这般广为传播，错误和局限在所难免。然而她的分析在当时，并且时至今日都令许多人深有同感。[56]她指出的许多阻碍今天仍然普遍存在，因此我们有充分的必要重温她的哲学——只要我们还承认一些人所面临的阻碍比另一些人更大。

检视各种各样阻碍的本质是很重要的，因为这能帮我们更好地理解生活中的经历。我们身处一个满是各种别人已经创造出的意义和结构的世界，看清我们的斗争模式能帮助我们找到超越它们的方法。

许多阻碍都不只是"女性"的问题。一些男性同样面临着类似的阻碍，特别是那些表现和行为偏离世俗规定的传统男性生活方式的男性。尽管波伏瓦关注的焦点是西欧中产阶级白人女性，但她的观念为更普遍的社会公平提供了框架。她提出的保持在场并有所行动的方法为所有想反抗加之于自己和他人的不公的女性提供了指导原则。

* * *

人类是一种极其复杂的存在，远不止于生物学、精神分析学、历史唯物主义或其他解读方法表明的那样。许多理论，由于是透过男性视角来解读的，掩盖了我们能掌控什么、不能掌控什么的事实，制造了很多障眼法，导致许多人处于被压迫的地位。波伏瓦的抱负在于将所有的人类现实都考虑在内，认识到我们远不止于生物学意义上的存在，远不止于一堆受潜在的性冲动或不同脑电波驱使而行事的身体部件的集合，甚至远不止于我们共同的历史。这些因素确实发挥着作用，但只有当我们面临着不同的境遇和价值，思考如何以具体的存在形式生存时，它们才有意义。你可以说一个人擅长或缺乏某些技能，或评价一个人品行端正还是道德有亏，但是不能以人的身体或生殖能力，或者用波伏瓦的话来说——以他们的"现实条件"来定义这个人。

女性总是很难实现超越，即掌控她们自己的人生追求。21世纪为想要活出真实自我的女性带来了诸多新的挑战，这一点我们在本书接下来的内容中会讲到。有人说不公正是人生选择的结果，但是波伏瓦证明了，有远比这个影响更为深远的原因。障眼法的枷锁困住了许多人，改变着世界的结构，让一些人更容易掌权、更容易往上爬，而另一些人连想要活得真实都无比艰难。这样的结构框定了我们的经验。虽然我们无法改变已有的秩序，但我们可以打破旧的障眼法，创造新的真实的叙事。

也许有人会担心，如果我们对待他人时尊重他们作为生物的全部缺陷，世界会变得更糟，但其实他们完全没有担心的必要。在波伏瓦看来，如果能从谎言和欺骗中解放出来，如果能更清楚地了解什么是我们可以掌控的、什么是不可掌控的，那么人类经验会更加深刻，更加令人振奋。在一个理想世界里，我们会彼此接受，认为他人——也包括我们自己，都是真实而自由的个体。在波伏瓦看来，过上不那么受约束的生活对每一个人都有好处，因为主体间的关系更丰富、更紧张、更刺激，最重要的是，也更真实。[57]

扔掉包袱，踏上那条不复杂的道路是很容易的；假装头晕，叹着气倒在骑士坚实的臂弯里被呵护也是很容易的，但是那样的话，我们就不是真正在生活。波伏瓦教给我们，当我们能生活在自由里——从那些像"永恒的女性特质"的理想一样让人感到舒适却令人麻痹和沮丧的障眼法中解放出来时，我们就能真正掌握我们的生命了。尽管我们无法打破所有的障眼法完全活得自由，我们仍然必须为了真实而斗争。

我们被抚养长大的方式塑造着我们对如何追求并抵达真实的理解，因为共同的人类历史、我们被设想的命运和各种障眼法都决定着我们的年少时光，巩固着有关我们被允许成为什么样的人、我们被禁止做什么的观念。在《第二性》中，波伏瓦指出，障眼法最隐蔽的呈现形式之一就是通过文化传统和社会影响来"撕裂"儿童，往不同的方向拉扯他们，引导他们形成下意识的思维方式。

成长

女人不是天生的，而是后天形成的。

——《第二性》

一天，我4岁的儿子对我说："妈妈去做瑜伽，爸爸去上班。"我深吸了一口气，尽量保持语调平静，不让伤心和愤慨流露出来，然后向他解释："爸爸和妈妈都去做瑜伽，也都会去上班。"不知道是什么使他有这样的论断——也许是在学前班听到了什么，但可以肯定的是，社会过度地将有关性别的条条框框加在我们身上，而我们并没有完全意识到这一点。那么问题来了，如果人们被扔到不是自己选择的社会基础结构中，他们有什么希望能活得真实呢？

波伏瓦认为，女孩在成长过程中接受着让她们失去真实自我的规训。她们"为了男性"而打扮，她们被不明言地教导其身体是一种承载着欲望的、为了男性凝视而存在的消极物体。当男人们出去四处活动时，女人的作用却是取悦他人，坐下来静静地看着。作为一个女人，就要接受这种约束性的女性特质。男性也受到约束，因为他们被训练要坚强，能吃苦，不能表现出一丝的脆弱。作为一个男人，就要接受这种约束性的男性特质。生活在这些障眼法中的结果就是，太多的女性培养了不必要的自卑情结，而太多的男性则培养出了不合理的优越感，每个人都陷入了不真实之中。

存在主义的基本观念"存在先于本质"，意味着我们并没有天生的性别化的人格、本性或是特征。这也意味着儿童身上并未蕴藏着他们未来的模样，成长中的身体的种子不一定非得萌发出某种固定的特质。人类是"天生的存在主义者"，因为自由不是我们所拥有或获得的东西，自由就是我们本身。[1] 尽管婴儿不会思考也没有察觉到他们的自由，但波伏瓦仍然认为，就算我们没有意识到，我们也是自由的。[2] 在1947年的《模糊性的道德》（The Ethics of Ambiguity）一书中，波伏瓦提出，被抛[i]到这个世界上，是人类存在最原初的事实。孩童发现自己被抛到一个严肃的世界里，即一个并不是由他们选择得来的世界，一个在没有他们时就被创造好了的世界，一个将不是他们所选择的价值、习俗和语言强加于他们的世界。孩童对那些貌似无所不能的照料者心存感激。照料者的关注让孩童意识到自己的存在，让他们觉得自己是他人价值判断的客体。孩童极其在意照料者是把他们当作天使还是魔鬼，是把他们当作英

---

i 被抛状态（德文：Geworfenheit）是海德格尔哲学中的一个基础概念，指人作为此在存在并不是他选择的结果，而是无缘无故地被抛到了世界上。

雄还是失败者。照料者通过奖励、惩罚和教育塑造着孩童对善与恶的信念。

孩童的生活大多数都是在依赖和无知的状态中度过的。这不一定就是坏事。无忧无虑的童年是健康的，也是一个充满安全感的时期。处在健康环境中的孩童认为他们的行为不会对世界产生太大影响，他们也感到自己是自由的，因为没有被责任的重负压得喘不过气。[3]这也正是一些拥有健康幸福童年的人如此怀念那段无忧无虑的纯真时光的原因之一。后来，随着孩童的长大，他们被从照料者那温暖的臂弯中赶了出来。

孩童没有选择他们的世界，因此他们避免了责任的焦虑，这让他们有一种——用波伏瓦的话来说——"形而上的特权"。[4]在她看来，只有在孩童能够懂得他们是具有决策权的生命以及他们的生命是过去、现在和未来的综合体时，才能在道德上被认为是可靠的。这一情形大约在青少年时期出现。在那之前，孩童实践自由的范围基本上止于他人已有的创造。

婴儿都会经历同样的生命早期阶段：出生，被哺乳，断奶——不仅仅是断了母乳或是奶瓶，同时也是断了被人抱在怀里的特权。身体是人类自我觉知的第一面透镜，透过身体，人对自己和周遭的环境有了最初的了解，发现自己是可以进行自主行为选择的主体，同时也是他们的照料者和老师注视下的客体。

这一发展过程无关乎性别。孩童出生时对这个世界的了解没有什么由性别决定的差异。他们最初通过视觉、听觉和触觉来进行学习，而非通过性器官。波伏瓦解释道，如果成人认为他们在女孩子身上看到诸如被动和同情等女性命运的迹象，与在男孩身上看到的理性和行动力截然相反，那是因为成人将他们自己的目光和所接受的教育强加到了女孩身上。

围绕天性和培养的争论依然激烈，但是心理学家芭芭拉·罗斯曼（Barbara Rothman）的研究可以支持波伏瓦关于文化适应（acculturation）的观点。性别社会化的过程早在婴儿时期就已经开始：女孩的手通常被描述为纤弱、细小、黏人的，而男孩的手则是"紧紧攥着"的小拳头。通过和那些知道自己所怀胎儿性别的孕妇和不知道胎儿性别的孕妇交谈，罗斯曼发现，有关性别的刻板印象甚至在子宫里就出现了。怀着男胎的孕妇描述她们在孕期感觉到的胎动时，用到的词都是诸如"强壮有力""精力旺盛"，像"一连串的地震"一样。怀着女胎的孕妇鲜少用到这种词。与之相反，只有女胎才会"躁动不安"，并被用一些否定词来描述，比如"不强烈，不会过分热情，不是很活跃"。不知道胎儿性别的孕妇会用与上述词语意思相近，但不具备任何性别模式的词。[5]

神经科学家吉娜·里彭（Gina Rippon）的发现同样可以支持波伏瓦的分析。里彭指出，婴儿大脑因性别而存在结构差异这种说法缺乏依据。大多数研究都表明，不同性别的婴儿的大脑结构没有区别，或者由于样本规模太小而无法得出任何有意义的结论。里彭认为，婴儿的大脑更像是"大脑界的海绵"，从其所处的早期环境中吸收着各种信息，并且拥有极强的适应能力。但是从出生时就存在的刻板印象把人们套进了里彭所谓的"生物社会学的紧身衣"之中，这是一种"大脑约束"的形式。[6]波伏瓦思想中重要的一点是，孩童被抚养长大的方式影响着他们是勇敢地闯出去超越自己，还是畏缩不前——她还认为，问题在于大脑约束鼓励男孩子向前一步，而让女孩子畏缩不前。[7]

有这么一个谜语形象地展示了大脑约束：一个父亲和他的儿子出车祸了，父亲死了，儿子被紧急送医。医生走进来说："我不能给这个孩子做手术，因为他是我儿子。"这是怎么回事呢？（如果你以前没有听过这个"谜语"，那么停下来想一想。）我在听众是一群女性的场合第一次听到了这个谜语，其中只有3个人猜到了正确答案。

后来，我把这个谜语讲给我的朋友们听。他们的反应五花八门：同性关系的两位父亲？孩子是收养的？死去的"父亲"是指牧师吗？医生是跨性别？所有这些都有可能。但是不可否认，这个谜语就是从心理上诱导人们想到"男性"这个最简单的答案——许多人都想不到"医生是女性，是孩子的妈妈"这个正确答案（甚至很多女性主义者也没想到），这揭示了对女性所扮演的角色不言自明的偏见。

在《第二性》中，波伏瓦注意到，男孩们被训练追求自由，而女孩们则被规训要从属于男子的自由。男孩们被鼓励要活泼好动，要征服他人，要在挑战他人中考验自己，要与他人斗争。波伏瓦认为，对于男孩来说，他实际做什么和他应该做什么之间并没有冲突，人们对他的期望和他自我肯定的愿望之间没有冲突——他只需要坚持男性特质的既定脚本即可，尽管这个脚本在诸多方面都有限制。

男孩们被鼓励抓住自由，坚持自己的主张，而女孩们则面临着自我肯定的意愿和加在她们身上的期望之间的激烈矛盾。相较于男孩，这种矛盾为女孩的成长道路设置了更多的阻碍。[8]波伏瓦认为，有色人种和边缘化群体所面临的这种类型的矛盾无可比拟的严重。理查德·赖特1940年的小说《土生子》（*Native Son*）的主人公是个贫穷的黑人，20岁。他将自己视为一个自主的主体，却身处一个对他而言陌生的世界，在这个世界里他被当成"他者"，许多可能性对他都是关闭的。他知道他的肤色会让他连飞机都上不去，更无法在天空中翱翔。[9]

白人男孩被看作男孩，而黑人男孩则被认为年龄更大也更具威胁性，他们已经被他者化到了一个连他们的性别都成为一种威胁的特殊标志的程度。想想迈克尔·布朗（Michael Brown）、特雷沃恩·马丁（Trayvon Martin）、塔米尔·赖斯（Tamir Rice），白人杀害这几个男孩，仅仅因为他们是黑人。

再如黑人体操运动员西蒙娜·拜尔斯（Simone Biles），她在2021年的奥运会上完成了一套动作，评委认为她的这套动作对女性来说太危险了，为了惩罚她，他们给了她很低的分数。[10] 虽然一些男性在比赛中也完成了这套动作，但只有拜尔斯触到了一个人为的天花板，这个天花板在告诉女性，她们不应该表现得太卓越。

这样的界限正开始发生变化。2019 年，英国颁布禁令，禁止描绘性别刻板印象的广告。官方禁止了一则奶油奶酪广告，这个广告中，男人们任由他们的小宝宝被传送带快速带走，暗示父亲不善于带孩子。一则大众汽车公司的广告也遭到禁止。在这则广告中，男性扮演着更富冒险精神的角色，比如宇航员、残疾人运动员；女性则扮演着更加消极被动的角色，比如坐在婴儿车旁边打瞌睡的母亲。很多书里，像萨迪亚·法鲁奇（Saadia Faruqi）和哈特姆·阿里（Hatem Aly）的《雅思敏》（*Yasmin*）系列，都呈现了女孩们所扮演的多种多样的角色，比如建筑师、探险家、足球明星、时装设计师、厨师等。很多电影中，比如迪士尼 2012 年的《勇敢传说》（*Brave*）、2013 年的《冰雪奇缘》（*Frozen*）和 2016 年的《海洋奇缘》（*Moana*），都挑战了对女孩和她们的兴趣的刻板印象。还有一些电影，比如皮克斯动画 2021 年的《夏日友晴天》（*Luca*），塑造了更加细腻的男孩角色，比如容易被他人伤害，倾向于建立友谊，拒绝有毒的男子气概。

这些创新都挑战着性别刻板印象，朝着正确的方向迈出了一步。但它们是如此微小，不足以促成我们亟须的真正的改变。这个世界对男孩和女孩而言仍然是如此不同，这些不同体现在我们所讲的故事里，体现在我们对外貌的管理中，也体现在我们的行为规范方面。

这些不同持续不断地向女孩灌输着自卑情绪。比如，《灰姑娘》《白雪公主》《睡美人》《长发公主》等经典童话故事都向我们讲述着，女孩子静静等待——甚至是无意识地等待着——被拯救，而男孩子为了拯救女孩，要斗恶龙、打女巫。波伏瓦认为，这些故事对男孩和女孩都会产生影响。[11]传统的童话故事由男性创作，为了男性而创作，他们将自己理想化为英雄。

我们的外貌受到管辖。一个照看过我儿子的年轻女孩有一头长发，当她去剪头发时，理发师不给她剪，因为他说"女孩子就应该留长头发"。她带着一头湿发，哭着离开了理发店。在新冠疫情隔离期间，我儿子决定不剪头发了，尽管人们不停地说他头发太长了——也包括我。我以后得注意，不要再有这种无意识的大脑约束了。

我们的衣着也有着性别规范。在 2020 年的短片《与我无关》（*Not My Responsibility*）中，歌手兼创作者比莉·艾利什（Billie Eilish）指出，不管她穿什么，都会遭到严厉的批评。人们带着不满的目光，对她的身体做出有敌意的评价。女性被强加于她们外貌的严厉且自相矛盾的评判和道德标准束缚着。随笔作家丽莎·塞林·戴维斯（Lisa Selin Davis）认为，美国儿童正经历着空前严格的性别规范。19世纪左右（以及更早），男孩们还可以玩布娃娃、穿裙子。到了20世纪70年代，男孩的衣服还会被推销给女孩，但以男孩为受众的"女孩子"服装市场却已经变得十分小众。有男孩子气的女孩被贴上了"假小子"的标签，有女孩子气的男孩则被叫作"娘娘腔"。"像女孩子一样"是一种侮辱，"像男孩子一样"却是一种认可。女孩可以有男孩气质，但男孩有女孩气质却为社会所不容。戴维斯认为，这样的规范异常强大，但又不易察觉，所以儿童在3岁以前就已经开始顺应性别刻板印象了。戴维斯曾说过这样一句话来应和波伏瓦的观点："如果我们能停下来，不要一错再错地继续给男性特质和女性特质贴上标签，而是拥抱模糊性，很多烦恼就会迎刃而解。"[12]

　　我们的感情也受到规约。老话说，"男儿有泪不轻弹"。同样，生气也不是淑女风范。神经科学家莉莎·费得曼·巴瑞特（Lisa Feldman Barrett）认为，平静状态下的女性面孔被错误地归类为"面无表情的苦瓜脸"，因为人们在女性脸上比在男性脸上看到更多消极情绪。普遍的观念认为女性应该是喜气洋洋的，如果一个女人脸上没有笑容，她要么是生气了，要么是有异议。当女性真的生气时，她们被看作恶毒的，或者疯狂的；而当男性生气时——甚至当他们杀了人时，也"只是有点倒霉"。[13]对于有色人种女性来说，情况更糟。[14]

＊　＊　＊

在《第二性》中，波伏瓦尝试定义什么是女性。她想了几种可能的答案：有子宫？有卵巢？穿裙子？不是。一些女性被批评不够女人，尽管她们在解剖学意义上是女性。我们使用"女人"这样的性别术语，不仅仅是在描述性别，同时也是在对人做出评价，比如："你不是一个真正的女人。"但是性器官同样无法为"什么是女性"给出一个清晰的描述性的定义。

这种定义女性的尝试对于那些不符合二元性别模式的人来说意味着什么呢？毕竟不是每一个人都能恰好符合男性或女性的范畴，关于我们该如何区分男性或女性，尚有根本性的重大分歧。

波伏瓦对于生物学和性别之间关系的观点是模棱两可的。一方面，她指出，性器官表明着一个人出生时的生理结构，但不要把它们和命运联系在一起。另一方面，她强调，我们不能否认自己的身体和所处的状况这些现实条件。[15]一个因天生具有女性性器官而成为女性的人和一个天生具有女性性器官但改变性别的人会有完全不同的人生体验。在《第二性》中，波伏瓦写道："排斥女性特征并不意味着拥有男性特征；就算是一个易装者也无法把自己变成男性；她是易装者。"[16]

因为波伏瓦相信我们每个人都是融合了我们的过去、现在和未来的意念的独特综合体，她认为生来拥有男性性器官、女性性器官，或雌雄同体性器官之间有着重要的不同。她还指出，在体育运动中，生理性别在不同群体间有着明确的区分：

> 在体育运动中，目标不是独立地取得体能的成功，而是达到适合每个有机体的完美状态；轻量级举重冠军和重量级举重冠军具有同等价值；一位女性滑雪冠军不逊于一位男性滑雪冠军，虽然他的速度比她快：因为他们只是属于不同的类别。[17]

然而，我之所以认为波伏瓦的观点支持包含跨性别者的女性主义，有两个原因。第一个原因是哲学层面的：如我们所见，波伏瓦写道，女性是成为女性，说明不是所有生来拥有女性性器官的人都注定会成为女人。这一著名的论断也暗示了不是所有生来是男性的人都会成为男人，那些生来不具有女性（或男性）性器官的人也有潜在成为女人（或男人）的可能——不过波伏瓦并没有特意让她的哲学朝着这个方向去发展。

考虑到女孩在成长中发现的性别局限性，波伏瓦认为许多女孩对生而为女性感到绝望也就不奇怪了，很有可能许多男孩也对生而为男性感到绝望。性别之间更大的平等，以及对不同形式的性别表达的接受，可能会对这种绝望起到一定的缓解作用。

但是波伏瓦对生理结构的理解也为性别自由争取了空间。

她认为生理基础决定了我们的处境，也就是我们无法控制的现实条件，但是我们的身体无法控制我们的性别命运。波伏瓦强调了一些能使我们超越现实条件的方法，以便超越我们先天的生理结构和处境。科技和医学使人们能够以从前想都不敢想的方法超越自己。计划生育和人工流产能让人们对怀孕做出符合自身意愿的选择，而不是被动地困于生理过程。科学帮助人们追寻目标和生命的意义，而这些在过去都受制于疾病的侵扰。我们为什么不能拥抱医学帮助人们超越与生俱来的性器官的方法呢？

对波伏瓦来说，我们不能改变或抹掉过去——我们身上拖带着过去，像一个球或一条锁链，但与此同时，我们的过去并不能决定我们的未来。出生在某个特定环境下或是拥有特定的生理结构，并不意味着当有可能超越它们时，我们一定要遵从过去的身体。这就是波伏瓦的哲学构想，它为我们去理解改变性别是做真实的自己的一种实践提供了方法。跨性别人士可以重新定位他们的处境和生命的方方面面——这些在历史上被认为是无法逃避的命运——以全新的、富有创造性的、有意义的方式。

我认为波伏瓦支持包含跨性别者的女性主义的第二个原因是，波伏瓦在她的一本自传，同时也是她的第一部小说——1943年出版的心理剧《女宾》（*She Came to Stay*）里说到了一位邻居。波伏瓦写道，那位邻居是一个"雌雄同体的人，法律意义上是男性，有一对乳房，有大胡子，有着男性和女性的性器官，还有胸毛，穿衣打扮是女人的样子。"[18] 当然，这个人不是跨性别者，但波伏瓦无限同情地述说着这个人经历的痛苦和折磨，因为他／她[i]无法被归入二元性别的范畴。这位邻居的眼中常常满含泪水，因为希特勒政府驱逐他／她，他／她生活困窘，他／她喜欢男人，可男人对他／她不感兴趣，他／她曾在德国的一个集中营度过了一段时日。

波伏瓦对跨性别者没有明确的评判，但很显然她对他们的挣扎极度同情，也承认他们所面临的歧视是一种压迫。波伏瓦谴责所有的压迫，支持人们有选择如何超越自己的现实条件的自由，只要他们没有践踏他人的自由。而在绝大多数情况下，跨性别者都遭到了异乎寻常的歧视和伤害。[19]

那么，什么是女性？对波伏瓦而言，我们不能说什么是女性，因为没有绝对确切的答案。女性无法被浓缩成一个本质特征。不存在女性特质或是男性特质。女性无法被浓缩成激素和性器官的结合体，因为女性在成长过程中有着整个的社会语境、形形色色的现实条件和生命历程。一个有着女性历史的人，会被置于和有着男性历史的人完全不同的社会语境和现实条件下，并且拥有不同的经历，就算他们两个未来都打算成为女人。

和男性一样，女性也是具有超越性的意念综合体。和男性

---

i 原文为they/them。——译者注

不同，女性不断被不公平地推到"他者"的角色中。[20]波伏瓦说，就算是享有特权的女性（包括她自己），也不能完全逃离女性的现实处境。[21]我们都被我们顶住性别压力和被性别局限的身体压力所做出的选择塑造着，如果我们认为没有，那就是在妄想——而且是在自欺。

* * *

波伏瓦不同意弗洛伊德认为女孩子的问题都来源于阴茎羡妒（ penis envy）的观点。在波伏瓦看来，许多问题的根由是孩子们亲眼见证了有阴茎的人是如何被特殊对待的。女孩们被社会教化，认为自己是像布娃娃一样的物品，是为取悦他人而存在的。这会促发一种令人沮丧的自卑情结，甚至可能造成毁灭性的伤害。

波伏瓦确实倾向于过分强调阴茎的象征意义。比如，她认为，男孩站着小便体现了超越性，而女孩坐着小便则代表着内在性。[22]然而，尽管我们拒绝这种对撒尿的分析，我们仍然可以接受波伏瓦的观点，即一个人对世界的看法会基于他们所拥有的身体部位——或被期望拥有的身体部位，而有着极大的不同。

波伏瓦认为，青春期会加剧女孩和男孩之间的这种不同，因为在青少年时期，孩子们开始步入成人世界，面对随之而来的自由和责任。青春期既是对世界的觉醒时期，也是一段容易产生焦虑的危机时期，处于青春期的青少年发现他们在一片道德选择的汪洋中漂流，向来庇护他们的照料者却没有为他们提供救生圈。

存在主义者认为，人类既是存在，又是虚无，也就是说，我们是存在的（作为人类*存在*），但我们也是不完整的（我们是*虚无*，因为每一刻，我们都缺乏未来的*存在*）。青春期是这种不完整状态处于存在和个人的宇宙中心的一段时期，它缺乏内在的意义，呼吁我们每一个人都为我们的世界赋予意义。有的孩子在青春期到来之前就意识到了这种焦虑，但是在青少年时期，随着他们身体的变化，这种焦虑变成一种具体的现实，他们也变得更加独立。在青少年时期，人们对孩童时期被灌输给他们的意义提出疑问，并开始锻造自己的意义。

成长需要破除童年时期任人摆布和无知的状态，但波伏瓦认为，女孩和男孩在这个过程中以不同的方式被要求。男孩的未来和他们的童年以及他们被教授的价值观是一致的：如何坚定自信，如何大胆勇敢，如何挑战极限。女孩则被要求要像个女人，也就是说，要认识到自己的不同，要被动，要温良恭顺。

青春期的男孩和他们的内在是一致的，因为他们更容易接近他们打算要成为的人。而青春期的女孩面临着可怕的两难境地，用波伏瓦的话来说——成为女性和成为"真正的人"之间的两难抉择。[23] 她们左右为难，一边是想要冲向未来，并将自己塑造成自主的主体的人类欲望；一边是迫于社会压力，将自己贬低为客体，沦为他人的附庸，却还要面带微笑。

正如政治理论家和女性主义者艾丽斯·马丽昂·杨（Iris Marion Young）所认为的那样，在实践和发展身体技能方面，女孩没有得到和男孩一样的鼓励和机会。男孩被教导"我可以"，女孩被教导"我可以吗？"。女孩被教导要胆小一点，不要太笨拙，也不要太强壮。结果就是，女孩被困在一种自我应验的预言中，低估了自己的能力，在面对任务时不会全身心投入，然后就失败了。这样的循环瓦解着她们内在的自信，强化了"女孩无法和男孩有同等表现"的错误信念。于是就有了这种侮辱人的说法："你怎么跟个小姑娘似的。[i]"

* * *

在青春期，女孩会经历一个离间的变形过程，在这期间，她们的身体会"逃离"她们，将她们从自己的欲望中剥离出来，把她们猛地扔到一个超越了她们自身存在的王国，让她们向着婚姻、生子、死亡的传统女性命运进发。月经通常被视作羞耻的并被隐秘地对待。

在青少年时期，波伏瓦的身体被抛入了青春期的混乱之

---

i 原文为："You throw like a girl"，此处译为更符合中文用语习惯的表达。

中，这让她很惊恐。她害怕早上起床。一想到乳房发育就感到恶心。夜晚发现自己流血让她分外难堪。她的母亲告诉她这是怎么回事，她虽然如释重负，可是当她父亲用这个和她开玩笑时，她又感到羞耻。[24]

波伏瓦的父亲在她孩提时代就对她赞誉不已，他说："西蒙娜有男人的头脑；她能像男人一样思考；她就是个男人。"但是在整个青春期，每个人都仍然像对待幼儿一般对待她。[25]她的妹妹出落得越来越漂亮，越来越优雅大方，波伏瓦感到她的父亲对她很失望，并因为她显而易见的丑陋而看不起她。

波伏瓦童年的安全感崩塌了，她发现自己面临着成年的不确定性。她和父母的不公正且看上去就武断专横的决定对着干。他们告诉她她的"职责"是什么，告诉她该做什么，不该做什么，试图将自己的意愿强加给她，这一切，她都一一予以反击。她左右为难，夹在说真话和做女孩子被期望做的事情之间，比如不要发表意见。她发现父母会犯错误，但他们仍然能触动她的心弦，让她被内疚压得喘不过气来。当他们的凝视由保护变成怀疑，她也饱受自我怀疑的折磨。[26]

随着女孩们达到有志向、独立、有智力自信的年龄，要符合传统女性特质——使自己变得让男人感兴趣、有欲望的压力也日益加剧。女性被鼓励用各种化妆品、配饰、染发剂和衣服将她们自然的躯体掩藏起来，要突出女性身体曲线，弱化其他特点。要保持这样的状态极其劳神费力，而且浪费时间。[27]

我青春期的压力略有不同，但没这么夸张。我同样也面临着为了取悦他人并满足他人的要求而控制身材的普遍压力。人们持续不断地评价着我的体重（直至今天依然如此），用互相矛盾的观点轰炸着我："吃吧！"但当我真的吃起来时，又有人说："你得小心点了！你会鼓起来的！"我经历了很多轮的厌食和催吐。胆汁灼烧着我的食道，让我牙疼、眼睛肿，但又让我满面红光。

波伏瓦解释道，女孩们用自残来应对她们作为男性凝视的被动猎物的性别宿命。但是，对波伏瓦而言，自我伤害是一种可以理解但不真实的机制，因为尽管这些行为揭示了一种对物化她的人格的抗议，但这些实践同时也揭示了她接受自己是一副不得不服从的躯壳。如果我不认为自己是一个可以被残害、应该被残害的物件，我是不会残害我自己的。[28]

波伏瓦没有完整地解释自残。比如，她只字未提为何男人和男孩也会自残。自残、自我管理和过分自控之间的关系是很紧密的，我不能完全理解这种关系，不过我可以肯定这种关系在我们当代文化中不会很快消失。但是波伏瓦的阐释从某种程度上解释了我在青少年时期所面临的紧张情绪，以及我想要为了他人而控制自己身体的想法。

要不是因为我的毛发，或许我当时就能完成对自己身体的管理了。"剪个时髦发型，别那么邋里邋遢的。"我的父亲说。"刮刮腿毛吧。"学校里的同学说。"把腋毛刮了吧。"我的母亲说。"给你我的美容师的电话。她对付粗眉毛很有一手。"年长一些的朋友说。"把所有体毛都刮了。"我的男友们说。这和卡密尔·雷维尔（Camille Rainville）的诗《他们说，做个淑女吧》（*Be a Lady, They Said*）里写的如出一辙。2020 年，辛西娅·尼克松（Cynthia Nixon）[i] 在一段网上疯传的视频中背了这首诗，事无巨细地描述了那些试图规范女性身体和行为的自相矛盾的残酷信息，并揭示了不管女性做何选择，她们都会受到惩罚的事实。[29]

当时，作为一个年轻女性，我发现天然的身体可以是这么一个羞耻、不得体和充满缺陷的物体，实在感到沮丧至极。但我屈从于这样的压力：我拔掉眉毛、刮掉腋毛、脱掉腿毛，我打蜡去毛，我激光除毛，我疼得掉眼泪但还是忍住。为了遵从他人制定的规则，要忍受这么多疼得打滚的痛苦，就为了能成为值得被社会认可的如丝绸般光滑的物体，让自己成为一个像幼儿一般的青春期前的躯壳。

我怀疑我在辜负我自己，但我实在没有勇气发起为了真实而满身体毛的叛逆。如今，当我看到那些胳肢窝底下探出腋毛的女性时，我意识到我内心深处的性别歧视竟然如此根深蒂固，以至于我的第一反应仍然是惊讶——尽管随即而来的是一种深深的敬畏，因为她们抛弃了性别歧视的社会化规训，这是

---

i　美国女演员，风靡全球的时尚都市剧《欲望都市》是其代表作。

我仍然在苦苦追寻的。

不清楚波伏瓦是不是也刮体毛，不过她应该不太可能刮。在一次访谈中，她说她小的时候，"故意忽略我的外表，因为那和我的父母以及他们老套的生活方式有关"。[30]战争期间，她大多数时候都戴着一条包头巾，因为她更愿意把为数不多的钱财用来买食物，而不是买护发产品。

我是一个白人女性，长着一头在我看来无聊透顶、死气沉沉的棕灰褐色直发。直到现在我才庆幸我（以及波伏瓦）是如何逃过了一种异乎寻常的折磨。我从来没有像有色人种女性那样因为头发而遭到歧视。黑人女性绝大多数时候都发现她们需要改变自己天然的头发状态以适应职场的要求——或者在职场中有更大风险因为一些与工作表现无关的事情而被开除。因为她们的头发，她们总是被认为不够专业，能力不足，虽然这些标准和规范根据行业不同而有所区别。

黑人学童在学校更容易面临留堂或停课的惩罚，因为他们天然的头发或脏辫等发型被视作（尤其是被白人管理人员）不符合学校的规定。此类外貌方面的规范是以白人的头发状态为基准而设计的，显示出一种恶性的、种族歧视的审美偏见，这些规范需要有色人种付出很高的精神和肉体的代价。[31]

无怪乎许多孩子无法适应，或无法在他们所面临的各种各样对他们外貌的评价和期待中找到平衡。波伏瓦指出，每个人面对针对自己的内部期待和外部期待的方式是不同的。有些人避免去思考其中的矛盾，让自己迷失在认真和忙碌之中。一些年轻女性变成了受虐狂，因为在自我毁灭、让自己沦为物体的过程中，她们成了他人凝视的目光中的迷人偶像。一些女孩子毫不质疑她们遭到的物化；她们继续将她们承袭的价值观视为理所应当。一些人变得自恋起来，沉迷于狂热的自我崇拜中；一些人转而向朋友寻求支持、逃避和自尊；还有一些人探索起了自己的性本能。这时，出现了一些反叛的人，她们试图维护自己的自主性，主宰自己的世界，感知自己的力量。越轨之举带来自由冒险的诱人快感，但是真正两难的是，这些反叛会加剧她们被物化的局面——只不过这一次是作为被羞辱和被指责的对象，而非被崇拜和赞美的对象。

* * *

被训练得自卑不仅会对女性造成创伤，对男性同样也是有害的。女性的自卑意味着男性的存在不是建立在积极的基础上，即建立在男性的自由的基础上的，恰恰相反，是建立在消极的基础上，即他人的不自由上——这没有什么可值得骄傲的。[32]正如作家伊耶玛·奥洛（Ijeoma Oluo）所言，这种不劳而获的优越感会伤害到每一个人："白人男性以其平庸获得的回报不仅仅限制了白人男性的冲劲和想象力，它还不得不限制女性和有色人种的成功，以便延续白人男性与生俱来的优越感。"[33]

　　这种不合理的优越性同样也教会男性隐藏他们的恐惧。贝尔·胡克斯认为，父权制社会体系教导男性压制自己的弱点、脆弱和伤心，并把沮丧的情绪转化为愤怒和控制。这种策略会伤害他们同他人的关系，并且通常和虐待、侵犯息息相关。它还会误导男性使其远离健康的情感生活。[34]

　　盛行的性别规范还会危及男性的身体健康。新型冠状病毒就是很好的例子。研究不止一次表明，男性明显更执意于不戴口罩，从而更容易感染病毒，有了症状也不愿意去看医生，因此更容易因感染而死——这些态度都和男子气概脱不了干系。[35]

　　男子气概不仅仅和男性有关，其他事物也可能与男子气概扯上关系。当时还是总统候选人的乔·拜登在社交网络上发布了一段视频，视频里他戴着口罩，并配文："口罩很重要。它们可以救命。"一个保守的政治评论员转发了这条视频，评论道："最好再搭一个女士包配你的口罩，乔。"[36]这条评论暗含的意思是，戴口罩这件保护自己也保护他人的事情是脆弱的、阴柔的，也是缺乏男子气概的。这样的态度将男性和女性都困在性别歧视和自我伤害的旋涡中。

　　孩童面临着自我决定和被他人决定的分歧。波伏瓦坚持认为一些女性（主要是白人特权阶级女性）对固化这一分歧负有不可推卸的责任，同时她也认为被边缘化的人们在这方面不是同谋。波伏瓦认为，白人女性和有色人种（不管女性还是男性）之间处境的不同，在于黑人女性和黑人男性"在反抗中忍受着他们的命运——没有特权弥补他们（处境）的艰难，而（白人）女性应邀成为同谋"。[37]

换言之，被边缘化的人们是被迫屈服，而女性是被诱使做出牺牲、成为附庸。对于享有特权的女性而言，她们的臣服仍然是一种选择，但这种选择也被打上了操纵的烙印。臣服的代价、后果和诱惑基于特定处境的不同也有着极大的差别。危险的诱惑[i]，比如父权社会的保护（塞壬并不都是女性），引诱着特权阶级的女性，而有色人种女性连这种形式的补偿都得不到。许多有色人种女性没有任何真正的选择权，因为体制的不公正使得她们根本不可能选择自己的命运。整个青春期，孩子们都在接受着有关如何在屈从和反抗之间做出选择，以及选择所需要付出的代价的观念的灌输。

* * *

不假思索地屈从于已然注定的命运是一种卸下创造我们自己的未来这一责任的方法，但这种选择是自欺。这是"不好

---

i　原文"siren song"意为"危险的诱惑"，其中"siren"一词代表希腊神话中诱使水手进入危险水域的海妖塞壬，通常被认为是女性。下文作者说"塞壬并不都是女性"，一方面驳斥认为"siren"都是女性的刻板印象，另一方面借"siren"的双关含义表达父权社会的保护也是一种"危险的诱惑"。——译者注

的"[i]，因为这无异于在别人的阴影下求得庇佑，而把我们自己锁定在一种婴幼儿状态。我们无法诚实地认清自己是谁，也就是说，我们是不自由的。

存在主义的抚育者必须为孩子创造一个跳板，好让他们能够创造真实的自己：实现自己的自主性，自信地把未来掌握在自己手里，清醒而又勇敢地面对这个世界，以负责任的、自我肯定的方式行使自己的自由，不物化自己或他人。用波伏瓦的话来说："确切地说，这正是构成母爱的最动人的特质。我们必须明白，除了出发点以外，我们从未创造任何事物，而且最终我们必须期待他们将自己作为自己的目的。"[38]

关于儿童成长过程中的不同，有着诸多解释。但是当我们退后一步审视所有这些细微差别时，可以很清晰地看到：从孩子降生那一刻起，文化的力量就开始将他们细分为不同的角色了。基于女性之间在阶级、种族、年龄、身体残障情况、族群、性取向，甚至性别等方面的不同，这种细分呈现出极大的差异。

在波伏瓦的小说《美丽的形象》（*Les Belles Images*）中，主人公劳伦斯同时也是一位母亲，她说："把一个孩子养大并不是把孩子变成一幅美丽的画卷。"[39]然而，抚养孩子的人绝大多数都试图这么做。存在主义的挑战是如何将孩子养大，并以道德健康的方式让他们适应社会；我们必须认识到孩子的社会表现冲

---

i 原文使用"bad faith"（自欺）中的"bad"一词。

动，但不要把儿童和青少年匆匆推到别人期望的轨道上去。

当我们支持青少年成为无忧无虑、富有智慧的人，鼓励他们追求与自己的爱好相协调的目标，并将自己从他人的刻板要求——那死气沉沉的压力——中解放出来，他们青春期那痛苦的割裂感就可以得到克服。我们必须为所有的孩子创造条件，让他们都能拥有一个开阔的未来，都能选择自己的人生道路。这种存在主义的自由能使孩子们克服他们的自卑情结和优越感，还有助于他们变得真实。完全抛却期待是很难的，但理想状态是每个人都可以自信地追求自我实现，都可以为自己是谁而感到骄傲，并为自己选择成为什么样的人而感到振奋。

波伏瓦教导我们，虽然不能改变我们出生的时间和地点，也不能改变我们生来是谁，但我们在这些既定条件里所做出的选择对活出真实自我是至关重要的。要想充实自我，我们需要了解其他的观念，与此同时，一个真实的朋友可以成为我们通往真实殿堂的可靠的引路人。朋友可以通过支持和信任互相成就，帮助彼此发掘新的可能。一个真实的朋友——不管他是竞争对手还是亲密伙伴，还是拥有介于二者之间的任何复杂身份，都可以帮助我们应对成长过程中及成年后的各种旋涡。

第二部分

境遇

友谊

当你意识到我的意识的那一刻，你就知道我也
意识到你的意识了。这让一切变得不同。

——《女宾》

对波伏瓦而言，友谊不仅仅是可能的、重要的，也是开启
真实之门的钥匙。友谊是她所谓的"真正道德的态度"的核
心。[1]但是只有当友谊具有建设性且富有挑战性时，它才有助
于真实。波伏瓦认为，尽管友谊需要相互认可，但真正的友谊
并不需要得到同样或同等程度的回报。

波伏瓦将相互认可称为"主体间性"。主体间性描述的是
这样一种时刻，在这一时刻，我发现宇宙并不是围绕着我旋转
的。我开始懂得，他人也是存在的，他们的内心世界是真实
的、生机勃勃的，一如我自己的内心世界。[2]相互认可意味着
尽管每个人都是一个主体，他人对自己来说都是客体，但是站
在他人的角度来看，每个人也同样是客体，我们必须意识到并
接受这一点。

要想参与到主体间性中来，我们必须少一点以自我为中心，少一点自私。这看起来也许是不言自明的，但实际做起来则意味着我们要改变和他人产生连接的方式。这个方式正是存在主义友谊的核心——一种互惠互利、相互协作、富于建设性的关系，万变不离其宗，这种关系是所有真实关系的模板。

存在是横亘在我们塑造自我生命与为他人留有空间之间的永恒矛盾。他人在我们追求自我塑造的道路上至关重要，因为我们通过与他人的互动来意识到和确认自我的存在。如果没有他人，当我们被丢下、完全孤零零一个人的时候，我们会有误解自己和我们周遭世界的风险。

在波伏瓦的小说《女宾》中，两个主人公弗朗索瓦丝和皮埃尔讨论着主体间性对生活得有意义是多么重要：

> "当你意识到我的意识的那一刻，你就知道我也意识到你的意识了。这让一切变得不同。"
>
> "也许吧。"弗朗索瓦丝说。她困惑地看了看酒杯底部。"说白了，这就是友谊。每个人都放弃了自己的优越性。但是如果其中有一个人不愿意放弃呢？"
>
> "那样的话，友谊也不可能达成。"皮埃尔说。[3]

为真实的道德态度创造条件的友谊是很难得的。正如我们已经看到的，波伏瓦认为，有意识就必然牵涉他者化：我是我，绝对不是你。这一意识可能是有敌意的，也可能是友善的。这就是问题所在。《女宾》的开头引用了黑格尔的一句话来表明这种相互作用力——"每个意识都追求另一个意识的死亡"。

黑格尔认为，有自我意识涉及被他人认可。问题在于，他人是以一种我们自己无法感知的方式来对我们进行感知的。也就是说，我们的存在势必有一部分对我们自己而言是模糊的，而对他人是透明的。如果人生的目标之一是尽可能完全地了解自己以实现自我，那么了解他人如何想我们——他们如何听说我们、看待我们，如何与我们产生关联、对我们作何反应，也是很重要的。

理想状态下，他人会直截了当地说出他们是如何想我们的，但我们无从知晓他们是否说了实话。因此，完全了解他人对我们的认知是一个徒劳无功的目标，也是不可能实现的。但人们仍然努力尝试。这种尝试能点燃心灵的力量斗争，从而夺回他人拥有的那种认知——那种存在的碎片。黑格尔认为这一相互作用力会导致一种悲苦的至死方休的挣扎。[4]这就是黑格尔的"主-仆"辩证法：当两个人相遇时，其中一个试图控制另一个。如果两个人有一种平等的角力，那么他们就会形成一种互惠的关系，尽管这种关系既可能是敌对的，也可能是友好的。然而，如果一个人成功地控制了另一个，那么他们之间的关系就变成了压迫。

这听起来似乎有些言过其实。并不是每个人都将他人的观点视作一种被别人窃取的、他们需要努力夺回来的东西。但是在实践中，这也不完全是危言耸听。通常人们确实很在意他人的看法，也确实想控制自己给他人留下的印象。

试想一下，假如你见到一群人，你很在意他们怎么看你。你希望他们对你有个好印象，或者最起码别给他们留下坏印象。你想知道他们是怎么想你的。你站在他们的角度去想你自己。同时你也打量着他人，并做出评价、形成观点。你越是在意他们，就越是在意他们是如何想你的。你越是想让他们对你有个好印象，就越是希望能控制他们对你的看法。这样一种关系会迅速沦为一种充满霸道的占有欲的紧张关系。

波伏瓦的小说《名士风流》中，主人公安娜正在一场聚会上和一个男子交谈，他告诉她别人曾警告他让他对她多加小心。她努力不去在意别人说了什么，她拼命克制着自己想要知道的欲望，"但是那些人的匆匆一瞥，他们的神色，他们的盯视，谁能抗拒这个令人头晕目眩的深坑呢？"。[5]

诚然，完全依赖他人的眼光是不健康的。但是完全不在意，不管别人是什么观点都不予考虑，便有可能忽略对我们自己是谁的洞察。（生活在自我反省的密闭泡沫中同样也是自恋者的特点，但到后来会逐渐发展成为一种自我惩罚。）想要知道别人对我们的观点却无从知晓，其中的矛盾可能会令人极其沮丧。

《女宾》展示了一种非常不真实的友谊。这部小说展示了黑格尔的"主-仆"辩证法的运作方式。它显示了想要控制他人的想法是如何唤起施虐与受虐心理的，因为这种控制是对他人的物化，是对他人主体性的不尊重。在这个故事里，美丽又任性的格扎维埃尔来到巴黎，和她的朋友弗朗索瓦丝及其丈夫皮埃尔待在一起。格扎维埃尔相当嫉妒弗朗索瓦丝和皮埃尔的关系，她想要分别独占他们。当皮埃尔对格扎维埃尔着迷时，弗朗索瓦丝感到自己被冷落了，于是和格扎维埃尔的男朋友热尔贝发生了关系。（格扎维埃尔和热尔贝在冷战中，但尚未分手。）

格扎维埃尔突袭翻检弗朗索瓦丝的桌子，发现了热尔贝写来的信，信里充满了罪恶的细节，她狂怒不已。弗朗索瓦丝感到难以忍受的罪恶感。她渴望同格扎维埃尔谈谈，但格扎维埃尔又如鬼魂般纠缠着她。波伏瓦写道：

> 在格扎维埃尔狂野的快乐背后，在她的仇恨和嫉妒背后，一种令人讨厌的东西慢慢显现，如死亡般可怕和确定。既近在弗朗索瓦丝眼前，又在离她很远的地方，存在着某种像是不容辩驳的谴责的东西：冷漠、确凿无疑、不可改变，一种陌生的愧疚感正升腾起来，就像死亡一样……[6]

由于性的原因，友谊变得复杂，这展现了权力斗争是如何损害真实的友谊的。也不只是复杂开放关系中的高度戏剧性才会激起如此多的冲突。最近，一个朋友参加了一个我不在场的聚会，过后她说："我们聊了好多关于你的事！"我迫切想要知道更多。好奇之火熊熊燃烧，想要夺回遗失在我朋友那里的我自己的存在碎片的念头越烧越旺。她是在恭维我吗？抑或她只是在通过炫耀她知道我所不知道的事情来对我施展她的权力？她没说要和我分享。要是让她告诉我，我就会有在我们的关系中处于从属地位的风险。这会确立起她的主导权，因为她的秘密对我产生的影响很大。

在波伏瓦看来——黑格尔同样这么认为，出人意料的是，一个顺从的人比你能想象到的拥有更多的权力，因为只有基于他们的顺从，另一方才能处于控制地位。我朋友的力量有赖于我在意她在聚会上说了什么。因此，"主"对"仆"的需要远甚于"仆"对"主"的需要。显然，我的朋友之所以对我有影响力，完全是因为我仍然在思量这件事，想知道她究竟掌握着什么秘密，想要主宰她对我的印象。但是这种力量的游戏——我朋友挥舞着她对我的了解的权杖，而我又拒绝正式承认她拥有这种力量，给我们与彼此建立真实联结的能力蒙上了一层阴云。

在《女宾》中，格扎维埃尔和弗朗索瓦丝也被困在了这种力量的游戏中。格扎维埃尔希望弗朗索瓦丝能对她唯命是从。

弗朗索瓦丝拒绝了她，并最终被逼得走向了谋杀，因为她无法忍受她的朋友格扎维埃尔对她的谴责。要想获得真实的关系，必须克服想要控制他人和放开他人之间的矛盾。

　　这一矛盾同样也出现在波伏瓦和萨特的开放关系中——这段关系，据波伏瓦说，其内核是深深的友谊。萨特展现了他能比波伏瓦和更多人发生性关系的能力，但他仍然依赖波伏瓦的许可。他们之间独特的契约有赖于双方都是主动且自愿的参与者。一些人将这种默契解读为波伏瓦为了萨特的利益而压抑了自己的欲望。

　　然而，很有可能是波伏瓦提出的开放关系，因为尽管萨特喜欢拈花惹草，他对性并不在意，也并不能使波伏瓦得到满足。[7] 波伏瓦曾在给另一个情人纳尔逊·艾格林（Nelson Algren）的信中这样谈及萨特："爱情不是很圆满。主要是因为［萨特］对性生活不是那么上心。他在哪儿都是一个热情洋溢、生机勃勃的男人，唯独在床上除外。我很快就觉察到了这一点，尽管我没什么经验；渐渐地，继续做情人似乎没什么用处，甚至显得下流了。"[8] 为了克服争风吃醋，波伏瓦和萨特达成了一个透明坦诚的协议。他们约好向彼此介绍各自的"偶然爱情"的亲密细节——偶然爱情，也就是在波伏瓦和萨特的基本关系之外居于从属、附加地位的其他关系。[9]

　　《女宾》虽是虚构小说，但又不完全是虚构的：这部小说以波伏瓦和萨特与旺达·科萨基维奇（Wanda Kosakiewicz）和奥尔加在现实生活中的关系为基础，后者的性格也被融入到小说中格扎维埃尔这个人物身上。波伏瓦将《女宾》这部小说题献给奥尔加，她是波伏瓦的一个学生。奥尔加轻浮冲动、友好坦诚、可爱迷人，且疯狂迷恋着波伏瓦。波伏瓦写道："她对我的感情迅速达到了一种炽烈的程度，我花了颇有一阵子才领会到其全部的含义。"[10]

奥尔加打动了波伏瓦的心，据传记作家黑兹尔·罗利（Hazel Rowley）说，她们也成了彼此的情人。[11]波伏瓦觉得这段关系令人心醉神迷——直到萨特也迷恋上了奥尔加。但是当奥尔加坚持要和萨特保持一种柏拉图式的友谊时，难以释怀的嫉妒和怨恨的循环便在这三个朋友之间涌动了起来。波伏瓦回忆起冲动、单纯的奥尔加对萨特所拥有的力量，以及萨特如何努力使自己不在这段关系中占上风：

> 面对着她，萨特也放任自流，任凭自己稳定的情绪遭受重创，他经历了惊恐、狂怒与狂喜，这些感觉是和我在一起时从来没有过的。这给我带来的痛苦远不止于嫉妒：有时我问自己，我的全部幸福是不是都建立在一个巨大的谎言之上。[12]

在引诱奥尔加失败后，为了安慰自己，萨特成功地追求到了她的妹妹旺达。萨特觉得旺达只不过是个安慰奖，他说：

"我爱的女人拒绝了我，于是我设法得到了一个和她一模一样的人，不过她更年轻……旺达只有22岁！这对我的自负来说好极了。"[13]

令波伏瓦感到心焦的那个"巨大的谎言"，是指她在萨特心中和萨特在她心中是否占同等重要的地位。她认为他们之间深厚的友谊是建立在平等的基础上的，不过她也有所怀疑。她的担忧并非无中生有。萨特很显然比波伏瓦更容易接受多角恋爱关系，但他的自由是以坦诚为代价的。

尽管他们本应该严格忠于彼此，但其实波伏瓦和萨特常常相互说谎，比如他们分别和谁待在一起，好避免分享丑陋的真相时面临的那种尴尬。萨特告诉另一个情人，他并不总是和波伏瓦分享全部的真相。在一次访谈中，萨特承认对所有的情人都说过谎，"尤其是对海狸（指波伏瓦）"[14]，但萨特从未以真实自我标榜过。在萨特的观念里，对自己说谎存在哲学方面的问题（自欺），但对他人说谎并不涉及理论问题。[15]

这已经不是波伏瓦和萨特第一次与嫉妒以及想要控制所爱之人的欲望做斗争了，也不是最后一次，但波伏瓦后来承认，《女宾》以谋杀作为结局是个错误。[16]尽管和奥尔加、旺达以及萨特之间的这一场场风暴令她痛苦万分，波伏瓦仍然对她暗示了谋杀是一种真正解决矛盾的方式懊悔不已。《女宾》的故事表明，我们和他人之间的联结更多的时候会在矛盾激化中呈现为一种互惠失败，而不会蓬勃发展成真实的友谊。

* * *

孤独只有在自主选择的时候才是有价值的，但很多人都别无选择，而且很多人都很孤独。社交媒体能帮助人们和朋友保持联系，但它也能加剧孤独感。新冠病毒的流行让许多人重新认识到面对面交流是何等重要，同时也证明了人们愿意冒着自己（和他人的）生命危险来避免孤独。[17]孤独被列为一种流行病，它对我们健康的危害不亚于一天吸烟15支。[18]正如科普作家莉迪亚·丹沃斯（Lydia Denworth）所言："人们一直看重竞争力，认为'适者生存'，但其实是'最友善者生存'。"[19]

2018年，英国任命了一位"孤独大臣"，其任务是解决孤独病。2021年，日本同样也任命了一位大臣，来应对随着新冠流行愈演愈烈的社会性孤独。日语里专门有一个词用来描述因孤独而死的人：こどくし（孤独死），由于一位69岁的男性逝者死后3年才被发现，自此这个词得到了广泛运用。在他生前，他的水电费等各项生活费用会直接从银行账户扣除，当他的存款被扣光后，有关部门的工作人员到他居住的公寓去敲门。等他们进门后，却只发现了一具尸骨，这个人早已被蛆虫啃噬成了一具骨架。[20]

当然，一个人并不是因为有益健康才交朋友。我们交朋友是因为我们大多数人都是社会性动物，享受他人的陪伴。但值得注意的是，友谊从存在主义角度来讲是无价之宝。我们需要独处来培养独立性和创造力，获得自由和宁静。不过有时候，孤独仿若一种活着的死亡——安静的、终极的、无法言说的无边黑暗。这是波伏瓦在她和萨特的生活中所热爱的事物之一：他对保护她的独处，又让她免受孤独大有助益。因为他们彼此独立生活，她享受着拥有一个伴侣的全部慰藉，而又不用去承担共同生活带来的那些压得人喘不过气的责任和义务。[21]

当孤独成为一种普遍现象，人们就容易陷入宣传、阴谋论和极权统治的陷阱。[22]当我们感到孤独时，我们的思维就变得孤立。孤独会切断我们与他人的联系，而这些人可以刺激我们，批评我们，开启更多我们看不见的可能性，还可以帮助我们审视自己是否活得真实。

举一个日常生活中的例子：我可以自己慢跑，但是当我和一个真正的朋友一起跑时，我会跑得更起劲儿。当我们中的一个表现得费力时，跑得较快的那一个也不会当面戳穿跑得较慢的那一个。有时候两个人都累了，跑得快的那个会停下来，围着跑得慢的那个腾挪跳跃，像个跳羚一般，惹得跑得慢的朋友哈哈大笑。有时候，如果两个人有各自的时间安排，跑得快的那个就会跑在前面。但是通常我们都会齐头并进，彼此支持，和对方说着鼓励的话，比如："这个节奏合适！"当其中一个人的鞋带开了，另一个就会在起跑前提醒他。假如其中一个摔倒了或是被蛇咬了（在澳大利亚跑步会有这种风险，不过我还没遇到过），另一个总是会随时出手相助。

虚情假意的朋友只会考虑自己，而把我当成一个工具，牺牲我的感受，只为了让他们自己舒服。比如当他们跑得快时，就会得意扬扬或是拿我取笑。这些具有破坏性的权力游戏是很好的指示物，可以表明一段关系不能被称为真正的友谊。我可能仍然会将这些人当成朋友，可能仍然会将这些人纳入我关心的圈子，把他们当成比点头之交的交情深一些的朋友，但我不会称他们为真正的朋友。不过，我还是会寻找可能性，将我们之间的关系转化为真正的友谊。

一个真正的好朋友的目光，能让我们更好地了解自己在哪些方面有进步空间。真正的朋友值得信赖，因为他们会提出有建设性的、深谋远虑的批评，不管是在我们有"越轨"之举时敲打我们的行为，还是实实在在地在跑步时给予我们鼓励。我需要一个朋友，能看到我独处时看不到的自己的某些方面。如果能和另一个关心我的人一起谈论我的行为举止，我会更深刻地理解自己。我和我的朋友仍然拥有关于什么对我们各自的身体而言才是好的这个问题的决定权，但和彼此相处——特别是当我们可以亲身比较彼此的行为、习惯和技艺时，会让我们从彼此身上或通过彼此学到更多。

* * *

虚假的友谊会在权力的游戏中停滞不前，而真正的友谊会超越游戏本身。波伏瓦一生中最真实的关系之一是她和伊丽莎白·拉考因（Elizabeth Lacoin）之间的关系——在波伏瓦的回忆录中叫扎扎·马碧儿（"Zaza" Mabille）。波伏瓦和扎扎自幼相识，她们都聪慧绝伦、成绩优异，很快就成了朋友。老师们称她们为"形影不离的两个人"。[23]

她们会谈论书籍、学业、老师，乃至整个世界。一次钢琴演奏会上，扎扎在演奏了一首她的母亲认为太难的曲子后，朝她的母亲吐了吐舌头。扎扎的自信和对权威的藐视令波伏瓦钦佩不已："在我看来，这一英勇行为让她整个人都散发着光芒……我完完全全被扎扎的魅力和她独立的灵魂俘获了。"[24]扎扎激起了波伏瓦的信心，因为波伏瓦透过这个她所景仰并与她相互认同的人的双眼看到了自己，而不是透过她父母专横的凝视。这段友谊将波伏瓦从孤独感中解救出来，并且让她意识到她的生活是值得过的。

和扎扎在一起，波伏瓦发现好朋友可以确认彼此的个人价值，让彼此感到自己是完整的、被倾听的，并且是有价值的，能为彼此提供生命的结构和框架，同时增进对自己和对方的理解。朋友之间相互尊重和认可，通过分担痛苦与保持同理心获得慰藉，让彼此的新观点与洞见相互碰撞，一起去探索这个世界，这一切都是非常振奋人心的。

尽管两性都可以拥有友谊，但波伏瓦假定，和女性建立的友谊比和男性建立的友谊更深厚，因为女性受到的社会化规训就是要分享更多。[25] 乍一看，这像是一种性别刻板印象或过于简单化的论断，但是确实有充分的研究足以支撑这一观点。社会语言学家黛博拉·坦南（Deborah Tannen）发现，女性之间比男性之间的交流更多——更频繁，时长更长，也说更多的私事，这会为亲密，也会为心痛创造机会。[26]

波伏瓦从和扎扎的友谊中领悟到，有时候，只要想到对方的存在就足以令人欢呼雀跃了，她说："快乐啊！快乐啊！巨大的友谊，像我的心一样，永远没有尽头。"[27] 但后来这段友谊真的走到了尽头，那是1929年，扎扎年仅21岁就香消玉殒了，极大可能是死于脑膜炎或脑炎。波伏瓦极度悲伤——或许是因为她理想化了对扎扎的记忆，但这段友谊成了她脑海中真实关系的范本。

虽然我们无法确知，若不是以这样一种悲剧的方式被中断，波伏瓦和扎扎之间的友谊究竟会持续多久，但这段友谊似乎令波伏瓦灵光乍现，让她领悟到友谊的一个重要元素就是彼此将对方从阻碍人们活得真实的自我设限中拯救出来。弗朗索瓦丝和格扎维埃尔用占有欲困住彼此；而扎扎的友谊帮助波伏瓦从做一个顺从的女儿的困境中解脱出来，波伏瓦的友谊则帮助扎扎挑战天主教资产阶级的说教（如果没有付诸实践，至少是在想法上进行了挑战）。这两种关系的区别就是主体间性的有无。尽管波伏瓦和扎扎在学校里是竞争对手，她们仍然将这种竞争关系升华到了一种相互尊重的层次。

不过，就人们看待彼此的方式而言，互惠关系不一定非得是平等的。扎扎对波伏瓦就没那么心醉神迷。波伏瓦18岁时，有一次她和扎扎穿着睡衣在松树下交谈，她们聊了数小时，一起回忆旧时光。"我爱过你"，波伏瓦告诉扎扎，她说的是她们年少时的事——尽管她的感觉仍然不减当年。波伏瓦在回忆录中写道，扎扎当时很震惊，并且告诉波伏瓦，自己的所有朋友——包括波伏瓦在内——对她来说都无足轻重。[28]波伏瓦的小说《形影不离》（Inseparable）就是以她和扎扎的这段关系为蓝本创作的。在小说中波伏瓦就暗示过，她长久以来都怀疑，她对扎扎不如扎扎对她那么重要。波伏瓦在小说中描述了当安德蕾（以扎扎为原型）对希尔维（以波伏瓦为原型）的心思一无所知时，她是那么痛苦，又是那么抓狂。

不对等的友谊并不稀奇。2016年的一项研究发现，53%的友谊是相互的，也就是说，如果你列一个朋友名单的话，里面只有一半人会在他们的朋友名单中写上你。人们并不总是善于甄别谁是朋友，因为只要稍微想一想自己可能不受欢迎，就会挑战一个人的自我价值。[29]要紧的不是我们有多少朋友，而是这些友谊的质量。

有时候人们生活在一种不知道自己的朋友是谁的状态下。

不对等的友谊不像不对等的爱情那样容易迅速且明显地被发现。知道一个你认为是朋友的人并不拿你当朋友是一件很受伤的事。波伏瓦勉强接受了这个事实。她不需要扎扎回应她的爱，因为她对扎扎的爱慕是那么强烈，做扎扎的朋友让她感到狂喜无比。[30]

波伏瓦38岁时发现自己处于相反的境地。波伏瓦的朋友维奥莱特·勒杜克（Violette Leduc）给她寄了一卷手稿，明确地向波伏瓦表白，说自己深深地爱上了她。波伏瓦回应说，她觉得两个人如此珍爱彼此是一件很奇怪的事，勒杜克的感情不过是她自己的幻想，如同昙花一现，很快会过去的。而波伏瓦本人对此则波澜不惊，既不感到受宠若惊，也没有困惑不已。

许多人认为这样一种关系是脆弱的、不堪一击的。但是，就像在她和扎扎的友谊中一样，波伏瓦坚持认为她和勒杜克之间对彼此的不同感觉并没有妨碍她们拥有一段真实的关系。波伏瓦将勒杜克当作一个平等的人来对待。她们彼此尊重，彼此信任。她们之间的真实关系建立在智力和感情的亲密，以及同情、理解和道德的友爱之上。[31]

真实的友谊不是一场交易，它是非功利性的，也没有规定人们向这段友谊中投入多少就必须索取多少。当然，作为一段关系来讲，需要有某种互惠互利性，但是在一段真实的友谊中，这个互惠互利指的是认可对方是一个自由的主体。

拉丁诗人奥维德（Ovid）曾写下 "*Tempora si fuerint nubila, solus eris*"，大意是 "暴风雨来临时，你会发现自己孤身一人"。对这句话的一种解读是，成功可以吸引朋友，失败会令朋友远离。如果你发现自己和这种肤浅的人在一起，大概可以将此视作一个迹象，即在你们的关系中，他人待你如物品，他们首要的目的是从你身上榨取对他们有利的价值。

更有甚者，如果友谊单纯地建立在欢乐和利益之上，你们将会失去有意义的联结，而这些联结穿越艰难险阻，跨过重重挑战，可以容纳安慰、悲伤和痛苦的存在。西尔维娅·普拉斯（Sylvia Plath）在半自传体小说《钟形罩》（*The Bell Jar*）中，描写了在纽约的某次宴会和电影放映后的一件事——她和同伴在宴会上吃了鱼子酱和填满蟹肉的牛油果后食物中毒了。"再没有什么事情能比和某人一起呕吐更让你们像老朋友一样了"，普拉斯写道。[32]共同的经历和困境——不管是像聚会这样令人愉悦的事，还是像呕吐时互相帮忙绾头发这样可怕的事，都是可能创造深厚友谊的途径。

然而，放下自负是缔结真实的友谊中无比艰难的部分：超越控制他人的欲望，需要我们停止追逐我们自身存在中只有他人能看到的那一部分。想做到这一点，需要我们对他人开诚布公，需要展现我们脆弱的一面，而这也让友谊变得危险。展现脆弱并不总是有益处的：朋友之间离得越近，他们就越容易看透彼此，从而对彼此拥有更大的权力。

波伏瓦很喜爱简·奥斯汀（Jane Austin）富有阶级意识的文学创作，其中描绘了各种各样的友谊。奥斯汀1815年的小说《爱玛》（*Emma*）就阐释了波伏瓦关于真正友谊的观点。美丽富有的主人公爱玛·伍德豪斯对穷苦、朴实而又耳根子软的哈丽特·史密斯来说就是个糟糕的朋友。爱玛自认是一个高明的红娘，操控哈丽特拒绝了罗伯特·马丁的求婚，而事实上哈丽特爱着罗伯特。同时，爱玛又燃起哈丽特对上层社会男人的希望，而这些男人又都爱着爱玛。拜爱玛所赐，哈丽特受尽羞辱，屡屡心碎。

对这个故事可以有这样一种波伏瓦式的解读：爱玛的占有欲和控制行为阻碍了她和哈丽特之间的真实友谊。当爱玛放下自负的态度，即她比别人更了解什么对别人是好的时候，她才成了一个真正的朋友。她意识到自己把事情搞得一团糟，并去找罗伯特，试图修补他和哈丽特之间的关系。正是在这个时刻，爱玛抛开了黄金准则（以己所欲，施之于人），转而信奉生活的白金准则（以人所欲，施之于人）。后面这条准则让我们将他人视作一个主体来对待——就算我们和他们意见不同。

真正的朋友为彼此留出空间，尊重彼此的想法，接受观念的差异。这就是友谊对黑格尔残酷的"主-仆"关系的超越。通常，人们会从朋友身上寻找共同点，因为这让人感到安全，让生活平和。然而，真正的友谊不是同化，也不是容忍。真正的友谊让我们敞开心扉、打开思路，并拥抱挑战，怀疑我们的存在。

波伏瓦写道："真正的朋友，既是一个将你拉伸到自己极限的客体，又是一个将你的自我保存下来的见证者。"[33]可以用蹦极绳来理解这一点：真正的友谊以一种新奇刺激、充满活力又令人惊恐的方式拉扯着你，但同时又支撑着你，保证你的安全，因为你们因双方的本来面目而彼此认可，而非因为你们能为对方做什么。

在一个人与人之间的关系受到各种相互碰撞的政治观点的挑战，并且人们经常在社交媒体上表达这些观点的时代，需谨记文化理论家里拉·甘地（Leela Gandhi）的观点：最好的友谊是一种世界大同，这个世界里，人们基于社会包容彼此关联，互相尊重彼此之间的差异。甘地的思想基础是古希腊的"友爱"（philoxenia）观，意为"对陌生人友好"。当团结之光晦暗不明时，她写道："一种乌托邦式的思想可以为通往真正的世界大同指明方向：时刻做好准备，迎接那些尚未或尚未完全打着保护我们的身份、让我们安全的特权幌子的风险的到来。"[34]甘地强调了波伏瓦所暗示的理念：友谊无须平等，友谊中最重要的也不是"友"这个标签，而是我们靠近彼此的想法。

* * *

2018年，我给一群被监禁人员上了一门关于爱的哲学的课程，为期三周。[35] 我在大学里的一部分职责就是为这个监狱的一个哲学课项目提供支持。我的工作包括组织志愿者培训——这些志愿者涵盖了哲学专业的大学生、社会活动者、高级终身聘用教授等各色人物。我们听以前被监禁的学生讲述他们学习哲学的经历如何启发了他们；听以前在监狱里教哲学的人讲述他们的故事；学习奥古斯托·博阿尔（Augusto Boal）的"被压迫者剧场"（Theatre of the Oppressed）技巧，并将之运用于相关的活动。（博阿尔的技巧意在创造一个空间，在这个空间里，每个人都有机会获得尊严和能动性去完成在课堂上打破一些等级制度的尝试，并使思想、观念、表达和分享观点的自由成为可能。我也做过这样的训练。）

我到教室时，教室里暖烘烘的，有些闷热，但是干净明亮，长长的白色荧光灯挂在天花板上，高而细长的窗户嵌在厚厚的高墙间。15个身穿米黄色连体服的男人走了进来。我和两个助教立马站起来和他们握手，脸上挂着热情友好的笑容，不过我怀疑这笑容仅够掩饰我们的紧张。这些人被安排坐在椅子上并围成一个圈，这些椅子是我们为了重现博阿尔的技巧而匆匆摆好的。我们想营造一个安全的、免于评判、没有等级的空间，一个从每日的禁闭中暂时逃离3个小时的空间。

虽然我不指望挪动几把椅子就能达到这种效果，起码我们接受的训练是我们可以利用有限的资源来表明，在课堂这个空间里，这些在生命中的每时每刻都被物化的人可以被赋予向前一步成为主体的力量——虽然这力量转瞬即逝。我不知道我班上这些学生是出于什么原因被监禁的。我不能问他们，他们也不能告诉我。

这个逻辑背后的推理就是，当人们拥有片刻自由，暂时逃离过去，不用考虑他们过去做了什么、没做什么，在此基础上，人们彼此之间的关系会更加融洽。我知道我永远无法完全了解这些学生的生命中发生了什么。我对他们和他们的背景一无所知，不过作为引导，我们集中精力教学，听他们有关哲学的讨论，试图在那样一个虽然极其有限却相当特别的王国里模拟一种主体间性。

高高的窗户外是闪闪发亮的高塔，穿着黑色防弹夹克的工作人员从玻璃墙的另一侧静静地经过，我们在这一侧谈论着女哲学家狄奥提玛（Diotima）。狄奥提玛是大约公元前385年至公元前370年的柏拉图《会饮篇》（Symposium）中的一个核心人物。在《会饮篇》中，一众男人聚在一起，淡淡的甜酒让他们微醺，他们颂扬着爱情。这是一部虚构的作品，但许多人认为它是基于真实事件和真实人物而作的，而狄奥提玛极有可能是古希腊一个真实存在的女性的假名。尽管狄奥提玛本人没有出现在聚会上——因为只有男人才被允许参加聚会，当晚的名人苏格拉底仍然向大家讲述了他和狄奥提玛之间的讨论。

狄奥提玛为苏格拉底描述了一个知识的阶梯，在这个阶梯上，对一个人的狂热吸引是微不足道且低级的。要想理解真正的美，我们需要克服欲望，通过认识所有的身体美和心灵美拾级而上，直至达到阶梯最高一级，找到美的真谛。"如果你看到过美，"狄奥提玛告诉苏格拉底，"它看起来和金子、衣服、漂亮男孩或年轻男子都处在不同层级……如果一个人可以看到美本身，绝对的、纯净的、纯粹的，不掺杂任何人类的血肉、肤色和一大堆凡俗的垃圾……"[36]

在柏拉图看来，认识到这种美可以达到"幸福"（eudaimonia），即安康繁荣，古希腊人认为这是生命的目标。最好的关系，是人们在这段关系里可以互相引导，在攀登这个阶梯的过程中共同进步。人们相互教育，讨论美德，帮助彼此成长，探索一个好人应该怎么做。这就是古希腊哲学家认为的伟大友谊的关键特征。

"你们认为呢？"我问同学们。整个教室陷入了沉默。一些人靠在椅背上，一些人俯身看着讲义，还有一些人看起来像雕塑一样，思考着。其他人则躁动不安。我又等了一会儿，在这片寂静中放松下来。一个学生举起手问道："她说的是什么意思，'漂亮男孩和年轻男子'？"

"苏格拉底是*同性恋*？"另一个学生感叹道。一双双好奇的眼睛齐刷刷地盯着我。我解释道，虽然为普遍的世俗认知所不容，古希腊的一些男子之间确实涉及性关系。在《会饮篇》里，苏格拉底冷漠地拒绝了亚西比德的勾引——这是一个年轻性感的政治家——起码在他自己看来是。被拒后，醉醺醺的他伤心欲绝，匆匆结束了聚会。

不过，正常来说，希腊的男性必须非常谨慎地对待他们的关系。如果相对年轻的那一方收受了金钱或恩惠，他们就有被判为男妓的风险。[37]"柏拉图式"的师生从属关系比情欲关系受到更多的鼓励，并且古希腊人，比如柏拉图和亚里士多德，称这种友谊为"友爱"或"兄弟之间的爱"。

"这就像我们这里的兄弟们一样。"其中一个在押人员说，这是一位天生的哲学家，一位老师，总是倾向于将学术化的语言转化为更易于接受的语言。"我们互相帮助。我们互相支持。我们留心彼此。"他继续说道。几个人似乎听懂了，审慎地点点头。"就像兄弟情？"另一个学生问道。整个教室爆发出一阵笑声。

"对，就是！"我尽力没有笑着说出这句话，因为他完全说到了点子上。虽然狄奥提玛指的大多是男性之间的友谊，她仍然认为女性同样有能力在智力方面和男性建立关系。狄奥提玛不仅告诉苏格拉底通往认识真正的美的道路对男人和女人都是开放的，同时，她还是那个教给脆弱的苏格拉底这个知识阶梯的人——苏格拉底可是西方哲学史上最聪明的人之一。她打趣道："苏格拉底，甚至你都可能被接纳加入我迄今为止所描述的爱的仪式中来，不过我不确定你是否能做到。"[38]

我们讨论了狄奥提玛关于友谊的观点是不是好的。大多数学生都同意并非所有的朋友都可以达到如此崇高的理想状态——也不应该期望他们能达到这种状态。一些学生认为友谊是一种等级制度，另一些学生认为友谊是亲密和冷漠之间的一系列情感距离。一个学生承认曾经有过一段罕见的有道德的友谊，恰如狄奥提玛描述的那样，友谊中的双方都深深地投身于对方的幸福之中。他没有讲他究竟如何失去了这个朋友，但他告诉我们，在他11岁时，他失去了每一个他在意的人，于是他有了一个文身，写着"爱并不爱我"。

波伏瓦写道，真实的友谊是建立在自由的基础上的，也就是说，"当它不依靠任何外部的命令，而是出于毫无畏惧的真心"。[39]学生们既不自由，也不是无所畏惧。在玻璃高墙的另一侧是那样的压抑气氛的情况下，很难说我们中有谁会完全坦诚。这些学生大多数是贫困的有色人种男子，一些人还告诉我他们连中学都没上完。

作为一个特权阶级的白人女性，如果我说错或做错什么，最坏的结果无非是让我离开这个地方，再也别回来，以及会连累这个教学项目。可如果他们搞砸了，他们会面临羞辱——这是最好的情况，甚至孤零零的监禁，或者最坏的情况——刑期延长。他们是有某种选择：要不要来到课堂，要不要好好上课或是表现得友好。但说到底，他们的选择极其有限。鉴于特定的情况和力量的悬殊，任何能产生真正的互惠互利性或主体间性的事情几乎都是不可能的，但是我们彼此接受对方可能带来的风险，这让我觉得很友好。

不论是在教学评估还是在本人的当面讲述中，学生们都表示阅读和讨论哲学让他们拥有了极其宝贵的经历，这个经历让他们暂时不去想自己被囚禁，也让他们能以一种久违的方式动脑筋。一个学生说，他长久以来第一次感到逃离了现实生活。另一个学生说，他已经忘记上次被问及对一件事的看法是什么时候了。许多人表示，他们热爱这种"自由思考"以及这些考验人的讨论。他们说这让他们彼此倾听，让他们对彼此更细心、更尊重，也更深入地相互了解。全班同学的好奇心都被点燃了，他们想学习更多有关哲学的东西，每一个人都想上更多的课。（这也是这门课程的意义所在，因为人们受到的教育越多，他们重返监狱的可能性就越小。[40]）

他们也启发了我。我们的"被压迫者剧场"中的活动之一就是让学生们读一段哲学文本，并用自己的话复述出来。最让人印象深刻的是，有两个同学把狄奥提玛的一段话改编成了自创的说唱，并站在椅子上当着全班同学表演。我不确切记得他们唱的歌词是什么了，但我确实为他们的洞察力、创造力和聪明才智倍感欣喜。

结课时，我无意中听到一个学生问助教："你不怕我们吗？外边的人大都觉得我们是魔鬼。"说着，他朝着窗户点了点头。她回答说："不怕。"当然我也曾觉得紧张，大多是因为当时的局面难以预料。不过在教师培训课上，我们从曾经被监禁的学生那里学习过，知道我们到那儿是去教学的，不是去评判的。我们了解到监狱是如何野蛮粗暴地将人贬低为物，用他们的过去定义着他们，并剥夺了他们的未来，这一切对波伏瓦而言是一种道德暴力。

我们努力营造一种氛围，认为尽管学生们被困在一种被剥夺了几乎所有选择的严峻形势中，他们仍有机会作为不完全的、模糊的主体，在远离监狱的未来和彼此相关联。

我不知道未来会不会再见到他们中的任何一个人，但是在那几节课期间，在那几个小时之内，他们彼此是相关联的（我相信我和他们也有关联）。不仅作为原始意义上的哲学家，即爱智慧的人，同时还是真实的友谊中的灵魂：暂时向彼此打开思路、敞开心扉，作为主体彼此激励、彼此关联，互相支持对方的成长，也在这个过程中变得更加富于智慧。他们中的一些人也许彼此之间已经产生了这样的联系，但是在课堂上对友谊进行哲学探究为他们更明确地思考彼此之间的联系提供了新的思维框架。

* * *

虽然给被监禁的学生上课不是一种寻常的经历，但它仍然凸显了这样一个事实：不平等的境况、年龄和经历并不会真正地阻碍友谊。在完全的平等中相识几乎不可能，关键是要基于主体间性创造友谊。即使当人们不平等，或者不完全自由时，仍然有可能产生主体间性。

关于朋友，这个故事中还揭示了一点：真正重要的是主体间关联的质量，而非关联的长度。一段长久的友谊并不一定是有深度的。波伏瓦认为，虽然时间能为加深彼此的关联创造更大的机会，但长久的友谊通常是基于习惯。人们会将历史或共同经历误认为是真正的依恋，比如上同一所学校或在同一个体育队。每一段人际关系中都存在着一种成就友谊和合作的潜在可能，能让人们彼此关心或彼此挑战。我们不都希望能被真正地倾听、尊重和理解吗？这不仅仅需要靠我们自己，慷慨地伸出友谊之手也是好的开始。

受到米歇尔·福柯（Michel Foucault）的启发，艺术家和激进分子纳迪亚·托洛孔尼科娃（Nadya Tolokonnikova）写道："监狱是其所处社会的一面镜子。除非我们让二者都改变，否则我们都会受困于同一种监狱。"[41]更具体来说，这正是波伏瓦努力想要确立的观点。我们需要认可彼此是自由的主体，以便为我们的存在奠定基础，并更好地了解自己。[42]尽管那些被监禁的学生实际上并不自由，我也没有能力改变这一点，但是课堂上仍然有一定的自由可以进行智力和道德的交流，也因此有一定的自由可以与他人建立起互惠性的联结。

他者化会阻碍这种互惠互利。他者化，用波伏瓦的话来说，是一种"人类意识的帝国主义"，是一种人们因其而感到优越于他人的结构，它通常以我们不总是完全察觉的方式发生。[43]我们（老师们）试图通过使标准的课堂等级制度扁平化、为思想自由创造生长空间来消除自己的优越感。在监狱的教学经历告诉我，我的境况之所以有别于这些学生，最主要的原因不是别的，而是特权和幸运。我努力尝试避免将学生他者化，努力不去想他们是被监禁的，这是能使我们彼此之间形成联结的先决条件（某种程度而言）。

波伏瓦告诉我们，真实的友谊可以让我们变得更好，这样的友谊不仅令人愉悦、大有裨益，同时也让世界变得更美好。当人们为了满足自己的优越感而否定他人，或者功利地将他人视作资源，视作拓展和丰富自己世界的手段，当人们以牺牲他人为代价，而不是将他人视作他们自己的目的时，事情就乱套了。

我们不得不承认我们永远无法完全知道他人是怎么想我们的这一事实，并放弃想要夺回他人所掌握的关于我们自身存在的那部分"碎片"的欲望，真实的友谊要求我们做出转变：放弃以自我为中心，培养主体间性。所有的人类关系都是脆弱而不稳定的，但是每一段关系本身都蕴含着生发出友谊的可能。弗朗索瓦丝将格扎维埃尔视作其生命中的一个麻烦，只有除掉她，弗朗索瓦丝才能感到舒服一些。可是爱玛、扎扎，还有我遇到的那些被监禁的学生揭示了超越敌对，走向互惠、走向真实友谊、走向更大限度地团结起来的可能。

爱情

> 理想的状态是，可以爱一个女人，像爱一个男人
> 那样，只是爱一个简单、纯粹的人，没有恐惧，没
> 有压力，没有责任。
>
> ——《作于〈第二性〉之后》

在一封写给美国小说家纳尔逊·艾格林（波伏瓦和他有过
一段热烈的爱情）的信中，波伏瓦写道："如果说我的生命中
有什么事情让我骄傲，那就是我们的爱情。我想我们应该尽可
能多地向彼此倾诉，这样我们就不仅仅是爱人，同时也是最亲
密无间的朋友了。"[1] 然而，不管是朋友还是爱人关系，他们都
没有维持下去。艾格林想和波伏瓦结婚。她爱他，但她既对婚
姻不感兴趣，又不想离开萨特，也不想搬去芝加哥。是不是因
为性和友谊之间的矛盾使得波伏瓦认为女人在爱情中总是容易
陷入恐惧、压力和责任的深渊呢？

1989 年的电影《当哈利遇到莎莉》（*When Harry Met Sally*）
中有一句经典台词，是哈利对莎莉说的："男人和女人不可能成

为朋友，因为性总是从中作梗。"哈利的意思是，男人想和女人发生性关系，而女人却会爱上男人，这就注定他们之间不会产生友谊。如果从一种过度概括化和异性恋规范的角度来解读的话，这句话里往往有一点道理。（这一矛盾似乎是前一章中讲述的波伏瓦、萨特和奥尔加、旺达姐妹之间混乱关系的一部分。）

然而，将人际关系完全贬低为肉欲冲动未免过分简单，也未免太过愤世嫉俗。站在存在主义的角度来看，虽然我们是动物，但我们也是有目的、有规划的。将人与人之间的关系贬低为本能会使人性堕落，会使慎重的选择和更高阶的决定被淘汰。

作为对自己生命的审视，波伏瓦的写作表明，爱情在真实的时候才是最美好的，也就是说，爱情在基于主体间的友谊时才是最美好的。尽管波伏瓦没有明确区分爱情和友情，不过她确实认为爱人对未来的想象和朋友对未来的想象是不一样的。在一封写给萨特的信中，波伏瓦思忖道："和一个人保持一段关系的力量来自你们设想未来你们会在一起这个事实……你会发现，起连接作用的环节——超越、未来、意识活动，在情感范畴内均为深刻的真理。"[2]

不过，有一些障眼法会让我们在和爱人追求真实关系的路上误入歧途。这些障眼法包括受制于我们的激情，或是对爱情应该如何抱有错误的预期等——将我们自己从这些圈套中解脱出来至关重要。只有这样，我们才能自由地以真实、有意义的方式去爱。

在《第二性》中，波伏瓦写道："真正的爱必须建立在两个人将对方视作自由的人的基础之上。"[3]真正的爱要求承认对方是自由的，也就是说，要承认对方是独立的个体并彼此尊重，同时支持彼此的成长。真正的爱人对彼此和宇宙万物都是慷慨宽容的。他们一起朝着共同的价值和目标迈进。

这是一幅罕见的爱之图景，它和传统的、认为爱是寻觅灵魂伴侣的理解大相径庭。真正的爱和"寻觅"关联甚少，而和选择关联更多。使两人成为一体的理想之爱或两个人的结合会弥补彼此的过分和不足，这样的理想状态可以至少追溯到几千年前柏拉图的《会饮篇》。

柏拉图作品中的一个人物阿里斯托芬是一个微醉的喜剧作家，他讲了一个不同寻常的荒诞故事：人类原来是不同于现在的物种。我们原本有两张脸、四条胳膊、四条腿。一天，一些人爬上了奥林匹斯山去挑战神灵。宙斯大为不满，作为惩罚，他把每个人都劈成了两半。从那时起，所有的人类就都是不完整、不完满的——这也就解释了当我们找到"对的人"并与我们的"灵魂伴侣"或"另一半"坠入爱河时那种感到完整的感觉。这也是为什么我们有时会觉得离开爱人就活不了了：因为他们的缺席导致了我们存在的分裂。

灵魂伴侣的观点是我们有关爱情的文化解读中最具代表性，也最具毁灭性的观点之一。它表明我们需要另一个人来完满自己，表明有一个特定的人可以做到这一点，表明只要我们睁大双眼、打开软件，就一定会获得爱。对于波伏瓦而言，通过寻求爱来使自己完整是自欺。这是对承担追求自我完满的责任的逃避。波伏瓦意识到，她在和萨特的关系中就陷入了这样的陷阱。她意识到自己逐渐依赖萨特来让自己的生活变得有意义，这是她写作的动力，于是她开始创作小说《女宾》。[4]

每一个人都是存在和虚无的复杂结合体，这意味着我们是由我们拖带在身后的过去、我们当下的行动和意图，以及我们未来的可能性组成的。未来是一种未完成，是我们的存在中本质的缺失，直至死亡。是死亡让我们完整，而不是爱。

我们未来的无数可能性意味着我们永远都不会在有生之年处于完整状态，更不用说让他人完整了。任何感到完满的感觉都是幻觉，是昙花一现。我们不是空无一物的容器，像赌场里那些推币机一样会被填满，等待着爱情这枚获胜的硬币来击中头奖。我们也不是在寻求一块相匹配的拼图的、一成不变的存在。

"存在先于本质"这个重要观点的一个推论就是，我们的存在中不存在固定不变且可以和另一个存在完美吻合的一部分。即便两个人一拍即合，也不能保证他们在未来的道路上会一直相合。人类的境况是一个自我克服和自我延伸的过程，也就是说我们永远都处于变化中，有时爱好和情感也在不断变化。

关于爱情的另一个障眼法就是将一切都归结为生理原

因。比如，在《作为意志和表象的世界》(*The World As Will and Idea*)一书中，叔本华（Schopenhauer）指出，爱情是一场"淫乐的幻觉"，诱骗人们去繁衍。但这种观点无法解释为什么有些不相爱的人想发生性关系，为什么有些相爱的人不想发生性关系，以及为什么有些人会被那些他们不能或不想与之繁衍后代的人吸引。

一些相亲交谊会以爱是生物学的事这一理念作为基础。比如，有些婚配场所会给求偶者闻一些带汗味的T恤，以期让外激素完成找到伴侣的艰巨任务。[5]新建立的关系通常是令人愉悦的，外激素在其中可能会起到一定的作用，就像人们在网络上浏览他人的照片时也会产生吸引力的火花一样。神经科学家们发现爱的分子和一些激素，比如神经营养因子和皮质醇，会在一段关系确立的初期飙升，但它们会在建立关系后大约两年内下降。[6]

婚配软件之所以盛行，就是利用了人们希望滑一下屏幕就能收获灵魂伴侣、收获真爱的心理。诚然，软件对于创造新的与人结识的方式而言是极好的，对于那些具有独特品位和喜好的人尤其如此。但是软件不是爱情黑客，它们不能让人轻易确立关系，也不能并且不应该代替我们做出选择。

反乌托邦喜剧《黑镜》(*Black Mirror*)相对比较明快的一集《吊死DJ》中设置了一个约会的世界，在这个世界里，有一款软件可以模拟若干年约会中的心痛感觉并最终得出一个

"终极融洽的另一半"。这款爱情软件模拟运行各种关系模式，直到一段关系克服了1000个困难中的998个，才能得出这对用户能在现实生活中有99.8%的可能性成就一段"佳话"的结论。就算这样，在现实生活中，这段关系仍然无法得到保证。从存在主义角度来讲，障碍就在于如果人们在一段关系中是自由的，他们同样也有离开的自由。

就算软件、嗅闻外激素，或是在初见面时问36个问题[i]，这些手段确实能帮助寻爱者找到感兴趣的人，挑战也才刚刚开始。一段关系不仅仅与找到伴侣、拥有伴侣有关，更是一种与他人*相处*的模式。我们的互相陪伴以及我们和他人存在的不同方式，决定着我们会成为什么样的人。

波伏瓦通过阅读美国超验主义作家路易莎·梅·奥尔科特的《小妇人》(*Little Women*)吸取了这一教训，或者至少吸取了一部分。波伏瓦写到，这本小说中的女性知道思想和道德比金钱更重要。[7]波伏瓦尤其对书中的乔·马奇深深着迷，作者奥尔科特认为这个人物比她那些更漂亮、更善良的姐妹更好。波伏瓦十分钦佩乔的活力和勇气，她和乔的书卷气有着深刻的共鸣，是乔给了波伏瓦创作短篇小说的灵感。

《小妇人》以奥尔科特的生活为原型，小说中的女儿们对于和谁结婚都有一定的选择权，但她们的婚姻仍然面临着巨大

---

i 1997年，美国心理学家亚瑟·阿伦设计出了36个具有双向性和自我剖析性质的层层深入的问题，并通过实验证明这些问题能增进人与人之间的亲密程度。

的压力，因为她们中至少要有一个人嫁给富豪，这样才能养活全家。女性独立极少被允许，因此爱情（也是一条走入婚姻的途径）是拯救自己、让家庭免于陷入赤贫的主要出路。

梅格·马奇因为爱而选择嫁给一个穷教师虽然可以容忍，但也令人不满，乔对婚姻的抗拒也是如此。艾米·马奇和富豪劳里草率的婚姻反而更容易被社会接受，虽然劳里极有可能并不爱她，而且乔先前就拒绝过他。波伏瓦一开始因为艾米的婚姻而对奥尔科特很是讨厌，但后来她又对让乔嫁给一个善良聪明又理解她的人这样的安排充满敬意。波伏瓦认为这是一种讽喻，任何理由都可以使人们步入婚姻的殿堂，除了爱情。波伏瓦也想给自己寻觅一个出众的人，她认为她在萨特身上找到了。

激情之爱一直都是西方社会中人类关系的一个特点，但是追溯到几百年前，激情之爱通常见于婚姻之外。中世纪以前的大多数婚姻都是事先安排好的，但宫廷爱情改变了这一状态。游吟诗人们写作爱情歌曲和诗歌，讲述了骑士们的心上人的魅力，以及骑士们为了争抢他们根本高攀不起的淑女们的飞吻和手帕而决斗。

大约在18世纪晚期，"浪漫主义"作为一个专有名词诞生了。浪漫主义者由一群艺术家、音乐家、建筑师、诗人和哲学家组成，他们反对启蒙运动对理性和科学的执着。浪漫主义者认为启蒙运动对理性和严格遵守规则的关注是无聊的。相反，他们崇尚激情、感情和性欲。就这样，"浪漫之爱"这个词开始流行并成为主流。

浪漫主义者将宫廷爱情的幻想变成了现实。当婚姻中的两个爱侣与彼此、与自然、与神灵合而为一时，爱便会达到顶点。理想的状态是，相爱之人的身体和灵魂融入宇宙的神圣秩序，达到一种灵魂的天人合一，从而缔结永恒的关联。有神灵完全投入这一事实为因爱而建立的婚姻赋予了宗教合法性。

在浪漫主义已经使个人的吸引力和感情重新获得尊重的基础上，资本主义（起码在理论层面）强调了对个人权利和个人决定的尊重，比如选择和谁约会、和谁结婚，并且女性主义反对把女性当作财产。如今许多人在选择或拒绝关系方面比过去任何时候都要更自由。

* * *

在成长的过程中，我一直想要找到对的人，与其坠入爱河，从此永远幸福地生活下去。我和我的一个前男友曾经爱得轰轰烈烈，用礼物、甜蜜的情诗和激情的表白"轰炸"着彼此。但我们经常因相处的时间问题而争吵。他会说，爱情意味着把彼此放在首要位置，他对此的理解就是要尽量多地和对方相处。如果这意味着我要放弃朋友、家人和工作而总是选择他，我表示反对。我想要更平衡些。我讨厌压力。他会说我不够爱他，说我没心没肺、冷酷无情，说我害怕承诺。当矛盾飞速升级时，我们两个都会怒火中烧。有时候，我会感到危险。

有一次，我差点想从窗户跳出去。窗户距离下面的花园不远，死不了。但我有可能摔断脚踝，而我又不想指望他送我去医院。一个身披闪闪发亮的战甲的骑士——他一定会沉浸在这样的角色中，并期望我对他感恩戴德。

我们彼此周旋着，似乎黑格尔所说的"主-仆"关系发生在了现实生活中，我们就像身处一场战争之中，双方在意念里都将对方视作威胁。我感到恐惧，极度想要逃离。他说如果我离开，他就和我分手。他这样威胁我的次数，我已经数不清了，我希望他说到做到。我拔腿就跑，像刚从流沙中逃离一样。他没有追我。我没有回头。

当时，我刚接触波伏瓦的哲学，正开始领悟激情一旦上升到失控的地步是何其危险。激情通常被视作一件好事，特别是在爱情中。各种光鲜亮丽的杂志都向读者灌输着各式各样教你如何保持激情的文章。激情之爱可以很浪漫，特别是在爱情的初始阶段。爱情会让你觉得你们就是天造地设的一对，并且只有你的爱人能让你产生这种感觉，就像阿里斯托芬的爱情神话中描述的那样。但是过度的激情伴随着一个问题，那就是它会让我们向着动物本能堕落。波伏瓦坚信，人类远不止于机械力或化学力的系统。

起初，男朋友的关注也令我十分受用，但是当我们的关系充斥着严肃、占有和嫉妒时，它便变得可怕起来。波伏瓦认为，激情之爱可能是一种折磨，因为它把人们从这个世界中抽离出去，孤立他们："和一个满怀激情的男人谈论任何东西、保持任何关系都不可能。因此，在那些渴望自由交流的人眼中，他看起来是个陌生人，是个障碍。"[8]

波伏瓦认为，一个人如果一心只专注于激情——不论是情欲、政治欲望，还是其他类型的激情，就会陷入部分虚无主义。（如果陷入了彻底的虚无主义，那么就连激情也不重要了。）充满激情的人因无法和他们痴迷的人在一起而感到沮丧时，很容易变得暴虐专横。当激情之人无法认识到他人自己就是自己的目的，而是将其看作满足自己痴迷的途径或是障碍时，就会变得令人难以忍受。

我只是我男朋友情感宣泄的通道。只要我片刻没和他在一起，他就要求知道我到底在哪儿，这令我感到窒息。他还试图让我疏远我的朋友们，这也令我感到厌烦。我觉得自己很幸运，能够在矛盾还没进一步升级之前及时走出来。

尽管激情之人试图通过占有他们痴迷的事物来主宰他们的世界，然而在现实中，他们却依赖这些事物。我的男友就是把他的幸福寄托在我身上，他认为这样就会让我们的浪漫关系牢不可破。问题在于他定义着我们的关系，这需要我的服从，而且他将我们无法达到理想的浪漫状态归咎于我，这并不是真正的爱。

一个人不可能真正占有另一个人，尝试占有他人是一种暴力。这么做意味着将他人当作物品来对待，而不是把他人看作本身有着自由的人。即使你能控制一个人的肉体，这个人的思想也会远离你。这在某种程度上可以解释嫉妒。在想要达到和谐这一形而上的幻梦里，没有丝毫空间可以容得下第三个人，因为它和爱所代表的一切经典的理想状态都是相悖的：理想状态下的爱就是两个人相互弥补彼此的缺陷，进而成为一个整体。

这一点是一夫一妻制婚姻的基础之一，也是婚外情被认为是最严重的过错之一的原因——起码在美国是这样。要说"出轨"的伤害为何如此巨大，部分是因为这是一种人身攻击，暗示一个人犯了错误——虽然这通常是人们的误解。一个被出轨的人可能会觉得自己是失败者，因为自己无法满足对方的需求，或者自己没能慧眼识珠，选出应该爱的那个人。心理治疗师埃丝特·佩瑞尔（Esther Perel）认为，纵观历史，男性出轨通常被容忍，甚至被看作正常的。在当今西方的时代精神中，这已经成了一个十分重大的问题，因为人们高喊着性别的双重标准，认为男性出轨总是可以被原谅，而女性出轨是不可原谅的。[9]

根据波伏瓦对真正的爱情的理解，我和我的男友在许多层面都是极其失败的：他不认可我的自由。他对爱的和谐一致的观点要求我的顺从。如果不被附加到他的生活中，同时对自己妥协，我不知道怎么做才算慷慨大度，我们无法走出我们的权力拉扯。就对爱的期待和对彼此的期待而言，我们之间横亘着一条巨大的鸿沟。关于如何在这个世界上一起建立价值和目标，我们也无法达成一致。不论是索取多于爱人所能给予的，还是给予多于爱人所能承受的，对于爱情关系而言都是致命的。

在波伏瓦看来，激情之人既是值得敬佩的，又是十分可怕的。激情之人追求他们所迷恋的目标时的那份骄傲是值得敬佩的。成为被追逐的对象能让人感觉很特别，感觉自己受到了特别的优待，优先于任何人、任何事，甚至与一切为敌。但我的男友爱的是爱本身。他爱的是爱，不是我。（我身上有很多缺点，他经常十分明确地指出这一点。）不管爱的是爱本身还是一个爱人，都注定会失望。

波伏瓦探讨了女性崇拜男性的倾向，及其被一个有魅力的、王子一样的救世主拯救的渴望。她还指出男性崇拜女性的危害：崇拜女性不是把女性贬低为物，而是将她们褒扬为能使男性向理想，比如神性，更进一步的工具。尽管奉献对两性来说都被奉为一种美德，与无私和慷慨比肩，但奉献更多地被视作顺从这一理想的女性气质的体现。波伏瓦认为，热衷于奉献的问题在于，它将一段关系变成了一种宗教，将被爱者变成了男神或女神，使另一个人自愿地臣服于这个神。

极端情况下，为了创造共同的生命，爱情中的臣服者会放弃自己的世界，接纳爱人的朋友、兴趣和选择。当这尊神超越了，爱情的臣服者也跟着超越了。信徒并非独立的主体这一点是无关紧要的，因为她觉得自己对另一个人作为独立的主体而言是必不可少的，这会让她感到很满足。问题是，这并不是真正共同的生命，而是被崇拜者的生命。

在波伏瓦的小说《名士风流》里，魅力四射的歌手波尔为了男朋友亨利放弃了演唱事业，因为她觉得自己的牺牲是爱的最极致的表达。亨利受宠若惊，而且略有异议。后来，当他忽视了她的意见并自己做出选择时，波尔非常愤怒。波尔的观点是，既然她放弃了自己的职业，那就是*他们的*生命，而不是他一个人的。波尔还评价他的成功："是我成就了亨利。当他创造他书里的那些人物时，是我创造了他。我了解他，一如他了解他的那些人物。"[10] 从前深深的激情之爱如今熊熊燃烧着专横和愤恨的怒火。亨利厌倦了这一切，于是离开她，找了一个更年轻的女人。

亨利当然是个浑蛋。波尔看起来似乎有些极端，但波伏瓦并不是想警示我们不要陷入波尔陷入的困境。波尔的错处在于，她假设她为亨利牺牲了自己的事业就意味着亨利会让她控制他的事业。波尔的行为是黑格尔的"主-仆"辩证法中的典型做法：波尔把自己当成奴隶，而另一方并不想成为她的主人。当她要求他接受她的臣服时，她也成了一个暴君。[11] 波尔试图以她的慷慨大度为武器，从心理上操控亨利。她想通过让他有负罪感来控制他，比如让他因为她的奉献而觉得自己亏欠她的。

像波尔这样炽烈的奉献有悖于波伏瓦对真爱的定义，因为让自己臣服于他人不仅损害了自己的自由，也是一种对他人自由的潜在破坏。另一方面，激情之人的执念把对方的超越置于自己的超越的次要地位。尽管在爱情中慷慨大度并没什么错，但这些事例——我前男友和我、波尔和亨利，都表明在关系中过分投入是有害的。这些做法没能认可他人的自由，因为它们的目标是拥有或占有对方，而不是和对方在一起。真正的爱情需要每个人都能定义自己，对自己负责，放弃权力的游戏，自由、平等地对待自己、对待他人。"所以爱是放弃一切占有、一切混乱"，波伏瓦写道。[12]

那么，我们该如何才能走出这个困局？少女时期的波伏瓦曾在日记中思索，尽管爱人之间本能地想要追求灵魂伴侣状态，但当意识到完美的契合非常荒谬时，人会倍感孤独。随后，她强调相爱的人应该做彼此的朋友，而非追求成为一体。友谊意味着创造一段基于主体间性、相互性、平等与柔情蜜意的关系，并创造一种处于这段关系中的个体都自发认同的结构。这意味着不把对方当成所有物。当爱人之间克服了权力的游戏，他们就拥有了更深刻地建立联结的机会。

在波伏瓦唯一的剧作《白吃饭的嘴巴》（*The Useless Mouths*）中，一个中世纪的比利时小村庄被包围了，食物极其短缺。村

子里发布了一道命令，驱逐所有女性、孩童、老人和病人，以
保证（男性）士兵们有更多的食物和水来更长久地保卫村庄。
放逐那些所谓的"白吃饭的嘴巴"——根据这一父权的、性别
歧视的、军事化的定义——会令被驱逐的人落入侵占村庄的敌
人之手，使他们受到折磨、强暴、奴役，甚至被杀害。市政官
路易负责驱逐的工作，他的妻子凯瑟琳无比愤怒：

> 路易（小声地）：凯瑟琳，我的妻子啊。
>
> 凯瑟琳：不，我不是你的妻子。只是一个用坏
> 了打碎了被扔进垃圾堆的废品……死微不足道，但
> 是你把我从这个世界抹除了……你像扔一颗石头一
> 样把我抛弃了；你和这股把我压碎的无形的力量
> 无异。[13]

　　当凯瑟琳想要刺杀路易时，他意识到自己之前像扔掉一件
物品般对待别人的方式是多么愚蠢，包括他的妻子。令人失望
的是，他几乎付出生命的代价才悟出这一点。不过，凯瑟琳的
反抗使这段关系变得平等、富有人性，同时也让它变得真实。
路易改变了计划，因为他意识到，如果没有人，保卫村庄就没
有任何意义。对波伏瓦而言，爱的挑战在于将自己维持在"自
为存在"和面向爱人的"为他存在"之间，在本不和谐的两个
极端之间求得和谐——这种微妙的和谐从来都不是给定的，而

是需要我们不断地赋予它生命。

波伏瓦不想成为一个典范。她说过，把她和萨特之间的关系视为理想状态是荒唐可笑的，因为人们得搞清楚他们自己的安排和方式。不过，波伏瓦和萨特确实试图以真实的方式经营他们的关系。他们在丰富多样的生活规划和朋友圈子里将对方放在首要位置。他们尊重彼此的自由，他们相互支持，他们共同向着他们认为能使宇宙更丰富的目标和价值而努力。他们认为对性的经营使得自由很廉价，所以他们"给"对方去爱别人的自由。

然而，他们的开放式关系制造了很多混乱和伤心——大多数是因为其他爱人想要从波伏瓦和萨特那里得到超出他们二人所能给予的。在和波伏瓦、萨特的关系中深受创伤后，伊芙琳·雷（Evelyne Rey）在36岁时自杀；比安卡·比南菲尔德（Bianca Bienenfeld）神经紧张、精神崩溃；还有许多其他人伤心不已。和波伏瓦分手后，纳尔逊·艾格林在《哈泼斯杂志》（*Harper's Magazine*）上写过这件事，指出波伏瓦和萨特之间约定的冷漠无情："任何能感受到偶然爱情的人都有一颗刚刚破碎的心。爱情怎么能是偶然的？怎么个偶然法？"[14]

有时候，波伏瓦和萨特的爱人也是他们的学生。据我们所知，这些学生在当时的法国都已经达到了性同意的年龄。但有批评家认为，且有正当理由这样认为，波伏瓦和萨特的行为是一种权力的滥用，是教学失败，是有道德问题的。[15]波伏瓦和萨特的习惯也同样有真实性的问题。尽管他们承认他们的次要爱人的自由，但他们似乎并没有和他们的偶然爱人创造共同的价值和目标。波伏瓦和萨特的价值观已经形成，他们将这些价值观强加在他人身上，这些人要么接受，要么离开。那些次要爱人从来没有力量去与波伏瓦和萨特优化或是调整价值。这意味着波伏瓦和萨特之间达成了牢不可破的契约，能防止他们和偶然爱人建立真正的关系。一个更容易适应变化和成长的灵活的契约才能为各种各样真正的关系创造可能。

后来，波伏瓦承认了错误，也意识到她和萨特伤害了他人："所以我们的关系并没有超越批评，也没有超越任何人分毫，因为它有时意味着我们在对待他人方面做得不够好。"[16]她对比安卡·比南菲尔德的痛苦感到悔恨不已，在给萨特的一封信中她写道："我想这是我们的错……我们伤害了她。"[17]在一部回忆录里，波伏瓦承认，她和萨特之间的契约——两人是彼此的第一爱人，同时都可以有偶然爱人，在他们的系统里是一种缺陷，因为他们的次要爱人很痛苦。[18]萨特对此似乎并无悔意，也没有觉得有什么责任。

然而，波伏瓦和萨特对彼此基本上是温柔、愉悦、信任以及（大多数时候）坦诚的。尽管他们在某些事情上有分歧，比如完全的自由，但他们在重要的事情上都是达成一致的，并且相互鼓励，深深地影响着彼此。他们从来没有一起生活过，所以总体来说，他们不受传统性别角色和不孕等家长里短问题的限制。他们相互品读和批评对方的作品，共同碰撞出思想，一起做出决定。

虽然自由是他们关系的核心，他们也践行着自由，但真实的关系并不需要为了自由而坚守绝对的自由。波伏瓦不是拥护放荡主义和享乐主义。不过他们的关系中有一些原则还是值得考虑的：双方对于关系中的各项条款达成一致，对一些传统和习俗，如一夫一妻制、在一起的意义等问题达成共识，以及向处在这段关系中的人询问什么对他而言是重要的。然而，在征求最后这个问题的意见方面，波伏瓦和萨特对待彼此要比对待他们的其他爱人更加慎重。

乍一看，波伏瓦爱的方式可能是冷酷无情的，因为没有考虑当关系中的某一个人无法获得绝对自由，比如其中一个人生病并无法与另一个人建立互惠关系时会发生什么。这是一种误解，因为这种理解关注的是爱人做什么，而不是他们如何去爱。

比如，在萨特生命将尽之时，他生活无法自理，于是波伏瓦和她最亲密的朋友们团结起来一起扶养他。这不是对波伏瓦哲学的破坏，因为她并不要求完全相同的行为作为回报。当人们彼此不尊重，利用他人的慷慨或缺陷，或是侵害别人做出自由选择的能力时，才会产生问题。波伏瓦没有试图以把自己变成一个顺从的女人的方式来控制萨特。

然而，他们的关系中也有一些时刻可能有损于她的哲学。

二战期间，波伏瓦承担了很多家务，例如为两人购物、做饭，因为萨特只会做煎鸡蛋。（显然，萨特也并没有学习更多厨艺的打算。）医生们都劝萨特戒酒，因为他的健康状况每况愈下，但他不听。波伏瓦给他的酒里掺水，还禁止朋友们偷偷给他带酒，这是凌驾于他肆意豪饮的自由之上的。

不过，关爱和宽容是暗含在波伏瓦对真爱的理解中的。问题在于：你会为一个身处患难中的密友做什么？如果你生着病，随时可能会死，那么你的伴侣照料你，给你端茶递水，并不意味着你们中的任何一个在损害另一个人的自由。互惠关系并不需要你拖着病躯硬撑着从床上爬起来，也给你的伴侣端茶递水作为回报，但是确实意味着当情况反转时，你会为你的伴侣做同样的事情。如果做不到，那这段关系就要亮红灯了。

波伏瓦和萨特各自安排自己的时间，分别见朋友，也会一起见朋友，也都有各自的活动。比如，波伏瓦喜欢徒步，但萨特不爱出门。波伏瓦曾有一段时间在经济上依赖萨特——当时她正在写一本书，但她需要工作时也能找到工作，并且分享一切是他们契约中的重要内容。当萨特需要时，她也会为他做同样的事情。波伏瓦和萨特都在经济上帮助了很多朋友。

关于波伏瓦和萨特的关系传言很多，似乎掩盖了波伏瓦其他浪漫关系的光芒。但事实并非如此。波伏瓦在和其他男人的关系中也找到了真爱的灵感，包括作家纳尔逊·艾格林、记者雅克-劳朗·博斯特（Jacques-Laurent Bost），还有导演克罗德·朗兹曼（Claude Lanzmann）。她还从和女性的关系中获得灵感。

波伏瓦还说，她不能坦率真诚地描述她的性，因为她的"自白"会涉及其他和她关系亲密的人，而他们可能会受到伤害。波伏瓦的小说中也包含对女性人物之间的性关系的描述。在一次采访中，她表示，女性之间有同性恋倾向是因为和男性相比，女性更性感、更和善、没那么自私，而且女性的肌肤更柔软、更细腻。[19]

波伏瓦认为同性关系在某种程度上让人们从诸如婚姻之类已被预先定义的关系的规则、习惯和习俗中解脱出来，让人们可以按照自己的方式来创造关系——当然，他们中也有很多人更希望能拥有和异性恋群体同等的权利。[20]

波伏瓦相信，同性关系的不成体系正好提供了一个建立更真诚、更亲密，且拥有更少的秘密和权力斗争的关系的机会。社会脚本的缺失也能为建立更富于合作性、更体贴、更强调互利的关系创造机会。不过，她也承认同性关系同样可能涉及权力斗争、欺骗和随波逐流。

* * *

与他人相处是活得真实的重要组成部分，但是这并不是说我们要想活得真实，就一定要坠入爱河，与某人结为伴侣。活得真实不一定需要爱情。有的人对浪漫无感，性欲冷淡，或是选择完全从情欲中抽离，与朋友、家人和宠物建立更多意义丰富的关系。

2019年，演员艾玛·沃特森（Emma Watson）宣布自己是"自己的伴侣"（self-partnered），并且很幸福。说唱歌手莉佐也主张单身正能量，她为自我价值感和自我认同感而歌唱，作品涉及爱自己、友谊的价值、不将就糟糕的关系、不依赖除自己以外的任何人等内容。我的朋友露西一个人也过得非常幸福，她和她救助的动物相伴，哪怕只是想想有人以一个超越友情的拥抱来触碰她，她就不寒而栗。不过西方世界的主流叙事仍然重复着好莱坞的陈词滥调，认为爱能让我们变得完整，认为爱是一切，认为一定有一个灵魂伴侣在等着我们，只要我们足够幸运就能找到。即使你对"唯一挚爱"或"天造地设"，或迪士尼那种"从此以后，他们永远幸福快乐地生活在一起"的爱情套路不买账，找到一个人，与之琴瑟和鸣、白头偕老，或起码一起慢慢变老，这样的想法听起来也可能十分诱人。人们很容易为规定爱情应该是什么样子的商品化的障眼法所阻碍，或用艾玛·沃特森的话来说——"铺天盖地袭来的潜意识的洪流"。[21]

不过，也没有必要完全抹杀性爱的重要性。波伏瓦指出性爱能带来情感愉悦，可以使相爱的人自我解放，让他们更关心彼此，消除隔阂，创造一种自相矛盾的共识——感觉他们彼此好像合二为一了。从权力斗争中解脱出来的爱人可以超越自己——而不是放弃自由，可以在他们探索自己生命的极限时，慷慨大方地将彼此的身体献给对方，自由地与对方交换，又不至于失去自我。

性可以是美好的，但其他大量富有意义而又深刻的连接方式也是美好的，可以说同样美好，甚至更加美好。我的朋友萨碧娜就说，她拥有的最有意义的连接之一，就是在无数个夜晚和她的伴侣品着威士忌和红酒共读一本书。在这个"二人世界"[i]读书会里，他们畅谈彼此的看法，相互尊重对方的观点，并不时开怀大笑。这种智力的沉醉——对彼此想法和态度的相同与不同之处的了解，让他们对彼此、对自己和对世界的理解更加深入。他们的讨论创造了一种主体间的交流，这种交流基于互惠互利和互相协作，而不需要其中的某一个人是对的、更聪明的，也不需要谁"赢"或是主导他们的讨论。

真实的关系以健康的方式传导力量，比如将力量转化为合作、激励和探索。[22]这些关系要求参与者慷慨大度——波伏瓦说的慷慨大度是指每个人都倾尽自己的一切但感觉没有任何损失。在爱情关系中，两个人彼此信任，彼此珍惜，彼此尊重，把对方当成一个独立自主的个体，这两个个体自由选择在一

---

i　原文为法语：*à deux*。——译者注

起，并一起不断坚定着这个选择。他们分享生命，但不让这段关系消耗生命。

爱情很复杂，这毋庸置疑。很难预知如何开始一段关系，和谁开始这段关系。并且，当我们发现一个潜在的对象时，毫无疑问，我们无法知道他们的真实想法，无法知道他们想从这段关系中得到什么，或者他们意欲何为，又或者这段关系能持续多久。因此，人们想保护这段关系，想创造一种和谐，想像阿里斯托芬的故事里讲的那样合成一个有机的整体，这些想法都是可以理解的。

富有挑战性的是以下问题：如果我们摆脱掉附着在我们身上的历史积淀和社会期待，我们会如何去爱？如果我们针对传统关系脚本中的教条培养起一种健康的怀疑精神，将自己从坚持必然性的冲动中解放出来，会怎么样？有人可能会说，那样的话，麻烦就会接踵而至。但是波伏瓦以其自身经历告诉我们，用我们自己的方式建立起来的关系会是更真实的关系，会让宇宙更加丰富多彩。到时候，因为达不到老生常谈的理想而产生的失望会少很多，暴力会少很多，想从窗户跳下去的冲动也会少很多。大家关注的重心将会从权力斗争转向共同创造世界。

波伏瓦告诉我们，真正的爱情需要相爱的人接受一段关系里必然存在的不确定性和区隔。比接受更好的是从距离中找到愉悦，接纳并爱上不确定性、差异性，以及自由。要想追求真

实，就要知道和另一半达到浪漫的同一是荒谬的：应该爱的是
另一半和我们之间的差异与区隔以及它们存在的方式。真正的
爱情不在于被动地把关系交给命运，而是一种积极投入，一种
共同创造一段关系的选择。

* * *

我现在的伴侣在体育队，在我们关系的初期，我会因为他
和队友在一起的时间比和我在一起的时间长而吃醋。一些女友
给她们的男友下了最后通牒：要她还是要体育？通常都是体育
赢。我当时也很犹豫，因为我不想下最后通牒，而是想支持他
的爱好，但同时我也觉得在场外等待非常无聊。

直到读了波伏瓦的哲学，我才搞明白该如何处理：他搞
体育时，我也投身于自己的追求。我和老友重聚，又拾起瑜
伽，看书，准备我的博士学位。有时候我背上背包，去别的地
方专注于我自己的事。我的伴侣有其他更要紧的事做，向这个
事实妥协使我背上了沉重的情感负担；我必须阻止自己掉入我
的前男友曾经掉入过的陷阱。我努力驯服自己想要成为他的第
一要务的欲望，努力与"如果我不是他的第一要务，那么他不
爱我"这种想法做抗争。给他追求自己目标的自由与践行我自
己的自由之间产生着摩擦。在爱情中有很多诱惑让人们彼此囚
困，而真正的爱情却能拥抱自为存在和与他人同在之间的矛

盾。理想状态是在你们一起和分开的生命活动达到平衡时建立关系。

关于真正的爱情，波伏瓦没有给出过多例子，部分原因是这有赖于相爱的人自己去创造。爱情在每个人生命的不同阶段都不尽相同。不过，她分享了几个她根据司汤达的作品分析得出的答案。司汤达是一个浪漫的人文主义者，他塑造了很多真实的女主人公。

司汤达有其缺点，因为他的女主人公都在爱情中迷失了自我，他本人也热衷于并渴望女性奉献。不过波伏瓦从司汤达的作品中得到的、用以完善她自己对真爱的理解的观念是，彼此尊重对方自由的个体能够充分并富有冒险精神地去生活、去爱。[23]司汤达在小说中热爱和褒扬的那些女性都非常聪慧、受过教育，可与男性比肩。她们是自己的未来和兴趣的主体，不会完全依赖于男性。在《红与黑》（The Red and the Black）中，玛蒂尔德鄙视社会；雷纳尔夫人慷慨、真诚，对自己的社会背景持批判态度。司汤达笔下这些真实的人物互相帮助，在爱里认可彼此，她们的生活也因为爱而变得更加美好、更激动人心。

波伏瓦还提到女演员碧姬·芭铎（Brigitte Bardot，波伏瓦亲切地称她为"BB"），认为她是一个超越了压迫的独立自主的主体。碧姬·芭铎以她的美貌和毫不羞怯的性感而著称，是20世纪五六十年代著名的性感尤物。在波伏瓦的描绘中，BB是一个超级真实的富有激情的存在。她经济独立。爱是她的诸多爱好之一。她主张性别平等，因为她是独立的、不受束缚的，她拒绝社会习俗，藐视"女性特质"这种荒唐的说法。几乎所有事情对她来说都是有可能的。BB现身说法，让我们看到，我们可以真实，同时还能享乐，在权力斗争中也能有嬉戏的可能。波伏瓦这样描写BB："在爱情游戏中，她既是猎人，也是猎物。男人是她捕猎的目标，恰如她是男人捕猎的目标。"[24]

真正的爱情需要认可并践行彼此的自由。过于严肃地操控爱人的自由和真正的爱情背道而驰。相反，正如波伏瓦对BB的分析所表明的，真实并不意味着你不能在性关系中玩乐做戏——只要双方达成一致，表现积极。只要人们是以自主同意、不带剥削的方式参与到这段关系中来，并且可以选择退出或改变主意而不受到惩罚。

真正相爱的人追求他们个人的目标，也尊重并支持对方实现自己的个人追求。这个意义上的支持意味着共同面对世界，为彼此开启更多可能。支持就是要肩并肩，而不是面对面。真爱不易，它依靠一段关系中的双方去共同创造——或者在必要时离开。但是真爱是有可能的，它也值得我们为之努力。此外，正如波伏瓦所言："既然我们注定要迎接冒险，承受苦闷，那又为何希求平和呢？"[25]

爱情既不是命中注定，也不是可以通过寻觅得来的，爱情是创造出来的。问题在于，人们总是想把爱情这一自由的造物变成婚姻这个既不自由、总体而言也缺乏创新的东西。与婚姻相伴而来的是一系列全新的陷阱，特别是当人们在脆弱又贪婪，而非坚强又慷慨的情况下结合在一起时，这些陷阱更容易显现。[26]婚姻里确实有抵达真实的可能性，但是这需要人们直面深深植根于时间和不同文化的肥沃土壤的婚姻制度，在走向真实的征途中发动一场巨大的变革。

婚姻

据说婚姻会损耗男人——这往往是真的，但婚姻几乎总是毁掉女人。

——《第二性》

我面临的那个窘境，只喝一杯远远不够。那是在布鲁克林的一间酒吧，酒吧里有一间灯火通明的密室，窗外是啤酒花园。我正在密室里教授一门时长两小时的继续教育课，有点沙龙的性质，课程名为"婚姻的哲学"。我刚问出"大家有……"，"什么问题"还在嘴边，前排就有一只手高高举起，像是想用一支签子串月亮似的。

"你说的这一切都毫无意义。婚姻当然有用。它在很久之前就有用了。"这名学生坚称。他高高的，令人震惊的白发像头顶的灯一样发着冷白的光。尽管我是站着的，他是坐着的，但感觉像是恰恰相反。我很害怕在公众场合讲话，也害怕陷入窘境。前些年才目睹了父母的婚姻以离婚而苦涩告终，我感觉谈论婚姻太难了。

"婚姻对很多人而言都没什么用。"我回答道。在美国，将近一半的成年人结婚了，而这些人里只有不到一半坚持到30年珍珠婚。[1]而这里面还只字未提有多少人在忍受着不幸的婚姻，或忍受着那些只是因为习惯、漠然、害怕孤独、害怕更加贫困，或只是害怕离婚后的不确定性而继续维持的婚姻。

传统上离不开"驯顺、服从、家务以及性义务"这些字眼的、"直到死亡将我们分开"的婚姻模式是真实关系的杀手。但传统婚姻如此备受珍视，以至于只要一挑战它就会激起人们的怒火，就像我课堂上的这名学生一样。

"为什么要结婚？"我问同学们，他们中既有男生，也有女生，年龄跨度从婴儿潮一代（Baby Boomers）[i]到了千禧一代（Millennials）[ii]，婚姻状况不详。最具压倒性优势的回答就是承诺，这个回答令我很惊讶，因为人们就算不结婚也可以做出承诺。那么，婚姻中到底哪一点让承诺变得更加可靠呢？

存在主义思想中的承诺很复杂。一方面，活得真实的核心是自由。波伏瓦在青少年时期写道，婚姻是不道德的，因为它将一个人未来的存在锁定在一个固定的活动轨迹之中。[2]承诺是一个问题，不仅仅是因为人可能会犯错，也因为承诺是对个

---

i 第二次世界大战之后，1946年至1964年美国的婴儿出生率大幅度提升，这期间出生的人被称为"婴儿潮一代"。

ii 也称"Y世代"，指出生于20世纪八九十年代，且在跨入21世纪之后成年的一代人。

人自由的主动限制。做出一个把自己的往后余生都搭进去的承诺，这样的选择是荒唐的，因为你如何能承诺未来那个处于成长与变化中的自己将来不会想要做别的事、不会喜欢别的人呢？如果你和一个人结婚，能不能忍到下周都不知道，更何况是往后的30年呢？

然而，完全不做出承诺也是有问题的。我们的承诺定义着我们成为什么样的人。在波伏瓦的小说《白吃饭的嘴巴》中，让－皮埃尔作为一个被收养的孩子，却爱上了自己的姐姐克拉莉丝，他断言"所有的承诺都是牢笼"。[3]他用这则信条作为脱离生活的借口，作为对政治和爱情都漠不关心的托词。他在和克拉莉丝的关系中退缩了，以免他对她的爱扼杀他的自由。他对村庄的压迫统治感到不齿，为了独善其身他拒绝了市政厅一份地位很高的官职。

后来，让－皮埃尔发现市政厅已经将克拉莉丝定义为"白吃饭的嘴巴"——和所有的女人、孩童、病人、老人一起，这些人会被赶出村庄，注定被强暴、奴役，甚至被杀害。这样的状况是他冷漠的后果。如果他接受了那份市政厅的工作，还有可能阻止这项决议。他意识到了自己的错误：

让－皮埃尔：……你死了我也不想活了。我爱你，克拉莉丝。

克拉莉丝：昨天你还说那个字没有任何意义。

让－皮埃尔：昨天吗？现在看来，那是多么遥远！

克拉莉丝：就是昨天，你还不爱我。

让－皮埃尔：我那时不敢爱你，因为我当时也没有勇气活着。这片土地对我来说是肮脏的，我不想玷污我自己。多么愚蠢的自尊。

克拉莉丝：今天它就更纯净了吗？[4]

让－皮埃尔意识到自己是个懦夫，无法做出承诺去行动、去爱，他的沉默让他成为克拉莉丝和其他村民即将遭受的灭顶之灾的帮凶。让－皮埃尔和克拉莉丝一起发起了改变市政决定的行动。他们成功了，市政厅没有驱逐那些所谓的"白吃饭的嘴巴"，而是将每个人都武装起来。所有人都团结起来，共御外敌，保卫村庄。

波伏瓦在这部剧里传递的信息是，虽然我们不知道自己会成为谁，我们未来想要什么，或者我们的承诺会有什么用，但我们必须承诺无论如何都要采取行动。在一本早期的日记中，波伏瓦猜测："一个人必须创造一种抽象的自我，并对自己说，这是我发现自己最常有的状态；这是我通常最想要的；因此，这是适合我的。"[5]

但婚姻往往都更多地以彼此斗争告终，鲜少以合作善终。波伏瓦将婚姻视作碰运气的事，虽然这乍一看有些过于悲观，但这种看法是真知灼见，离婚率在95%上下，因此婚姻的"成功率"就可以被归结为一个抛硬币的问题。波伏瓦的悲观态度部分源于她相信婚姻是黑格尔的辩证法最赤裸的表现（两个人相遇，他们都分别奋力占领统治地位，如果一个人征服了另一个，他们就会形成一种"主-仆"关系）。对于黑格尔而言，想走出这种关系，需要一段成熟的、团结一致的爱情，它是一种结合体，里面"每个独立的个体都是这一生命体的有机组成部分"。[6]对于波伏瓦而言，出路就是真正的爱。

* * *

女性愿意屈服于她们的丈夫由来已久，因为这样能解决一些经济和社会方面的生存问题。直到今天，对大多数女性而言，如果选择不结婚，就仍然意味着陷入贫穷，会被当成社会的累赘而遭到遗弃，承受薪水极低又毫无前途的工作，远没有男性从事的工作赚钱。严格来讲，我们总会有选择，但我们做选择时所处的环境很重要。诚然，许多女性都是她们自己所受压迫的同谋，但是当一个人的选择让她的生存都受到威胁时，那就不是一个合理选择了。

虽然在我的婚姻哲学课堂上，承诺是最受欢迎的话题，但紧随其后的是爱、稳固、健康保险、接受、信用卡、税收。性、家庭、友谊和孩子的关注度也很高。事实上，婚姻的好处有很多，可以说体现在经济、社会、道德和心理等方方面面。

政策激励，比如针对已婚人士的健康保险和社会保障、低税收等，吸引着人们走进婚姻。美国有超过一千种联邦法律使已婚人士受益。[7] 单身人士不仅没有机会享受这些经济福利，还会被视为社会的耻辱：单身汉和老姑娘有时被充满猜疑的眼光注视着——虽然有时这是出于嫉妒。一些人因顺应结婚的潮流得到了回报，另一些人却不被鼓励或不被允许结婚，因为他们的关系不符合传统的顺性别异性恋模式。

巩固传统婚姻的一个关键原则就是规定谁和谁发生性关系，虽然实际上更多的是控制女性和谁发生性关系。作为一名杰出的性别歧视哲学家，亚里士多德就声称因为人类来自一个男人和一个女人，所以只有围绕异性恋核心家庭来建立人类社会才是唯一顺应自然的。亚里士多德还是一个包办婚姻的拥趸，因为他认为一个人最主要的目标就是生殖，你没必要喜欢与你完成这件事的那个人——更别说爱了。

亚里士多德有一个想法是对的，那就是他认为想要在性和感情的基础上建立一生的承诺是疯狂的，但他对顺应自然的呼吁是严重的错误。他说男性"天生比女性更适合发号施令""勇气在男性身上通过命令来体现，在女性身上通过服从来体现"，女性应该以沉默为荣，男性则不应该。[8] 波伏瓦精准地指出这些都是胡扯：根本不存在所谓的女性特质或男性特质这种东西；这是一种亘古不变的谎言，目的是让女性安分守己。[9]与其说这是想说明哪个性别更具有专横的天性，倒不如说这体现了女性的处境，以及在特定的情境下谁夺走了权力，谁让渡了权力。

传统意义上的婚姻主张丈夫负责指引、保护妻子，并给妻子提供经济来源；而妻子则负责家务事、抚养子女等。在西方国家乃至世界各地，婚姻使完美浪漫关系达到了顶峰。在波伏瓦的一本小说里，让向伊莲娜求婚，这对她来说意味着一切："她再也不会感到内心一阵空虚，也感觉不到那种不确定了。她不再对她该去向何方、留在那儿有什么好处而感到彷徨。那种感觉就好像她被指派到了世界上一个特别的地方，而且感到自己和这个地方完美契合。"[10]

婚姻可以让人感到满足，因为这是一种实实在在的感觉——两个人的生命相互交织，融为一体。相较于因实用相结合的婚姻，因爱而结合的婚姻被寄予了更多培养出柔情、尊重与亲密的厚望，尽管婚姻不是唯一能培养这些关系的途径。人们期望婚姻这种制度能保证爱情免遭失败，因为从理论上来说，这是一种永恒的神圣纽带，能让爱人彼此承诺即使感情有变，这段关系也会继续下去。这就是为什么波伏瓦说婚姻之爱根本不是真正的爱，因为如果这是爱，你根本不需要这个限制。婚姻里剩下的顶多是陪伴和同居。[11]

波伏瓦的作品《被摧毁的女人》（*The Woman Destroyed*）中的一个故事讲述了莫妮克发现她的丈夫有外遇后，所经历的漫长而折磨人的婚姻和感情的崩溃。她的女儿吕西安娜告诉她："可是，妈妈，结婚15年后不再爱自己的妻子，这再正常不过了。如果不是这样，那反而才奇怪呢！"[12]莫妮克辩称有很多夫妇一生都彼此相爱。吕西安娜说他们那只是假装相爱而已。

这段描述有些过度概括了，因为有很多夫妻真的彼此相爱。不仅如此，婚姻能在浪漫激情和未来的不确定性的海啸中培养出一种稳定的感觉这一点，正是以感情会变这一事实为前提的。婚姻可以是对抗孤独的一剂强效的灵丹妙药，给人一种有尊严和被认可的感觉。被一个人表决心在往后余生的每一天都互相扶持，是令人深感愉悦的事。波伏瓦认为婚姻通常是幸福的具体体现。它可以为人们提供一个可供撤退的家，一个远离外界的避难所，一个归属，可以让人们安定下来、安心下来。

婚姻中不平等的根基持续存在是因为在职业、育儿、家务这些方面仍有一种普遍的不平衡。西方世界的法律已经在平权方面取得了很大的进步，但是女性仍旧比男性更多地从职场退出，回归育儿，放弃了升职加薪的机会，她们的退休金也大幅缩减。一些估算表明，平均每个女性损失了超过一百万美元的退休储蓄。[13]所有这一切都更容易让夫妻落入传统的性别角色之中，在这种情况下，当有了孩子之后，女性就要暂时把工作放在一边，甚至完全放弃工作，回归家庭去照顾孩子。而照顾孩子这种家庭事务通常被认为没那么重要，或与有偿工作没有什么可比性。

许多工薪阶层家庭的女性在无休无止地工作，而传统中产阶级和上层社会异性婚姻家庭的叙事是，如果妻子能全身心地扮演好家庭主妇这个忠贞善良的女神角色，那么幸福和完满自然会找上门来。但这样的神话只是在鼓励女性消极地退回家庭、退回床笫，好让她们更好地满足丈夫们的愿望。

波伏瓦认为这种交换困住了每一个人，几千年来塑造了人们的身份认同。[14]女性屈服于男性，而男性屈服于社会，因为男性被引导进入经济供养者的角色，被逼迫在经济上取得成功。女性的工作得到的薪酬和重视都极少，因此女性一生的成功就仰仗其丈夫的成功，也因此，女性被鼓励去尽最大的努力抓住最美好的前景，把婚姻经营成一段建立在操纵、引诱和讨好基础上的关系。

当然，婚姻也有所改变。法律、医学和社会的进步，比如无过错离婚、"奥贝格费尔诉霍奇斯案"（Obergefell v. Hodges）——美国联邦最高法院判决的令同性婚姻合法化的案件、女性进入职场，以及允许避孕和堕胎等，都意味着人们不再被迫停留在不称心的婚姻中。

女性的社会认同和经济状况不再完全与是否结婚、和谁结婚有必然的联系。独居也不那么会被污名化了。女性有了更好的工作机会——虽然仍然存在一些结构性问题，一些夫妻也开始分担经济和照顾家人的责任了。

然而，在很多异性婚姻里，女性仍然承担着全部的角色，既要做全职工作赚钱养家，又要做全职太太照顾全家。女性充当付出者，而男性充当索取者，这种角色关系牢不可破。[15]

不论如何，当承诺迫使人们牺牲自己的超越性时，最核心的问题也就出现了。这是婚姻中最危险的一面：它不仅有可能让人失去独立自主性，甚至有可能让人失去人格。婚姻的单调和空虚可能造成形而上意义上的毁坏，束缚人们的自由。婚姻对丈夫来说是一桩好买卖，因为有妻子承担了绝大多数无聊、单调的家务事，丈夫正好可以自由地追求自己的目标，无论是工作还是休闲活动。尽管许多女性确实有工作、经济独立，但除了完成有偿工作，对于繁重的家务活也丝毫不能松懈。

* * *

女性仍然规划、处理，并且实实在在地做着大多数日常家务琐事，尤其是在婚后。[16]新冠疫情期间，许多人居家办公，女性的隐形劳动，比如做家务、带孩子，并没有得到更多的重视，也没有促成更平等的任务分配。[17]当然，独居的人也做家务，但总体而言，在由异性夫妻组成的家庭中，女性每周做家务的时间几乎是男性的两倍。[18]

对波伏瓦来说，家务劳动是徒劳无功的，因为它是无穷无尽的：你刚洗完衣服，过一段时间势必又有更多的衣服要洗。

没有回报，也没有感谢（就算有，也少得可怜），还累死人。波伏瓦认为家务劳动是一种消极的活动，它既没有胜利可言，也不会创造任何价值。家务劳动就像洗澡、排泄一样，只是生命的一种单调且固有的机能。有人可能会反驳说很多创造都不能持久，比如厨师的一顿饭、剧院的一场表演，或者一部关于火人节神庙[i]的文学作品。但家务不同，因为它是一种"摩尼教的苦修"（语出波伏瓦的《第二性》），是一场干净和肮脏之间的持久战——只有驱走最后一粒灰尘，才能达到纯净。

"脏污怪"和"灰尘兔"就像无处不在的魔鬼，是永远不会被完全征服的。它们只是暂时偃旗息鼓了，但不可避免地会卷土重来。每一天，这场战争都会重新开始，无数脏兮兮的碗碟、臭烘烘的衣服等着你去洗，永无止境的餐食等着你去计划、去准备。活着的每一刻都与新的、潜在的腐烂相伴，有生之年绵绵不绝，人毫无还手之力。

家务劳动不存在什么荣耀感，也没有朝向更伟大事业的使命感可言。波伏瓦认为，任何一个在这场日复一日的战争中感到快乐的人都一定是个悲伤的人，甚至可能是一个愤怒的施虐受虐狂（虽然我怀疑更多的是受虐狂），因为他们把对权力的欲望投射在一个不可能被打败的敌人身上。[19]许多女性在家务

---

i 火人节始于1986年，是一个以社区观念、包容性、反消费主义等为基本宗旨的反传统狂欢节，于每年的8月底至9月初在美国内华达州黑石沙漠举行，为期8天。火人节神庙位于整个活动场地的核心位置，以其焚毁作为火人节结束的标志。

劳动之外还要工作，这更加剧了不平等。

曾经我在社交媒体上发表过一篇文章，讲述女性比男性多做了多少家务，当时大批男性蜂拥而至，告诉我女性可以不做这么多啊。这个令人讨厌的答案多少有一点点道理，只要每个人都完成他们分内的事，并且不要以不同的标准来要求男性和女性。波伏瓦指出，因为家务一直都是女人的事情，一些女性会因对它视而不见感到十分为难，并且当她们的家最终呈现出一种她们羞于让别人看到的状态时，她们会非常自责。确实，经验证据表明，在清洁方面，女性被认为比男性负有更多的责任。[20]波伏瓦认为，这种严厉的凝视所造成的一个结果是，一般而言，女性会被期待承担起做更多磨人家务事的责任，并把这些期待内化为做一个"真正的女性"的标准。[21]波伏瓦所说的"真正的女性"，是指传统的由男性创造的关于理想女性的概念，男性让她们做什么，她们就做什么，并且任劳任怨。许多男性乐得让女性做大部分家务，因为很少有人会享受日复一日地去做那些单调无聊的琐事。传统牢牢地抓住每一个人，而现实是总需要有人去做那些基本的维护日常生活的事，女性总是要为维持和谐、应对批判的眼光而劳心劳力。

可能有人会说，生活在一个干净整洁的环境中，拥有食物保障，这些是最基本的，也是极其重要的，一个令人身心愉悦的家有很大的价值。这说得没错，但很难知道（对这种环境）的执念和疏忽从哪里开始，在哪里结束。帕特里夏·希尔·柯林斯（Patricia Hill Collins）[i]强调了波伏瓦所没有提及的优势：虽然没有任何薪酬的家务劳动是繁重的，但当她们需要加强家人之间的联结、养育孩子并教会他们如何在这个充满敌意的世界上生存时，家务劳动仍然能给一些黑人女性以力量——甚至是以反叛的形式。[22]

　　虽然波伏瓦在认为家务劳动是一件烦人的事这一点上是明智的，但她忽略了另一个重要的事实，即我们看待家务劳动的态度也是很重要的。日常琐事也有可能转化成共同的积极努力，比如把屋子弄得脏乱差的两个人一起打扫卫生，共同努力提高效率，省出更多的时间去做其他有趣的事。我的哲学家朋友加里·考克斯（Gary Cox）就曾告诉我，他将家务劳动看作一种成长的机会："我做大多数清洗和打扫的工作，并把它看成一种锻炼。让所处的环境变得整洁，我的头脑也会沉静下来。我总是尝试提高效率。找出一个更高效的方法，制订一个计划，诸如此类，都是为了省出时间来写作和骑车。"

* * *

　　在传统婚姻里，除了家务劳动，还有一件例行的事：规律的性生活。波伏瓦和其他一众女性哲学家都认为婚姻等同于国

---

i　帕特里夏·希尔·柯林斯（1948—），美国黑人女性主义学者、社会学家，主要研究种族、阶级、性别等议题。

家许可的卖淫。[i] 玛丽·沃斯通克拉夫特（Mary Wollstonecraft）[ii] 拥护婚姻，但也认为女性应该接受教育并被允许工作，这样她们才不用出卖自己的肉体，不论是在婚姻里还是在街头。[23]

中世纪法国哲学家艾洛伊斯（Héloïse）和她的导师彼得·阿波拉尔（Peter Abelard）坠入了爱河。她怀孕并嫁给了他，虽然她极不情愿这样做。并且，在某个时间点，艾洛伊斯的叔叔阉割了阿波拉尔。阉割的原因我们不得而知，但不难想象，当艾洛伊斯的家人发现这位导师让她怀孕还秘密和她成婚时，是多么气愤。

被阉割的阿波拉尔感到无地自容，他到修道院出家了。艾洛伊斯责备他毁掉了他们的友谊，但他们一直通信保持联系。艾洛伊斯说，她宁愿当他的情妇也不愿当他的妻子，因为她痛恨利用婚姻对人们实施绑架——也不管他们是否相爱。[24] 他们设想了一种平等的伙伴关系，这种关系是建立在智力、性，以及对彼此美德的欣赏的基础之上的。艾洛伊斯的观念是真实关系的一个绝佳的例子：艾洛伊斯和阿波拉尔彼此相爱、共赴巫山，但不会被一纸婚约束缚。

关于女性的性欲有着诸多自相矛盾的说法。比如，既说女性天生或从生理上就对性不那么感兴趣，又说婚姻是约束女性

---

i 见《第二性》第八章，[法]西蒙娜·德·波伏瓦著，郑克鲁译，上海译文出版社，2014年1月。
ii 玛丽·沃斯通克拉夫特（1759—1797），英国著名女性政论家、作家、哲学家与思想家，西方女权主义思想史上的先驱，著有《为女权辩护：关于政治及道德问题的批判》《人权辩护》等。

性欲的唯一渠道。波伏瓦恰当地指出，我们最好看清婚姻对性欲的破坏。性深深植根于婚姻的基础上，是婚姻最本初的正当理由，然后婚姻将性变成了义务。波伏瓦认为每个人都有义务提供性服务或有权利享受性服务的观点是猥琐下流的，因为这让身体沦为了机器。[25]夫妻之间并没有激情的高涨，在无穷无尽的义务的泥流之中，只剩下一桩又一桩日常的琐事。

波伏瓦认为，夫妻生活最终成了一种"相互手淫"，因为夫妻俩把彼此的身体当成了工具。[26]虽然我认为相互手淫非常不错，但波伏瓦的观点是，夫妻之间的性生活很轻易就和性感完全不沾边了。一些人出于礼貌、害羞或是尴尬，接受这种"工具性关系"或"长期干旱"。一些人将其归因于性功能障碍，跑到医生那里去开壮阳催情药；或者去参加一些高潮工作坊，学习新技术；再或者去咨询婚姻顾问，希望能重燃爱火或学着适应失望。还有一些人选择了色情片或搞外遇。但是根本不存在什么高潮秘诀或是每周高潮多少次这样的魔法数字来保证婚姻里健康的性生活。性欲是一个远比上述内容更广泛、更复杂的现象，它既是身体的，也是心理的。波伏瓦认为，性欲状况也和婚姻有关，传统婚姻并不利于增强女性的性欲。[27]

就算女性是独立的，且这段关系基于相互尊重，婚姻和情爱之间仍然可能存在隔阂，因为不管你喜欢与否，对方都一直在身边。如此一来，留给想念和渴望的空间便少了。每天见到某人，与之建立起深厚的熟悉感和扎实的亲密感固然很好，但是能轻而易举地杀死情感和心理上的亲密无间的，也恰恰是这种熟悉感。

* * *

既然婚姻制度充满了不公、依赖和权力剥夺，那么我们为什么不把它完全废除了呢？[28]少女时期的波伏瓦曾希望有一天能结婚，认为那是最幸福的事。[29]但不久她就改变了主意。她终生未婚，尽管萨特和那位芝加哥作家纳尔逊·艾格林都曾向她求过婚，她也曾分别和他们以夫妻相称。她拒绝了萨特，因为她担心他最终会怨恨她，虽然他们结婚会很方便，两个人也会被派驻到法国同一个地区去教书。在1947年写给艾格林的一封信中，她写道："我真的认为婚姻是一种很陈腐的制度，如果你爱一个男人，那就千万不要嫁给他，因为这会搞砸一切。"[30]但她不会离开萨特，也不会离开巴黎，所以最后还是搞砸了。

虽然波伏瓦拒绝婚姻，但她仍然和萨特达成了一种类似婚姻的契约。他们笑称他们的关系是"贵贱相通的婚姻"，是传统夫妻的漫画式夸张。他们会打扮起来一起出去，假扮成一对美国百万富翁夫妇，叫作"摩根·哈提克夫妇"，有时也假装是贫穷的"M. 奥尔加纳提克夫妇"，无欲无求，容易满足，不是那么富裕。[31]

在这种滑稽的模仿里，他们坚称自己的承诺具有现实性，并且在他们的自由和其他大多数循规蹈矩的婚姻之间划出了分界线。波伏瓦和萨特之间的关系和传统婚姻的区别是，虽然从来没有同居过，但他们对彼此而言都是不可或缺的，不论他们还爱过谁。[32]孩子的事可能动摇过波伏瓦对婚姻的决策，但最终她还是觉得生育会让她从写作中分心，并且她也没有找到充分的理由将另一个人带到这个世界上来。[33]

即使夫妻之间彼此经济独立，婚姻也会让两个人觉得对方的付出是理所当然的。如果夫妻之间真心相爱，那也应该是"虽然结婚了，他们还是相爱"，而不是"因为结婚他们才相爱"。在波伏瓦看来，问题在于我们把承担和爱混为一谈了。承担一段婚姻，意味着在婚姻中仅仅活在当下，也就是说，是缺乏反思的。缺乏反思的关系几乎没有价值。如果和一个人在一起时你别无选择，你就不可能真正爱一个人。大多数婚姻的基石是其一致性和稳定性——这与波伏瓦所认为的对活得真实至关重要的东西而言，无异于一种诅咒。活得真实需要我们保持对自我和对周遭世界的怀疑，不仅包括对婚姻制度的怀疑，也包括对其他事物，比如政府、政策、法律、不公等的怀疑。

在波伏瓦的小说《美丽的形象》中，劳伦斯是一个被悉心抚养长大的年轻女子，并且嫁给了一个看起来完美无缺的丈夫。她成了一个无比成功的广告经理，还有两个美丽的女儿。在拥有了10年美好的性生活和带给她十足安全感的平静如水的完美婚姻，以及一年半激情四射的外遇后，她完全厌倦了这种像是封在一个由习惯精心制成的肉冻里的中产阶级完美生活。她的想法是这样的：

> 为什么是这个男人，而不是另一个？这太奇怪了。你发现自己和一个人相守一生，就因为他是你19岁时遇到的那个人……她无比惊异于这样一件无比重要的事居然只靠偶然来维持，并且没有什么特别的理由（但万事万物皆如此）。这些灵魂伴侣的故事在书本以外真的能找到吗？[34]

随着年龄的增长，劳伦斯感到她可以自由地选择她的生活，但是她开始意识到，她的大多数存在的可能性已经被安排好了。活着的感觉就好像在轨道上滑行，因为她的生命轨迹和每个人都是那么相似。夫妻之间的问题一样，烦恼一样，争吵一样，对话也一样，甚至就算有时他们的争论看起来是新的，其实也只是同一个问题的不同翻版。"你知道的，没有谁真的不可替代。"劳伦斯对她的爱人吕西安说。而他大吃一惊，甚至都想打她了。[35]

不过，婚姻是可以有价值的。它在人类社会里以这样或那样的形式普遍存在，尽管不同规则和习俗之间差异很大。婚姻不一定总是发生在男女之间，也不一定总是终身之约。婚姻不一定总是涉及爱、性、同居、经济合作、财产或社会地位。甚至，婚姻也不一定总是发生在完整的活人之间。

在苏丹的冥婚里，婚姻中的一方是死人，但婚礼的传统把活人们聚到一起。在太平洋西北部的一些社会中，比如贝拉库拉（Bella Coola）和夸扣特尔（Kwakiutl）文明中，如果家族之间想要通婚，但又没有合适的结婚人选，人们会和狗或另一个人的一只脚结婚。[36] 如今，人们还和自由女神像结婚，和埃菲尔铁塔结婚，和火车站结婚，和过山车结婚，和动漫全息图结婚……一位女性和她的卡车结婚了，并称性生活很美好。（截至本书写作时，和非生命体缔结的婚姻似乎不具有法律约束力。）

可以替代传统婚姻的一个选择是暂时的承诺。我指的是有意的临时婚姻，而非指因离婚而导致的临时婚姻。在关系的初期，波伏瓦和萨特在卢浮宫旁边的一把石头长椅上达成了一个两年的协议。虽然它既不是国家认可的，也不是强制性的，但这份心理的契约很强大。他们想要亲密和自由，不愿冒让这段关系退化为义务和惯性的风险。

波伏瓦有一些顾虑，但她信任萨特，也说服自己不要担心。虽然波伏瓦没有具体说明那些顾虑是什么，但她知道她可以信赖萨特，他也不会伤害她。她反思道："和他一起提出一个计划不会仅仅是一种模糊不清的空谈，而是具有现实性的。如果他有一天告诉我一年零十个月后的下午5点在雅典卫城见面，我就一定会在那个时间、那个地点见到他，分秒不差。"[37] 这对他们来说基本奏效，两年期满后，他们把这份协议变成了永久性的，他们关系笃深，直至生命结束。

临时婚姻有很多优点：它让人们能够经常性地审视他们的关系，鼓励人们不要将对方的存在与付出视为理所当然，还创造了一个优雅转身的机会，而不是离婚后的一地鸡毛。那么孩子怎么办？分开但对孩子关怀备至的父母远比不称职又有毒的婚姻家庭对孩子更好。波伏瓦指出，很多孩子在父母离婚后被照料得很好；也有很多父母没有离婚，可孩子却得不到很好的照料。

许多婚姻是临时的，所以我们一开始就彼此坦诚不是很好吗？是的，但这需要力量，因为临时婚姻这一理念会破坏安全感和传统婚姻所能带来的保障。给爱设置一个期限会让安全感和浪漫渐渐消失。情爱关系与健身房会员制有所不同，人们每天醒来后必须确认他们还是这段关系中的"会员"。

虽然自由且持久地选择一起生活、一起去爱是一种理想状态，但仍然可以通过关注一系列结构性因素并达成协议，来确保选择的长久性。18世纪法国女性主义者、剧作家、植物学家奥兰普·德·古热（Olympe de Gouges）——波伏瓦一直认为她是历史上难得的女性主义偶像——认为"婚姻是信任和爱情的坟墓"。[38]为了把信任和爱情从婚姻里拯救出来,古热拥护自愿结对,每个成员在财产、继承权和孩子方面都有着平等的责任和权利。

古热认为这种类型的平等会帮助人们创造更令人满意的关系和更幸福的家庭。她在1789年的一本手册中起草了她关于婚姻的观点,并附带了一份200字的备用伴侣关系模板。这份名为《男女社会契约框架》(*Frame for a Social Contract between Man and Woman*)的手册里是这么说的:

> 我们,某某和某某,自愿结合,在有生之年,出于共同意愿,共立此誓:我们了解并自愿将一切财产设为共同所有,然各自仍保有分割上述财产之权利,以之赠予子女及其他我们嘱意赠予之人。上述财产共同认定可直接归属我们的子女,不论其身世如何,均有权以认可他们的父母之名冠名。我们承诺,谨遵法律,惩戒抛弃血缘骨肉之举。若遇分离,亦自愿分割财产,并保留法律规定之子女应得份额。若结合存续,先离世一方将自己财产之一半留与其子女;无子女而离世者,另一方自动享有继承权,被继承人另立遗嘱将共同财产之一半赠予任意其所嘱意赠予之人者除外。[39]

古热预见仇视她的观点的那些人会憎恶这个标准。她预料到"伪君子、因循守旧的人、教士之流"将会对她的观点嗤之以鼻，认为那是奇怪的，但她希望这个标准会为富有智慧的人建设更令人满意的婚姻奠定道德基础。

4年后，古热因煽动叛乱被斩首。她关于婚姻的观点不是她被处死的原因，但很有可能起到了一定作用。她因为发表激进思想言论而声名在外，惹怒了很多人。她对法国大革命非常失望，呼吁通过全民公投建立新的政权形式。她所呼吁的公投中包括建立君主立宪制这一选项。仅仅将这一选项包含在内就意味着支持这一制度。而支持君主立宪制在当时是要杀头的罪。[40]

虽然波伏瓦没有考虑过民事结合，并且她对婚姻持深深的怀疑态度，不过她的哲学中存在着真正婚姻的可能性，与正式的民事结合类似。波伏瓦的注意力都放在确保我们拥有选择我们想如何构建我们之间的关系的权利上。不论你是否结婚，最重要的是你作为拥有自主意志的成年人在接近情爱关系时的态度，以及在深思熟虑和自愿的基础上采取行动。波伏瓦认为，真实的婚姻是双方基于平等、诚实和慷慨的结合，并勇于接受其固有的风险和不确定性。

所有的关系都是不确定的，但是试图通过一纸婚约来逃避这种不确定性是不可靠的。婚姻无法拯救任何人。婚姻作为一种处境，必然会在"为他存在"和"自为存在"之间产生一种矛盾，但活得真实要求在它们之间达到一种平衡。真实的婚姻必须可以自主选择。真实的婚姻必须是这样一种关系：人们不是出于必需，也不是因为被迫才结婚，而只是因为他们想要在一起。当感情是自主自愿付出时，才可能是真实的。[41]

通俗文化中婚姻变得真实的一个例子是 2005 年的电影《史密斯夫妇》(*Mr. & Mrs. Smith*)。分别由布拉德·皮特 (Brad Pitt) 和安吉丽娜·朱莉 (Angelina Jolie) 扮演的史密斯夫妇约翰和简结婚数年，他们彼此独立，都有全职工作，没有孩子。每天晚上约翰一到家，简就把饭摆在桌子上。他被诱导相信饭是她自己在家里做的，但其实不是。他们对窗帘这种平淡无奇的琐事都有分歧。在一次夫妻心理治疗课上，当被问及性生活的频率时，简答道："我不明白这个问题。"她的回答揭示了他们婚姻的陈腐，在这段婚姻中，他们分别履行着夫妻的义务，仿佛那是另一份工作。他们都忍受着家庭生活的漫无目的。结果剧情出现了反转，他们都是秘密杀手，而且直到他们被指派杀掉对方时才知道彼此的身份。在两个人都想除掉对方的过程中，他们彼此了解到对方的过往和能力，认可了彼此的力量，开始相互尊重，并平等地对待彼此。随着两人之间的联系越来越紧密，他们联合起来，共同对抗他们荒谬的任务，而不是针对彼此。从存在主义角度来讲，只有当他们的关系建立在友谊、真诚和相互理解的基础上时，他们才能建立起真实的联系。"我们必须重新进行我们以前有过的每一次对话。"在意识到他们之前对彼此说的每一件事都是基于一个谎言后，约翰说道。

* * *

我有时候在想：我的婚姻是自主选择的吗？或者它标志着我对外部力量的顺从吗？我不确定自己是否也是被强迫走进了婚姻。当我和爱情长跑多年的男友结婚后，我父亲说："我现在还能尝到同居带给我的苦涩滋味。"这句话深深地在我心头割了一道口子，直到现在我还能感觉到这把比喻的刀滴着批判的血。我结婚是不是因为长久以来渴望被社会认可的夙愿？这可能是一部分原因。不过，从存在主义角度来看，最重要的是看到是什么让我们紧密相连，认可它本来的样子，并考虑多种选择，不论是否有外部影响都做出确切的选择。

我的伴侣和我不需要一纸婚约来表明我们想要在一起。我们担心这样的一纸婚约会不浪漫，会让我们的生活一团糟。不过尽管如此，仍然有一些结婚的理由：可以一起按揭贷款，遇到要孩子和移居国外这种问题时也少了很多麻烦和困惑，并且比起我自己的姓，我更喜欢我丈夫的姓。不过这些都是小便宜和微不足道的借口。我结婚，是因为我想要一种比情感关系更充满活力的关系。我想要向未来迈出坚定的、积极的一步，想要一个勇敢的"我选你",我要让每个人都知道这一点。就像波伏瓦的《白吃饭的嘴巴》里的让－皮埃尔和克拉莉丝那样,我想要一个人和我合作,在地球上共同努力。

要不是发现了波伏瓦,我的选择呈现出来的结果可能仍然看起来千篇一律,流于表层:可能是我穿着同样的粉裙子,而我的伴侣穿着同样的西服,同样的花园里也会放上同样包裹着杏仁蛋白软糖的巧克力蛋糕。但是我的内心深处有一种满足感,尽管可能更多的是忧心忡忡。根据波伏瓦的观点,我的婚姻需要和重大的选择角力,我们需要一起为这段支持我们共同创造的价值和目标的关系做出决定。

根据约定,我的伴侣和我努力认可对方的自由。我希望当我们之间的界线受到重大考验时,我们能一起讨论并达成对彼此都合适的结果。如果我们无法达成一致,那么我们也应该知道,我们可以自由选择在一起,也可以自由选择离开,这对我们双方都是非常重要的。

人们总是背负着这样或那样的压力,比如父母的喋喋不休,比如朋友在婚礼上洋溢着幸福的满足。很难分清哪些压力是受到外力作用,哪些又是一个人真正想要的,哪些是我们能控制的,哪些又是我们所不能控制的。因此,对我们来说,重要的是提高对压力的认知,并创造一个人们不会因为不同的选择而受到惩罚,无论结婚与否都能真诚地活着的社会。

* * *

再回到本章的开头：我在啤酒馆的课程结束后，一个学生找到我，说他的妻子告诉他，她希望他们之间是开放式关系。他对我不为传统婚姻辩护感到很困惑、很气愤、很失望。他的感受可以理解，因为那不是他的妻子和他意见统一后的决定。

我不知道该怎么说我在课堂上没说出来的话。现在回想起来，我当时应该说——假设他的妻子是真诚的，并不是想挑衅分手——她决定跟他说那番话，不仅表明她的生活中需要一些别的事情，还表明她很有勇气，也对他很信任，所以才会和他说那些话。他可以问一下她的情况：她认为他们的婚姻中缺的是什么，或有什么挑战？是否存在家务分配的问题？她希望多一些独处或和朋友在一起的时间吗？她喜欢他穿得像一个烧锅炉的吗？（诸如此类。）

在真实的关系中，双方承认彼此的自由：她有想要其他事物的自由，她的改变、她欲望的改变也是完全正常的。传统婚姻不会轻易接受改变，但总是会接受的。而她正在探索重新评估他们之间的关系。希望他能克服自己受伤的自尊心，去与她一起探索更多的可能。他可以自由选择与她一起探索，也可以选择结束这段关系。波伏瓦写道："为了发现他们自己的诸多可能，离婚通常是一个必要条件。"[42] 不过，他妻子发出的邀请既是离婚的契机，也是建立深度的联结与信任的契机。

　　艾德里安娜·里奇（Adrienne Rich）[i]写道："可敬的人类关系——在这段关系中，两个人都有权利使用'爱'这个字眼——是一个美妙、激烈的过程，一个不断改进人们可以告诉彼此真相的过程，通常对两个人来说都很可怕。"[43]这个过程很艰难，也可能很吓人，但是说真话可以揭开关系的复杂性和可能性。如果说谎，那就看不到这一切了，而且还会因为虚伪的枯燥无味而牺牲真相的无穷魅力。如此说来，婚姻就是一个尽自己所能支持彼此的主体性，并在关系中保持诚实的承诺。

　　然而标准的婚礼誓言多数只是口头的承诺或者美好的愿景，指望两个人一辈子让彼此满意是荒谬的，也会给人带来巨大的压力。当我们走在婚礼长廊上时，如果想的不是婚姻意味着两人抵达了合而为一的崇高而浪漫的理想状态，而是婚姻倾向于——但不一定会——使一段关系僵化，那么也许两个人就会有更好的机会去创造充满活力、生气勃勃的真实的婚姻。

　　在一段真实的婚姻中，两个人分享生活，但不会试图把彼此封闭在这段关系中。有的夫妻可能会担心过多的自由会让彼此疏远。不排除这种可能性，但是把对方抓得过紧可能会令人窒息，同样也非常危险。

　　人们总是会问起我的婚姻以及我的哲学研究如何影响了我

---

i　艾德里安娜·里奇（1929—2012），美国诗人、作家、女性主义者，被认为是美国20世纪后半叶最有影响力的诗人之一，也是西方性别理论的开拓者之一。

的婚姻。"结了婚的存在主义者？真是不同寻常！"他们开玩笑道。我们大笑着回答："目前还算不错。"这听起来有些轻率，但这确实也是一个严肃的声明：存在主义的影响是要认清关系是会随着情况的变化而变化的，不管我们多么努力想要保护它。此刻奏效的东西并不能保证一直奏效。用哲学家朱迪斯·巴特勒（Judith Butler）的话说："我们总是可以分开，这也是为什么我们努力待在一起。"[44]

采取一种真实的态度让我的伴侣和我不会认为彼此的付出是理所当然。每天我都感谢他自主选择和我在一起，我也感谢我自主选择和他在一起。这种观点将对婚后固定状态的关注转变为更灵活的态度，这种态度承认生命和爱的脆弱性，激励我们去创造，积极接受寻求达成一致的责任，不断找到让我们自己和我们的关系恢复活力的方法。我的婚姻远远算不上完美，但它是一件在进步的作品，是对完美的探索。用存在主义的术语来说，我们正在变得在一起。

波伏瓦和萨特的关系也是如此。他们说他们感到合而为一，波伏瓦经常称萨特是她的生命、她的幸福、她的绝对真理。在给萨特的一封信中，她写道："我生命中的新奇、浪漫和幸福都是和你在一起，我20年的亲爱伴侣。"[45]在整个一生中，他们都彼此鼓励，一起讨论所有的思想。他们觉得能够彼此遇见、给彼此灵感好极了，就算没有结婚。不过他们也不必应付孩子的事，这使真实更易实现。

母亲

> 有着最丰富个人生活的女性给予孩子的最多，要求的最少，并通过努力和挣扎追求真正的人类价值，只有这样的女性才最适合养育孩子。
>
> ——《第二性》

与其他领域的选择一样，女性做母亲一直以来都是，并将继续是一种容易被各种障眼法模糊的选择，它受到她所不能控制的社会、经济和法律因素的限制。这意味着对女性来说，有些选择是基于错误的借口做出的，我们被扔到一个我们没有做好准备去面对的世界里，放弃了变得真实的努力。

从波伏瓦身上寻求有关母性的指导看起来也许很奇怪，因为她并没有养育孩子的一手经验。[虽然波伏瓦为了处理她的财产收养了一个成年密友：希尔维·勒·邦（Sylvie Le Bon）。]一些双重标准令波伏瓦感到愤怒：她因为没能成为一名母亲而遭到无情的批评，并且总是被问到她有没有因此而感到不完满。她答道："一个人不需要为了写乌鸦而成为一只乌鸦。"可是从来没有人因为男性没有成为父亲而去论断他们。[1] 从来没有人问萨特他没能做父亲是否感到不完满。

波伏瓦对成为母亲这一模棱两可的选择，以及一个母亲作为有欲望与需求的个体的自我感知，和她作为照料者去照顾一个在接下来的18年里（可能时间会稍长或更长）都需要照顾的无助的依赖者的新身份之间的重要斗争深有共鸣。一位母亲常常在自为存在和为了孩子存在之间左右为难。更重要的是，社会对一个作为母亲的女性的期待和要求，与她如何看待自己在社会中的身份和地位之间本来就有分歧。比如，经济政策和激励机制可能会迫使女性成为母亲，即使她想做一些其他的事，比如哲学研究。

对于波伏瓦而言，当一个人对于主动成为父亲或母亲有强烈意愿时，要孩子可以是一个真实的选择。自愿选择成为父母需要有远离关于为人父母的障眼法的自由，也需要有做出有见地的选择的自由。波伏瓦在其写作中没有提及人工授精、试管婴儿或收养，不过只要是自主的选择，在波伏瓦的哲学里便都是真实的。被迫怀孕生子是不真实的。至关重要的是拥有选择成为或不成为父母的自由。

让一个人成为母亲的，是选择成为母亲这一行为。正如哲学家萨拉·鲁迪克（Sara Ruddick）的定义：任何人，只要主动承担起回应孩子需求的任务，并将回应需求这件事作为自己生命的一个重要组成部分，那她/他就是一名母亲。[2]波伏瓦的观点也类似。因为我们通过选择来铸造自己的本质，所以为人父母也不应该通过排卵、射精或生产等生理过程来定义，而应该由选择照料孩子这一行为来定义。

新手父母可能会感到既兴奋又恐惧，因为每一个新生命都会创造许许多多充满各种可能和混乱的新世界。女性主义者、文化评论家杰奎琳·罗斯（Jacqueline Rose）引用汉娜·阿伦特（Hannah Arendt）和艾德里安娜·里奇的观点，曾说"每一个新生命的降生都是一个重要的反极权主义的瞬间"，因为每一个新人类的诞生都代表着一个孕育着创造力的新的开始。[3]

然而，正因为婴儿代表着巨大的可能性，他们也可能给现存状况带来极大的威胁。阿伦特认为极权主义会在混乱中膨胀，她写道："恐惧是必要的，以防一个新人类的诞生带来一个新的开始，并在这个世界里高声疾呼。"[4]一些照料者确实会以极权主义的方式去应对新生命，世间也确实有大量的努力被用来确保孩子们守规矩，确保其按照社会的规则成长为顺民。还有一些人认为，婴儿是开辟新世界的前反思（pre-reflective）[i]极权主义恐怖分子，而照顾他们的人则是奴颜婢膝的仆人。

对于新手父母来说，必须照顾前反思极权主义婴儿这一点

---

[i] 此处"前反思"一词指向萨特的《存在与虚无》中"反思前的我思"（pre-reflective cogito）这一哲学概念，"反思前的我思"指客体与主体没有分裂的纯粹意识，在这种状态下，自我既没有设定一个客观的对象，也没有设定自我为对象，主客浑然一体，没有对立。

会令他们感到很疏离。当日常生活被打破，当我们发现自己身处新环境或在熟悉的情境下发现新情况时，疏离感就会袭来。这种混乱会令人觉得迷惘，因为我们不总是知道我们面对新情况时会做何反应，我们的反应会带来什么后果，剧变过后将会是什么境况，以及在新的范式里我们将会面临什么样的习俗和责任。这就是人们依赖日常事务和传统的原因之一：重复会为处于不确定性中的人们带来一些虚幻的安慰。

新生儿被抛到这样一个世界：他们在被创造的过程中没有任何话语权，来到不是他们自己选择的照料者的怀抱，成了没有任何固有意义的存在。父母——不论孩子是亲生的，还是收养的，也被抛到一个他们几乎毫无准备的世界。艾德里安娜·里奇回忆起她如何阅读育儿书籍，并发现典型母亲的经历和她自己的亲身经历差了十万八千里，几乎和她成为一名宇航员一样遥不可及：

> 没有人提到哺育第一个孩子时的精神危机、对长期深埋心底的有关自己的母亲的激动心情，以及稀里糊涂的力量感和无力感，那种一方面被控制，另一方面又接触到新的身体和精神潜力的感觉，一种强烈的可能是兴奋，可能是困惑，又可能使人筋疲力尽的感觉。[5]

一些新手父母面临的精神危机是患上抑郁症，需要药物干预和治疗；还有一些是长期的睡眠不足。不过，大多数做母亲的经验是一种矛盾复合体——幸福与不幸并存，兴高采烈与神经衰弱并存，成功与失败并存，选择和抛弃并存。问题在于社会倾向于将母亲划分为二元对立的好与坏两种类别。

一个极端是理想的母亲，她在她的角色里感到愉悦，觉得做母亲很容易，甚至很性感（我大概是这么听说的）。另一个极端是坏妈妈，她是不合格的、能力不足的，波伏瓦举了古希腊神话中杀死两个孩子的美狄亚的例子。或者用波伏瓦的话说，正如邪恶继母的隐喻里所展示的那样，坏妈妈是残忍的，想想灰姑娘的继母和《白雪公主》里的皇后就知道了。[6]

绝望，在不确定性里苦苦挣扎，由于没有做到本应完全是本能反应的事而产生巨大的愧疚感，诸如此类的许多危机潜伏在两个极端之间。这些经历反映了一种疏离感，因为母亲停止作为自己而存在，而是成了一个应当完全服务他人的人。

波伏瓦认为孕妇的晨吐是这种疏离感的一部分，因为这是一种存在的反应，而非简单的生理现象。[7]波伏瓦没有在开玩笑，不过她显然是误解了。说到晨吐，激素的责任远比恐惧更大。然而，有孩子这件事确实会令一些父母陷入一片存在主义恐惧的沼泽之中。我就是其中之一。

* * *

很难明确指出做母亲最低落的瞬间是什么，但是在诸多低落瞬间中，有一个肯定是经过一个通宵未眠的夜晚，到了早晨，发现这只是之前无数不眠之夜后的又一个不眠之夜。我儿子哭个不停。我母亲来了，带着碎肉茄子饼，用婴儿车推着我儿子出去了，但是没过几分钟他们又回来了，因为我儿子还在哭。我给他喂了奶，换了尿布，试了试他的体温，能做的都做了。但他哭得太厉害了，吐得我肩膀上、沙发上到处都是。

我抱着他去厨房取一些清洁物品来。就在从厨房走回沙发的路上，我用一只胳膊抱着尖叫的孩子，另一只手紧紧攥着随时都有可能掉下去的纸巾和喷剂。突然，我感到脚下一阵温热潮湿，低头一看，是他的纸尿裤默默爆开了。就像熔岩从火山口慢慢渗出，稀屎糊顺着他的腿慢慢流下，在我身上、地毯上滴出一长溜棕褐色的印迹。

"好吧，怪不得哭成这样。"我母亲说道。我们大笑起来。她拿起包说："我该走了。你也怪忙的。我就不打扰了。"然后丢下我一个人就走了。我的笑声正如索伦·克尔凯郭尔所言，"其实是泪花"。我不怪我母亲，我的孩子是我和我伴侣的责任，不是她的。

我粗略地洗了一下我儿子，给他换上干净的衣服，把他放在他那张带有热带雨林图案的游戏垫上。他被一个鼓鼓囊囊的猴子吸引了，那是一个吊在他头顶的拱顶上，能一边摇荡一边播放音乐的毛绒玩具。我脱掉自己的衣服，擦着身上的脏污。猴子停止了摇荡。他又哭了。我也又哭了。我光着身子，四脚着地趴在地上，用洗洁剂用力擦洗着地毯，同时感到深深的绝望，并为不可抑制的自怜和自暴自弃而感到恶心。我心心念念的理想母亲形象就这样和脏污一起滴到了地毯上。

对于我来说，存在的处境没有比那一刻更明显的了：我儿子没有选择被生下来，当然看起来也没有想要被生下来，我因为替他做出这个选择而感到疏离、孤独、歉疚。我的伴侣工作时间很长，一整夜都睡得很沉，而我却是有一点风吹草动就会醒来，就算戴着耳塞，不和孩子睡一个房间，或者一个人睡在一套小公寓里，也依旧如此。虽然同为母亲，但是大家处理起每一件事来似乎都比我好得多——或者至少她们是这么说的。我在想：我怎么能把一切都搞砸了呢？我表妹克劳迪娅告诉我说，她有了孩子之后，才意识到她为何会被带到这个世界上来。我为什么就没有那种感觉呢？说好的美好、幸福、完满的体验呢？

存在主义治疗专家娜奥米·斯塔德伦（Naomi Stadlen）曾写道，她知道生育是一个完全正常的过程，"我想我的困难意味着我一定有什么根本性的问题"。[8] 她指出，关于做母亲这件事，没有说清的太多了，因为它是那么难以形容，也难以形容确切。母亲不仅仅在身体上与外界隔绝，同时还和她们的经历的意义隔绝，很难拼凑出文字来说明这一切。

或许所谓的"孕傻"并不是因为激素抑制了智力，恰恰相反：这段经历使母亲进入了一个超越她们任何经验的王国。斯塔德伦的一个客户——一个6个月大孩子的母亲，讲述了她在一次晚宴上的经历，她说："我无法谈论那些对我来说唯一重要的事，就算我说了，也没有人会理解我。"[9]

我也有同样的感觉，并且为一个事实感到困惑——我选择成为一名母亲，但是现实却给了我突如其来的一记重拳。育儿太消耗人了，所以母亲们——以及一部分父亲们，被迫牺牲了自己的大部分生活。这也是波伏瓦没有要孩子的原因之一。等她到了60多岁时，她觉得逃避了这件事情无比幸运。"我真的非常庆幸我避免了这件事，"波伏瓦说，"我每天都因此而恭喜自己。"[10]

* * *

做母亲是危险的，波伏瓦写道，因为责任重重地压在母亲身上，使得做母亲这件事成了一种被奴役的形式。[11]波伏瓦的类比有些麻木不仁，因为她模糊了奴隶制和性别主义之间的界限，她还忽略了有色人种女性比白人女性的处境更糟糕这一事实。[12]虽然脑海里有这个想法——波伏瓦对有色人种女性的境遇究竟有多糟糕认识不够深刻。但仍然不可否认，做母亲使许多女性被困在了已经被安排好的命运里，毁灭了她们的自由。

并不是有关自由的观念被打上了性别的烙印，而是对个人自由的阻碍让性别之间的界限更加明显。

波伏瓦认为，最具危险性的障眼法之一就是母性本能。要孩子看似一个完全自然而然的行为——毕竟人类是一种动物，而繁衍让人类这种动物得以延续。波伏瓦指出，让女性相信她们的天职和最高目标是成为母亲、操持家务，无异于一场隐秘的广告战——这场战争已经持续了数千年。

波伏瓦指出，压迫的诡计之一就是让人认为被压迫者的处境是天经地义的，正如我们无法违抗自然一般。在天经地义的话术中，女性被诱使甚至被强迫进入一种为他的状态，代价是牺牲自为存在，也就是说，待在家里，早生多生。对避孕的限制成了迫使女性接受女性身份的有力手段，在这种身份里，无数选择已经替她们做好。

迫使女性进入母亲的角色——大体上是照顾他人，是一个骗局，并且从波伏瓦写下这些文字至今都几乎没什么改变。如今它被叫作"第二班工作""精神负荷"，或是"时间约束"，都是一个从事着全职工作的照料者回到家后所要完成的"家庭任务"和"项目管理"。这些责任有极大可能都落在母亲的身上。[13]

回想一下我们之前讨论过的存在和实质的问题：生理基础是一种不可否认的存在事实，但它无法定义一个人。真正定义一个人的是行动，是我们如何超越我们的处境，以及我们如何处理各种关系。波伏瓦关于做母亲的观点中暗含着这样的意思：诉诸母性本能是混淆视听的做法。其实，诉诸无条件的母爱也与之无异。

我怀孕时，朋友们告诉我说，我会比爱世界上任何人、任何事——包括我的伴侣，都更爱我的孩子。当时我觉得不可思议，但是儿子出生后，我立刻发现他们说得颇有道理。乍一看那不是爱，或者说，在最初的6个月里，那怎么看都不是爱。我不知道该如何去爱一个消耗我如此多精力和注意力的人。只有当他睡着的时候，我才感到放松。

大多数时候我搞不明白他到底是谁，尽管如此，我仍然为当初选择要孩子而认真地承担起责任，他也很快成了世界上对我而言最重要的人。他是那么小，那么脆弱，可他皮肤的褶皱又让他看起来那么老，那么睿智，于是我戏称他为"本杰明·巴顿"[i]。他的咯咯傻笑，他有时候看着我、认出我的瞬间，对我而言都是认可。在那些稍纵即逝的瞬间，我的被抛弃感不再那么强烈了。

且不论这些感情是否稀有，因为确实有一些母亲看起来活在一种近似永恒的幸福，以及和她们的新生儿紧密联结的状态之中。问题在于，通过将无条件的爱和安静无为之类的理想强加在母亲身上，社会利用着这些感情。正如杰奎琳·罗斯所写：

---

i　奇幻电影《本杰明·巴顿奇事》主人公，刚出生时有着老年人的样貌，会越活越年轻。——译者注

当母亲被期望对孩子倾注不掺杂质的爱和奉献
时，人们到底在要求她们什么？……毕竟，不论何
时，不论与何人相关，当爱处于被期望或被要求的
状态时，可以非常肯定我们谈论的绝不是爱。爱就
像自发的指令，是一种只能油然而生的状态，爱的
要求会摧毁爱的本意，也会毁掉爱本身。[14]

女性的职责，即要爱孩子，把自己的一切都奉献给孩子
（以及其他人），是生而为女人的难题。生为女人意味着要无条
件地给予、无条件地爱，要无私，这暗示着理想的女性不是一
个完整的人，因为她是由她能为他人做出多少牺牲来定义的。

弗吉尼亚·伍尔夫（Virginia Woolf）称这些职责为"屋子
里的天使"，指的是维多利亚时期的男性作家考文垂·帕特莫
尔（Coventry Patmore）在长篇叙事诗里所刻画的理想化的女性
特质——做家务，对丈夫言听计从、百依百顺，帮助男人更接
近上帝。[15]

伍尔夫发现这个可憎的天使——"男人希望女人成为的那
个女人……理想的女性"，总是尾随着她，悄悄地对她说要惹
人怜爱，要有魅力。必须驱逐这个天使，伍尔夫才能自由写
作，才能真诚地、开阔地写作，而不用感到需要讨好任何人。
这场谋杀其实是自保：如果她不杀死这个天使，这个天使就会
杀了她，会把她写作的心挖出来。[16]

杀死屋子里的天使对今天的女性而言仍然是一个挑战。波伏瓦的哲学把我们的注意力吸引到类似的把戏上来：我们被引导相信无私的爱如天使般纯洁善良，但是要求我们给予爱直到我们被完全耗尽其实是恶魔的做法，因为它阻挠我们活得真实。感情是不能被要求的，爱的表演是一场不真实的闹剧。

* * *

西西弗斯式的折磨暗含在对母职的描述中，但很难搞清楚成为母亲意味着什么，有多少职责需要承担，又有多少折磨需要忍耐。劳动是很折磨人的。哺乳很艰难——皲裂、流血的乳头，胀痛、堵塞的乳腺，更别提在公共场合哺乳的艰巨任务了。有时我感到自己被一个脆弱的小小暴君压榨成了一个仅仅能维持生命的机体。

在漫长的黑夜，我总是要花数小时无精打采地坐在扶手椅上，喂奶、抱孩子，直到胳膊酸痛，肩膀抽筋。我像一头母牛一样产奶。原本可以断奶的，但是在我当时所生活的澳大利亚文化中，有一种强有力的主流观念认为哺乳是最好的，"好妈妈都会哺乳"，人们如是说。"亲密育儿法"[i]在美国的影响力也很令人窒息。一位朋友告诉我："'亲密育儿法'让作为新手妈

---

i　由美国医学博士威廉·希尔斯提出，提倡多种有助于父母与婴儿及早建立亲密关系的育婴方法，包括母乳喂养、父母与婴儿同睡等。

妈的我感到非常不自信。"

　　妈妈们日日推上山顶的"西西弗斯的滚石"包括一大摞脏尿布、时刻爆发的吐奶，以及像河水一样永不止息的眼泪。过了婴儿阶段，这块石头就会变成照料孩子的洪流：申请学校；预订课外活动；接送孩子去运动、去玩耍、去参加生日聚会；买礼物、买吃的；计划食谱、做饭；找来复活节兔子和牙仙临时"照看"孩子；扫洒清洗；应对衣服短缺，因为洗干净的衣服不够换了，或是孩子长得太快，以至于所有的衣服都小了；预约普通医生和牙医；把接种疫苗安排在周五，这样万一发烧卧床，可以尽可能减少缺课和旷工；为使用电子产品的时间讨价还价；为了让孩子多吃绿色蔬菜而千方百计地讨好贿赂，还得收拾。要不要在儿子的生日宴会上为全班同学朗读？我在儿子的学校嘉年华上做过志愿者吗？要不要送一些东西去参加学校的糕饼义卖？不是必须，不过有些父母会这样做。在做所有这些事情的同时，通常还得做一份全职工作。[17]

　　一个朋友曾说："做父母的头40年是最难的。"当然，做母亲的整个过程都很难，不过头18年确实是最难的，一门心思埋头苦干，努力照着不可能达到的标准活着。做母亲还意味着漫长的持续性牺牲，以及一次次的痛苦和沮丧。波伏瓦认为，专职工作能支持一个女性独立，但也不可避免地会让女性心力交瘁。[18]

　　无怪乎许多母亲中断了事业或完全放弃了事业，以应对焦虑、愧疚和压力，或许因为她们无法在没有育儿假的情况下兼顾工作，或许因为她们的薪酬不足以负担照顾孩子所需的费用。所以，"想要孩子"是一种极其轻描淡写的说法，因为要孩子需要数年的无私奉献和自我牺牲。

在2014年的一场很火爆的活动中，美国礼品公司（American Greetings）要征聘一名"运营总监"，这是一份全职工作，每周工作7天，每天24小时，无薪无休，无保险，无节假日。职位描述包括一长串的要求，比如要态度积极，要以无限的耐心同时处理至少10个项目。他们面试了几个候选人，当面试者在视频会议里听到这些细节描述后，纷纷表示"毫无人性""简直是疯了"。

当这些面试的人被告知这份"世界上最难的工作"指的是母亲时，他们都不住地点头，满含热泪、无限深情地赞颂起他们了不起的母亲。这次推广活动鼓励人们在母亲节那天为母亲献上一张卡片。听起来很不错，不是吗？问题在于，尽管有超过800万的浏览量，它仍然受到了强烈抵制，原因正如波伏瓦所强调过的：它强化了有关理想母亲的障眼法，将对母亲的期待刻板印象化了，但对父亲却没有这样的规劝。

父母和孩子之间的认知是不平衡的，要找到一个平衡非常难——就算找到了，也不会长久。但是母亲任何时候都不应该抱怨。如果她们抱怨的话，那无疑表明她们是坏妈妈。这种令人恼火的误导性思想从何而来？一些哲学家认为抱怨是柔弱的、无力的、女性化的，一个人用自己的痛苦来给别人造成负担，势必会失去自尊，也会失去同伴的尊重。

亚里士多德说："有男性特质的人会努力避免让朋友跟着他们一起痛苦……但是女人和像女人的男人喜欢有人同情他们的痛苦。"[19] 比较好的一种人显然是那些能压抑和掩藏自己痛苦的人（这听起来是那么健康）。伊曼努尔·康德（Immanuel Kant）赞同亚里士多德的观点，他写道："真正的男人不会用他自己的麻烦纠缠朋友……因此，在一段高尚的友谊中，双方都不会把自己的烦恼强加于另一个人。"[20] 亚里士多德和康德听起来都是糟糕的朋友。

弗里德里希·尼采劝女人闭嘴，因为他担心对她们了解过多会破坏理想中的女性的神秘感和诱惑力："那些向今天的女人大声疾呼 '*mulier taceat de muliere*'（意为 '女人应该在女人问题上沉默'）的人才是女人真正的朋友。"[21] 不过，尼采值得称道的一点是，他同样也意识到掩盖真相的危险，他写道："你们是最聪明的，那我们就来说说这件事吧，哪怕它是一件坏事。沉默更糟糕，所有沉默的真理都是有毒的。"[22]

这种定义了西方大多数哲学经典的性别刻板印象使女性陷入了双重的窘境。波伏瓦认为许多针对女性所犯错误的指控，其实是她们的追求被男性阻挠的直接后果。当女性冲破男性设置并加固的玻璃天花板时，她们会被批评对事业不够投入。当她们被捆绑在家务事上时，又会被斥责太懒。有了孩子后，她们会因为过早回到工作岗位而受到指责——返岗不够早同样会被指责。待在家里的全职妈妈会被认为什么都没有做，而事实上她们几乎没有自己的时间。女性会因为抱怨而遭到批评，到哪里都是如此，而假如她们对苦难忍气吞声，她们的坚忍就会被当作一种美德为人称道。

这种让女性沉默的规劝不仅不公平，还可能有致命的危险。大体上，由于疼痛感知和治疗方面的种族和性别偏见，有色人种和女性面临着疼痛治疗的不足，其中就包括母亲。[23]在美国，每年有数百名母亲死于难产，而超过五万名母亲差点因难产而死——随着时间的推移，这种情况还在不断恶化。[24]

我的朋友杰米在孕期怎么都止不住孕吐。她说："妊娠期的大约头三个月里，我的体重掉了五分之一。第一次去看急诊时，医生说我应该治的是进食障碍。"医生无视她的痛苦，就好像她是反应过激或是在撒谎一样。那根本就不是进食障碍，那是妊娠剧吐，而且她因为急性脱水正处在肾脏损伤的边缘。

黑人女性死于与生产相关的并发症的风险是白人女性的四倍，黑人婴儿的死亡风险是白人婴儿的两倍——主要原因是黑人女性面临着过多的歧视。[25]文化评论家米基·肯德尔（Mikki Kendall）认为，这是因为"对那些做母亲被看作一种罪恶而非神圣之事的社区关注太少"。[26]在美国，黑人母亲通常被剥夺了白人女性享有的做母亲被视作神圣之事的待遇。她们的形象仍然与诸如接受福利救济的母亲或不负责任的母亲这些可怕的刻板印象联系在一起，这是对理想母亲障眼法的一种消极的反转。

忽视痛苦和压力阻断了母亲们诚实地说出她们的困难的道路，也阻断了理解她们、探索为她们解决困难的方法的道路。[27] 弗兰茨·卡夫卡（Franz Kafka）曾写道："内心世界只能体验，不可言传。"但这种做法是懒惰的，甚至有潜在的致命危险。理想化的母亲仍然被架在高台上，俯瞰着现实中的母亲所面临的无数艰苦的经历。

虽然抱怨通常不能算作一种美德，但它也可以是一种美德，尤其在当它揭露并认可脆弱的人们的共同经历并帮助他们成长的时候。在难以改变或无法改变的情况下让人们注意到共同的苦难，是我们可以培养的一项技能。[28] 我们应该具备讲出有关我们的真相的能力，彼此倾听，并且不因为他人的经历而指责他们——这样做有助于改变围绕母亲的叙事，并转变社会看待和对待相关叙事的方式。当害怕因为真诚而被惩罚或受到忽视时，人们无法做出真实的选择。

* * *

儿子出生前，我的伴侣会说，有了孩子后，我们的生活不用发生改变。我表示怀疑，并且想知道从什么时候起才算是"有了孩子"。他努力信守对自己的承诺：放弃了他本有资格享有的带薪陪产假，照常加班不误，大多数周末和工作日的晚上都变本加厉地运动，每天晚上一睡睡一宿。

他的理由是他不能哺乳，所以他无能为力。我知道他没有恶意；但我不知道他和我一样，也默认了传统的性别规范，坚持过着一种更熟悉、更安全的生活。"做一个理想父亲让我感到压力很大，"后来他告诉我，"做一个超级供应者，更加努力地工作似乎是最简单的选项，因为我知道该怎么做，也知道这么做对我们的家庭有帮助。"我仍然不确定运动在那个公式里该放在哪儿，但是既然育儿的重担落在女性肩上，性别之间就注定会有不平等，这种不平等会阻碍真实的关系，因为它需要女性牺牲自己而屈从于家庭。

孩子是我们共同的决定，也是共同的责任，我的伴侣却拒绝承认这一点，他增加自己的休闲时光，坚持超越自我，却以牺牲我的休闲时光和自我超越为代价。我正在走向崩溃。我打破沉默，承认我无法成为我想成为也被期望成为的理想母亲。"但我有一整个团队还指望着我呢。"他抗议道。话一说出口，他立马意识到他家里的整个"团队"也在指望着他呢。

诚然，男人是不能哺乳，可他们能做其他和孩子相关的每一件事。我们只有一个孩子是有原因的：我不想再重新体验一遍那种被抛弃和疏离的感觉了。我不想赌上自己的下半辈子，把我的全部存在仅仅压缩为普通的生育功能。因为自己的选择而责怪别人是自欺，但我发现让我自己的选择和做母亲的现实协调一致格外困难。如果那些艰苦的部分会且仅会落在我身上，我就不想要了。我还了解到，没有人会以一种不让我感到我不得不放弃自为存在的方式和我一起努力。一些做母亲的人告诉我，我会很快忘掉这些艰难，并想要更多的孩子。但不管我儿子有多么让我感到快乐，最初阶段的噩梦在我脑海里始终挥之不去。我很庆幸我有节育的自由，可以对未来做出确凿无疑的选择，但是许多女性连这点最基本的权利都没有。

要想使做父母成为一个真实的选择，它就必须是一个自由的选择，摆脱诸如理想母亲、理想父亲这样的障眼法，摆脱对母亲拥有多样化经历的操控。做父母是一种承诺，一旦选择了，就要对孩子负起责任、履行义务。[29]这意味着人们同时必须拥有选择不要孩子的自由。只有当女性享有避孕和堕胎的自由，并且其选择拥有相应的社会和个人支持，女性在做选择时面临的方方面面的限制才会有所减少。

波伏瓦17岁时得知堕胎是非法的，她感到非常恐怖。她写道："一个人的身体会发生什么应该是这个人自己的事。"[30]波伏瓦此后一生的著作更是强化了她关于女性选择的观点。波伏瓦认为堕胎是如此重要，以至于在《第二性》的"母亲"这一章，头十页的篇幅都是在为堕胎辩护。禁止堕胎和避孕并无法阻止女性采取这两种方式。禁令将堕胎和避孕归为阶级和种族犯罪，而有钱人和随时可以旅行的人自然有能力做到。但是它让社会上最脆弱的女性陷入愈加危险和痛苦的境地，她们不得不冒着更大的风险去接受不正规的堕胎手术。《第二性》出版后，送到波伏瓦工作室的咨询堕胎建议和服务的来信如雪片般纷飞，访客也络绎不绝。[31]

1971年，波伏瓦和343名女性一起签署了一份宣言，以曾经历过堕胎之名，为所有女性能够拥有合法且自由的堕胎权和避孕权而请愿。波伏瓦的抗议是个人的，但也是政治的，她的行为标志着团结和义愤。在一次讲话中，她谈及为何签署这份宣言，她说在改变法律之前先改变人们对于女性的态度和苛责是非常重要的。[32]

在全世界范围内，女性对自身身体所拥有的合法权益仍然受到威胁。大约有7亿育龄女性生活在堕胎被禁止或被严格限制的国家。[33] 2018年，一位美国政客针对女性想要堕胎的权利发表了这样一番言论："我理解她们感觉那是她们自己的身体。我的感觉是她们和她们的身体是分开的——我称她们为——宿主。"[34] 他想要规定女性在堕胎前需要征得其男性性伴侣的同意，也就是说，女性的身体是属于胎儿的，女性和胎儿都应该处于男性的控制之中。更露骨的是，他暗示女性的身体就是为了男性的欲望服务的。

避孕清除了女性自由之路上的路障，但仅仅使避孕合法化还不够。在有充分的避孕权利的基础上，女性选择堕胎的权利也必须得到尊重。在20世纪下半叶苏联解体后的俄罗斯，堕胎是合法的并得以广泛实施。然而，政府是支持生育的，寻求堕胎的女性会受到十分可怖的对待。

人类学家米歇尔·里夫金-费舍（Michele Rivkin-Fish）将那些提供堕胎服务的诊所描述为"绞肉机"，在那里，接受堕胎手术的女性没有隐私，也不打麻药。她解释道，原因是一些医生认为女性堕胎就活该遭罪，理应受到惩罚。[35]尽管在一些地方男性会因为不育而被人回避或被人羞辱，但当一个男人拒绝要孩子时，他几乎不会遭受什么痛苦和惩罚。鉴于女性一年只能怀孕一次，而男性一年可以有数百次机会让人受孕，这种区别对待更加令人惊异。

* * *

只要女人还会因为她们是否选择做母亲而受到惩罚，就无法活得真实。通常那些禁止堕胎的社会也会留母亲独自一人孤立无援地抚养孩子，在那样的世界里，一旦孩子离开母亲的子宫，他们的权益就不再受到关注。波伏瓦指出，接受或拒绝做母亲的选择同样使得女性的身体被质疑：她从小到大都被教育相信女性的生育能力是神圣的，但实际上它却成了一个诅咒。在许多司法体系中，如果女性选择堕胎，那她会发现自己是个罪人，会被迫对不完全出于她的选择的怀孕负责，这种道德观是极其荒谬的。[36]

强迫生育不是基于道德，而是一种虐待和自欺。逼迫女性成为母亲，并将她不想要的孩子带到这个世界上来——通常母子都会陷于贫困和悲惨，这是一种虐待。在波伏瓦看来，这种政策的直接原因是男性对女性自由的恐惧。自欺则暗藏在以下伪善的说辞中：声称胎儿是独立自主、不属于母亲的，但紧接着又歌颂母性，颂扬母亲和孩子之间神圣的共生关系——当一个人私下支持堕胎，但又想公开谴责堕胎时是如此；当一个男人为了他自己的欲望而要求女人牺牲她的身体，然后又因为他自己的道德有亏和避孕失败而惩罚她的时候也是如此。节育对真实至关重要，因为它允许女性超越她的自然功能，将做母亲从一种妥协和屈从变成一场动人的冒险。

如果一个人自主选择做父母，真实的亲子关系是可能实现的，波伏瓦这样展望着。这意味着父母不放弃他们自己的超越性——女人不在母亲的角色里失去自我，而是继续为了自己，也为了孩子而存在。当她既能选择孩子，也能选择其他兴趣爱好时，要孩子就可以是一个自由选择的责任，一个真实的约定。波伏瓦认为，母亲无须因为有其他兴趣而担心自己忽视了孩子，她写道，因为"有着最丰富个人生活的女性给予孩子的最多，要求的最少，并通过努力和挣扎追求真正的人类价值，只有这样的女性才最适合养育孩子"。[37]

但是女性仍然无法兼得一切。正如米歇尔·奥巴马（Michelle Obama）所言："'你可以拥有一切。'整个这句话就是不对的，根本不可能同时拥有一切……这就是个谎言。向前一步不一定就够了，那根本就是一句屁话，因为向前一步并不是一直都奏效。"[38] 诸如此类的迹象表明，也许真正改变观念的一步是不要孩子。不过波伏瓦也认为，如果一个女人确实想要孩子，那她也应该有要孩子的自由。

波伏瓦还提醒，将生育的决定和结婚的决定分开非常重要，因为核心家庭是靠榨取女性免费劳动力的父权机制维持的。[39] 波伏瓦精准地认识到带孩子而没有人帮忙是何其艰难，但她没有强调单亲母亲通常依赖其他母亲的劳动，比如她们自己的母亲，或薪水极低的育儿工。就这样，这个恶性循环一直延续了下去。

在出版《向前一步》（*Lean In*）数年后，雪莉·桑德伯格（Sheryl Sandberg）[i] 的丈夫去世了，她成了单亲妈妈，要工作，还要照顾两个孩子。她曾在社交软件脸书（Facebook）上发文承认单亲父母和鳏寡人士想要向前一步是何其不易："从前，我对此还没有多深刻的理解。我那时候并没有真正懂得当你家里有一堆家务事要处理时，想在工作上取得成功有多么艰难。"[40]

我的朋友杰米，如今是一个寡妇，独自带着两个男孩，她有时说她感觉自己的身体快要被绝望吞噬了："丧偶太过恐怖，抚养两个需要对付他们无法言说的伤痛的孩子是一种永恒的心碎。"她说，如果我们母子三人又活过了一天，这就算是成功

---

i 雪莉·桑德伯格，曾任克林顿政府财政部长办公厅主任、谷歌全球在线销售和运营部门副总裁，2008年应邀任 Facebook（现称 Meta）首席运营官，成为第一位加入 Facebook 董事会的女性。

的一天了。事实上，对于大多数几乎无法获得任何帮助的低收入单亲母亲来说，健康和生活从来不是理所当然的，社会抛弃了她们，这简直是一种讽刺。

对我们每个人来说，不管是否有伴侣，是否有孩子，要想真实地选择我们的未来，都需要社会的改变。如果我们改变了西方社会个人化和孤立于家庭的整体倾向，会怎么样呢？波伏瓦设想了一个鼓励母亲和一个更大的群体一起照顾孩子的社会，这将有助于克服社会对母亲和育儿的忽视，而这种忽视会压迫和伤害除特权阶级以外的每一个人。[41]

一个共同抚养孩子的结构能让父母继续追求他们自己的完满人生，不论这种追求是在照料者的角色之内，还是超越了这个角色。产假政策只会固化性别刻板印象，鼓励母亲待在家里，父亲留在岗位上工作。像斯堪的纳维亚国家那样的产假政策对为父母双方提供不同的选择而言是至关重要的。这些政策包括带薪育儿假、灵活的就业法规和政策，以及充分的育儿选择——这些选择不会通过压榨照料者来创造一个新的压迫循环。

* * *

随着我的儿子越来越独立，我想他已经忘了我把他抛到这个世界上来这回事——至少对于一个11岁的孩子而言，这已经是他所能给出的最大限度的原谅了。从波伏瓦那里，我学到如何挑战我自己关于做母亲的假设，这让我在自己的被抛境况中有了立足之地。对许多人而言，做青少年的父母远比做新生儿的父母困难得多，因为有能力照顾好婴儿的成就感远远胜过抑郁、超负荷和睡眠不足。[42]

我倒没有从照顾婴儿这件事中获得满足感，反而是在婴儿期过后，我从与孩子的关系中收获了巨大的欢乐，这让我觉得很难相信青少年时期会更艰难。但是有了从波伏瓦那里学到的知识的武装，我希望我能做好更充分的准备来应对青春期的起始阶段。最起码，我希望自己能够说："直到目前还不错。"我希望我和我儿子能以这样一种方式来探索生活：我们能够继续发展互惠关系，并能一起追寻我们各自的完满。

构建真实亲子关系的可能性有赖于更普遍的觉悟，需要人们承认并了解要孩子需要付出的巨大努力，选择要孩子或不要孩子的人身处的环境，以及关于做父母的经历已有哪些讨论，还缺乏哪些讨论。不论个人还是社会都必须变得足够勇敢，要去坦率地谈论做母亲的真相，以防我们落入自欺的陷阱中，用对自己或对他人说谎来掩盖真相，或是忽略真相却抱有最乐观的希望。

在伴侣们更深度地参与到家庭活动中，母亲们重申她们的姐妹情谊之后，我们就能一起揭开理想父母这一障眼法的神秘面纱，重塑我们共同的理解——不仅是关于做母亲的理解，更是关于做父母的理解。若非如此，我们就不能指望西方社会那种推广、鼓吹做母亲，却不为母亲提供任何有意义的支持的"诱饵"制度有丝毫改观。在女性的日常经历中，并没有足够的社会、经济或健康方面的政策精确地体现出所谓的母职天性的重要性。

理解人们的被抛弃感是有益的，因为这种洞见可以反驳"母亲必须兼顾所有"的观点，对抗按照预设的轨道将母亲分为理想母亲和坏母亲的做法。意识到抚养孩子所面临的挑战能帮助我们了解作为一个母亲的模糊性，可以让母亲能够拥有自己的生活，而不是被生活占有。

这种意识能帮助我们理解做父母是一种不确定的状态，不能被一种固定的角色限制。与其努力成为理想的母亲——这对女性而言是注定的失败，还不如让父母将他们的任务看作一种在自己和孩子之间建立起爱的关系的承诺。正因为没有一种成为理想母亲的正确方式，所以也没有构建良好亲子关系的唯一诀窍。

我们不应该以一种僵化的理想来谈论母亲，而是应该把联系放在首要位置。应该将做母亲这件事看作一个不断变化的动态过程，承认亲子关系必须被不断创造、再创造，不断成长，培育——通常是以一些意想不到的方式。

波伏瓦提出，父母和成熟子女之间的关系的核心是友谊。在《名士风流》中，主人公安娜努力经营着和处于青少年时期的女儿的关系，但只有当她们如朋友般和谐相处时，两人才感到平等。做真实的父母，就是要帮助孩子变得能够自给自足，帮助他们长大并且追求自己的理想。你没必要一定要和孩子成为最好的朋友——再说强迫自己和孩子做朋友而使自己感觉更年轻也是危险的，但是成为真实的父母意味着在承认年龄和经历的不平衡的同时，认可孩子的主体性，并帮助他们成长。

做父母是一场有计划的退场——有朝一日你终将不再是孩子幸福的中心，不过这一天的到来是一件好事。我们可能无法完全消除做父母的经历中天然的模糊性，但我们能帮助彼此在混乱中更加厘清思路。为了每一个人的利益，我们必须承认并帮助彼此理解人类的存在主义被抛境况，超越绝望，看到潜在的可能性。波伏瓦写道："我们应该当心，以防想象力的缺乏让未来变得贫瘠。"[43] 虽然想象力在生命的各个阶段都极其重要，但它在老年期经常被忽略。然而对许多人来说，老年期才是最接近真实的人生阶段。

变老

　　没有什么比年老更值得期待的了：没有什么是
更出人意料的。

——《论老年》

　　随着我们慢慢变老，幸福不仅仅事关活着，同样关乎存在主义式的欣欣向荣。我们必须继续我们的人生追求。每个人都需要一个活着的理由，甚至是——或者说尤其是——年岁较长的人。没有目标，存在只是如行尸走肉般空耗时光。波伏瓦将老年时光展望为一个与成年期不同的新的人生阶段，但是充满着无限可能。[1]

　　对波伏瓦而言，潜藏在变老危机之下的问题是："当我一如既往地维持我自己时，我会变成一个不同的存在吗？"[2]换言之，我正在变成的这个人——这个在我仍然感觉很年轻时却在我眼皮子底下变老的人——是谁？波伏瓦观察了变老这件事从我们身上夺走自主权的诸多方式，包括我们日渐衰弱的身体，以及社会代替我们定义老年的方式。

变老的体验千差万别，但是波伏瓦以对自己的体验的悲观为灵感，写成了大量关于变老的作品。她在回忆录《第二性》里探讨了有关变老的问题，还写了一本长达六百页的名为《论老年》(*Old Age*) 的书。她在60岁出头时创作了《论老年》这部作品，以帮助她克服对变老的担忧，也为那些在她看来被迫保持缄默、被忽视、被曲解的老人发声。她最关心的是许许多多关于变老的陈词滥调和谎言，以及变老通常如何被视作一个羞耻的禁忌话题。波伏瓦毕生的追求之一就是撕破各种障眼法的面纱，《论老年》正是她揭开变老真相的部分尝试。[3]

在《论老年》里，波伏瓦有些残酷地将老年描述为这样一个生命阶段：人变得老朽干瘪、日渐衰弱、枯萎皱缩、残缺不全，时时充满着紧张、焦虑和失去记忆的痛苦。在她看来，变老会让人失去力量，榨干人的激情和热情，取而代之的是一种疲惫、枯燥、迟钝、懒散、悲伤、空虚、寂寞、沮丧的混合体。这些因素不论在其他哪一个年龄段都是不同寻常的——至少所有的因素都是持续存在的，但是随着变老，它们会变得完全正常，让老年成为波伏瓦所说的一种令人不安的"常态化的不正常"。[4]

50多岁时，波伏瓦感到自己"得了一种时间的天花，而且无法治愈"，看到未来除了绝望一无所有。[5]她对等死感到如此恐惧，以至于她经常想结束自己的生命。并非每个人都有这样的想法，但许多人都试图避免变老。但除非我们早逝——自杀、意外或疾病，变老是人类共同的宿命。

波伏瓦列出一系列变老无法避免的因素，试图理解什么在她的掌控中、什么是她无法掌控的。其中之一就是变老是某种"不可实现"的事。波伏瓦引用萨特的话，将"不可实现"定义为"限制了我的所有选择的存在"。[6]变老会限制我们的选择，因为年龄歧视为老人关闭了诸多可能，比如工作机会。变老迫使我们活在一种我们无法完理解的现实中。在我们的内心感受和我们无法捉摸的他人对我们的凝视之间总是存在着巨大的断层。

波伏瓦说："一个法国女人，一个作家，一个60岁的人，这就是我的生存现状。但是在周遭世界中，这种状况是作为一种客观形式而存在的，并且背离了我。"[7]我们的变老是一种外在于我们的状况；我们为了他人而变老。一种常见的老生常谈的论调是你自己感觉自己有多大年龄，你就多大年龄，但是这过于轻描淡写了。其他人也定义着我们。

有时人们如此适应生活，以至于他们没有注意到他们的年龄。波伏瓦指出，露·安德烈亚斯－莎乐美（Lou Andreas-Salomé）——俄罗斯哲学家、精神分析学家、尼采的故人，直到60岁得了一场大病头发掉光才注意到自己老了。如果不是脱发这样的一些显著事件，我们可能仍旧感觉自己还年轻着呢。[8]

但如果我们没有准备好变老，变老的过程就会让我们完全陷入认同危机。死亡可能在任何年龄困扰我们，因为它是一个长久不变的可能，但是对于大多数人而言，作为一种到目前为止都还在未来的很遥远的可能，变老的出现会显得有些不真实。我们的头发不是一夜之间变少、变白的，起初只是一缕神秘的银丝若隐若现，狡黠地躲躲藏藏，然后多了一缕，又多了一缕。当波伏瓦意识到自己已经40岁这个事实时，她已经50岁了。到了50岁，人们就开始叫她"老太太"了。当人们告诉波伏瓦她令他们想起自己的母亲时，她感到很不以为然。[9]

随着变老，我们被他者化的情况呈指数级增长。一整套新的社会预期像不受欢迎的不速之客（还是那种永远赖着不走的）一样造访。有时老人受到的他者化极其严重，以至于他们实际上被丑化成了一个完全不同的物种。波伏瓦认为，虽然老人被许诺以尊严，但变老的事实看起来更像是压迫：他们的人格被贬损，他们的主体性被剥夺。

波伏瓦给我们提供了一种有关年龄歧视的解释。她用"存在"（exis）和"实践"（praxis）这两个术语来分析这种歧视。成年人几乎都是实践性的，也就是说，在创造，在超越，在有意地朝着特定的目标迈进。老人被视作"存在的"，也就是说，他们大多为固有存在所困，没有力量，没有计划，被牵引着走向死亡。

虽然儿童也被看作"存在的"——存在，而非创造，但他们被和老人区别对待着。波伏瓦说，人们认为孩子拥有未来的潜能，而"老人只不过是一具被判了缓刑的尸体"。[10]老人受着被默认的非人的待遇，即被视为"存在的"，通常他们看待自己也是"存在的"，从骨子里散发着懒散。老人完全有能力实践，尽管和年轻人的方式不同，但老人的能力总是被忽视。

在一些将人贬低为收益率的社会中，比如许多资本主义社会，老龄让人不再是人。越被认为生产力低下的人，对社会来说越是一种负担。人越老，就越会被流放，越会被贬损为"白吃饭的嘴巴"（这也是波伏瓦的剧作的名字）。

知识和智慧曾经是老人的有利筹码，但是如今，技术的飞速进步意味着他们的知识基本过时了，这使得变老越来越成为一种劣势。这在政治辞令中仍然很常见。对快速收益、股票价格和快赢[i]的关注取代了长期、稳定且负责的操作，主导着对老人的关怀。许多人认为老人对社会不再有贡献了，但事实上，老人通常深度参与育儿、志愿者活动和其他工作。[11]

波伏瓦认为，老人被如此忽视是一件奇怪的事。毕竟那些建立对待老人的结构的人是在为将来他们自己受到何种待遇而奠定基础。但是在现代资本主义社会，那些有权有钱的人根本不害怕这样的命运。[12]他们知道他们有资源可以避免变老带来的不愉快，所以他们在股票市场的祭坛上拿最弱势的群体献祭。年轻人有时也会陷入一种相同的自欺的陷阱：他们嘲讽、

---

i 指在最短的时间内启动市场，获取成效和利润。

贬低老人,这种他者化的行为忽略了我们都处在同一生命序列中——我们要么有朝一日总会变老,要么会未老先死。不论向这两种选项中的哪一种低头都很恐怖。

* * *

老人面临的诸如就业歧视的壁垒,是波伏瓦所说的"实践-惰性"(practico-inert)的一部分,这是老人无法逃避的第二个因素。[13]实践-惰性是萨特的术语,波伏瓦用它来描述那些人类的选择被僵化成为现实条件的状况。实践-惰性是过去人类活动的产物,并且塑造了我们如今可以践行自由的方式。实践-惰性是"实践"(实践活动)在我们的生命中产生了惰性。

实践-惰性有内部和外部之分。外部的实践-惰性是我们生活中的法律、政治、文化、环境和社会体系。这些体系是人类成长必不可缺的,也为许多人拓宽了自由,但它们对不同人而言也是有差别的,因此也阻碍了许多人的幸福。

气候变化就是一个外部实践-惰性的例子。温室效应是人类选择燃烧化石燃料的结果,如今这一结果正在融化冰盖,令地球的平均温度不断升高,导致了许多极端天气,如狂风、酷热、野火等。气候变化在许多人的生活里创造了惰性,因为它阻碍了我们的行动,阻滞了我们的计划,影响了我们对能量、食物和水的摄取。

内部的实践－惰性是我们过去所有选择的总和，比如能力、知识、关系、责任、品位、兴趣和活动。这些特征，或者说现实条件，定义着一个人的处境，为人们提供了投身于世界的基础。实践－惰性展现了这样一种存在主义理念，即一个人是其行为的总和，是其过去的累积，是其已铸就的形象，是其在他人面前的展现方式。

如果把我们的生命比作一首诗，那么承载它的纸张和书页下的桌子就是我们生命中的政治、法律和其他体系。我们的活动就好比用墨在纸上写下文字。当纸上的墨迹干了，印在纸上的文字就成了我们的生命不断发展的基础。如果我们被惰性侵袭，如果我们停止书写（构想我们的本质），我们的生命之诗便也终止了。

实践－惰性对老人而言尤为重要，因为年岁越大，过去就越多，未来则越少，在他人看来就更固定成型，潜力也愈加有限。所有这一切都阻滞着老人的发展，让他们的成长戛然而止。老人被打上不愿改变、不能改变的耻辱烙印，正如那句耳熟能详的谚语"老狗学不会新把戏"。实践－惰性就是我们的存在中固化在我们身后的东西，就像纸上干了的墨迹。

波伏瓦认为，这一现象是老人更加倾向于保守主义的原因之一：没有多少时日可活意味着他们对新的不确定的环境没那么感兴趣。[14]旧习惯成为实践－惰性的一个内在维度。日常习惯让人安心，给人以安全感，固定的生活模式给人一种自知的感觉。习惯可以保护人们免于对未来的担忧，因为它许诺明天还和今天一样。这样的重复能在死神愈加临近的日子里给人以安慰。

习惯也像条件反射：它们能帮助人们唤起记忆，这样他们就不用努力思索或开口问别人他们该怎么做了。日常习惯能给人们一种对他们自己生命的掌控感，将他们从一潭死水中拽出来；能呈现出一种诗意，让过去重焕新生。想想日本的茶道，它已经成了一种有仪式感的艺术形式，或者禅宗花园里的耙砂，也是一种不错的冥想过程。日常习惯能带来类似的平和安宁之感。

然而，崇尚习惯也有危险。对习惯的执着可能会滋生小气又僵化的行为，这些行为会欺压他人，让他们觉得必须服从老人的心愿。过度依赖于习惯还会把一个人变成一具尚有余温的行尸走肉，只是做出穿过生活的动作，但没有活出任何意义。

波伏瓦这样描述老人面临的存在主义挑战："要想前进，他必须不断地把自己和一个把他抓得越来越紧的过去撕扯开来——他的进步是缓慢的。"[15] 但这并不是说进步是不可能的。茱莉亚·查尔德（Julia Child）50岁时写了第一本食谱。《草原上的小木屋》（*Little House on the Prairie*）的作者劳拉·英格尔斯·怀尔德（Laura Ingalls Wilder）65岁出版了第一本书。"摩西奶奶"安娜·玛丽·罗伯逊（Anna Mary Robertson "Grandma" Moses）78岁开始画画，在生命的最后二十几年成了著名画家。艺术家露琪塔·乌尔塔多（Luchita Hurtado）98岁时办了她的首场个人展览，并于2019年出现在《时代》杂志最有影响力的百名人物榜单之中。实践-惰性不会完全决定一个人的未来，习惯可以改变，全球变暖可以被减缓，但这些都是无比艰巨且富有挑战性的任务。

波伏瓦指出，变老的第三个不可逃避的因素是，年岁会改变我们和时间的关系。当我们年轻时，一切都是新奇、刺激、新颖的。我们忙不迭地活在当下，匆匆赶赴我们眼前无限铺展开的未来。随着我们慢慢变老，能让我们大吃一惊并且长存于心的新鲜事、大事和新发现也越来越少。[16]

指责波伏瓦年龄歧视并不会太过分。她30岁时就对自己发誓，到40岁时就和性生活绝缘。她认为年纪大的女性调情、展示自己、过性生活是不妥的。在一次畏畏缩缩的年龄歧视阐释中，波伏瓦写道："我极其厌恶我称之为'脾气暴躁的老泼妇'那样的人，我发誓我要是到了那个地步，就会自觉地把自己束之高阁。"[17]

不过等她到了39岁时，克劳德·朗兹曼（Claude Lanzmann）打破了她"束之高阁"的计划。朗兹曼是波伏瓦和萨特的杂志《现代》（Les temps modernes）的一个编辑。他比她小17岁，却打电话约她去看电影。波伏瓦同意了，挂掉电话，她热泪盈眶。

她的身体是拒绝的。但她的想象力同意了。最终她的想象力赢了。当她和朗兹曼开始一段关系时，她很快发现自己的身体并不像她预想的那般枯萎，她写道："我又着迷地跃入了幸福。"[18]

然而随着年龄的增长，变老的过程比死亡更令波伏瓦感到恐惧。在55岁时出版的回忆录《事物的力量》（*Force of Circumstance*）中，波伏瓦说她发现是她自己打断了自己的计划。她发现自己和世界的关联变弱了。她仍然旅行、讲课、做计划，但她不再那么渴望，不再那么野心勃勃地想要无限地拓展自己了。她写道："一直催我奋发向前的那股冲劲断了……这可见的未来是一条死胡同。我感到自己的有限性了。"[19]

假如波伏瓦能和所爱的人们再拥有几百年身体健康、精力充沛的人生——在不久的将来，人类普遍的健康状况完全有可能达到这种预期，她觉得她虽然害怕变老，但仍可能会乐于探索新的天地，投入新的尝试。波伏瓦认为变老最令人悲伤的就是对友人们的记忆不再清晰，这些友人包括阿尔贝·加缪、阿尔贝托·贾科梅蒂（Alberto Giacometti）、莫里斯·梅洛–庞蒂等。她所能回忆起的全部仅仅是他们的"仿品"，她知道这些仿品和她与他们实际在一起度过的美好时光没有半点儿关系。[20]波伏瓦猜测，这大概就是老人总是爱讲自己从前的故事的原因之一：他们在让自己的传奇永葆生机，试图让自己固化成曾经的自己，永远尘封在过去拥有过的关系里。

* * *

　　我倒是不觉得自己老了，但是过了40岁，每当我的身体有哪怕一丁点儿极其细微的变化，我都感到很震惊。有一次，我见到一个大学毕业后就再也没见过的男性友人，他对我说："你看起来还是那样，但有鱼尾纹了！"我本来想对他说"滚"，不过还是没说，我回答道："哈！你也是！"

　　最近我问验光师我的眼睛出了什么问题。"你多大了？"他问，接着坏笑说，"视力是最先减退的。"我倒吸了一口气。他的话刺痛了我，就像钉在我棺材上的第一颗钉子。一位友人曾经送我一本书作为礼物，书名叫作《更年期宣言》（*The Menopause Manifesto*）——又一颗钉子。一场宿醉——又一颗钉子；做完瑜伽因为拉伸过度而屁股疼——又一颗钉子；比上次体检胖了十磅——又一颗钉子……这些并不只是和年龄有关，但每一个变化都让我觉得受到了岁月的打击。

　　在《论老年》里，波伏瓦指出，一些社会很敬重老人，特别是男性老人。这些社会认为老人更接近神，到达了人生的巅峰，或者至少他们会将老人的知识和经验积累视作珍宝。在儒家思想里，年老和智慧是同义词。在中国古代哲学家老子看来，年老是一种美德，活过60岁的男子几乎被尊为神圣。罗马政治家和历史学家老加图（Cato the Elder）活到了85岁，他认为人的岁数越大越智慧，也会变得越真实。亚里士多德认为，年老会带来实践智慧（phrenosis），即一种能指引我们以道德正确的方式去做事的谨慎的智慧。[21]

但是对老人的尊崇并不一定总是惯例——尤其是当这个老人是女性时。公元前2500年，埃及哲学家、诗人普塔霍特普（Ptahhotep）就抱怨年老既可悲又邪恶。[22]阿芙洛狄特（Aphrodite）告诉荷马众神厌恶变老。贺拉斯（Horace）[i]将变老看作一剂苦药；他向幸福道别，同时对寒冬发出问候。据说连达到心神安宁的伊壁鸠鲁（Epicurus）[ii]，也为年老而伤悲。[23]一些古代社会会驱逐老人；一些老人则按照惯例自杀，还有一些自愿被活埋。罗马帝国溺死了很多老人。波伏瓦认为，在许多社会中，生命让变老的躯体承受着不体面且残酷的折磨。[24]

现代社会仍然恐惧年老和萎缩，并以之为耻。老人会在职场受到歧视，被迫退休，会因健忘和多余被嘲笑，会被认为没有能力学习新事物、掌握新技术，无怪乎人们不择手段地想要避免衰老。2019年，全球养生市场估值近1100亿美元，而且这个数字还在飞速增长。[25]一些公司在编辑基因，希望能逆转变老的趋势；另一些公司则将目光投向数字王国，追求"虚拟永恒"（virternity）。一些哲学家，如大卫·查尔莫斯（David Chalmers），认为有朝一日我们可以将自己的意识上传到一个

---

i　贺拉斯（公元前65—前8），古罗马诗人、批评家，著有诗体长信《诗艺》。
ii　伊壁鸠鲁（公元前341—前270），古希腊哲学家、无神论者，伊壁鸠鲁学派创始人。

虚拟的云系统里，摆脱这副沉重的肉身。

人类的寿命确实更长了，或许有一天技术会让我们超越年龄和死亡的现实条件限制。但在写作这本书时，变老仍然是我们共同的宿命。永葆青春的灵丹妙药还没有被发现，我也不指望了。我们依然会在生命的机器里被搅动，这就是波伏瓦所说的"榨人机"。[26]

许多人在还没有开始变老之前就试图规避这一生命进程。波伏瓦50多岁时曾说："我每个月去两次美发店，洗发，做发型，染发。我开始长白头发了，你看，正是头发花白的时候，看起来邋里邋遢的。发髻也是假的，因为我自己的头发很少很少了。"[27]虽然我不认同头发花白看起来"邋里邋遢"，但确实有很多人染发、做美甲、美容，以及用镊子拔唇毛。这些几乎没什么坏处。然而，一些效果更显著的操作，比如给脸注射肉毒杆菌毒素（Botox），则需要更加慎重考虑。整形手术市场中，包括A型肉毒杆菌毒素注射、填充、拉皮、抽脂、腹部除皱在内的整形手段蓬勃发展，价值高达数十亿。女性在这方面的花销约是男性的7倍。[28]

* * *

女性主义的信条是，女性应该欣然接受我们身体本来的样子，或者至少应该彼此尊重、互相帮助，以使我们每个人都能做出自己的选择。据此民众智慧，一个开放的女性不应受制于他人的凝视，也无须为自己的性魅力而担忧。乳房大了，小了；妆浓了，淡了；衣着打扮别人看得惯了，看不惯了……她统统无须在意。波伏瓦意识到我们都受制于他人的眼光，而且年龄越大这种情况越严重。

"你动过哪儿吗？"比如整形。"不。我是纯天然的。"许多人不愿意承认他们整过形。一些人对年龄感到羞耻，或担心自己正在背叛女性主义，他们因自己本来不年轻却想要显得年轻而感到羞愧。还有一些人不愿意向自己或他人承认时间在他们身上留下了痕迹。他们不愿意被说老，不想被当成他者，于是他们尽自己所能努力掩盖实际年龄。变老通常会引起内心的焦虑：一种羞愧和因变老而产生的自我厌恶之间的恶性循环。人们担心他们已经到达顶峰，未来都是下坡路。每一道皱纹都暗示着生命的流逝、光阴的流逝、时代的流逝，暗示着这些改变一旦发生，我们的乐观心态就会枯萎。[29]

波伏瓦也很厌恶变老。在50岁出头那几年，她会对着镜子，看着"眉毛向眼睛松垂，眼睛下面有眼袋，颧骨过高，嘴角掠过因一丝皱纹带来的不悦"。[30]波伏瓦想把镜子砸了，像宫廷摄影师的模特、19世纪意大利贵族卡斯蒂利欧伯爵夫人（Countess of Castiglione）那样。伯爵夫人把家里的镜子都砸碎，这样她就看不到自己老去。看着镜中的自己，波伏瓦会隐隐约约想起她曾经的样子——这个记忆越来越模糊。于是她强烈谴责衰老，不仅仅是容貌的衰老，更是心的衰老，还有她与死亡抗争、享受生命的意志的衰老。

2016年，当时我所就职的纽约女子学校巴纳德学院院长黛博拉·丝芭（Debora Spar）在《纽约时报》上发表了一篇评论文章，承认自己一方面想要成为一名优秀的女性主义者，为年轻女性树立榜样；另一方面又通过整形手术避免衰老。[31] 丝芭精确地指出，问题在于老年女性陷入了一种集体行动困境：如果谁都不做这件事，那么每一个人都会更好。

改变一个人的身体条件本无可厚非，这是一个超越现有存在，迈向不同未来的例子。但是整容手术的问题在于，年龄歧视、性别歧视和阶级歧视污染着整容实践。当一些人让自己的身体变年轻，就会伤害到每一个没有这样做的人，因为年龄歧视和对身体的失控压制着变老的身体。

我试过几次注射肉毒杆菌毒素，但最后放弃了。我认不出自己的脸，那感觉就像是对我自己和他人的一种背叛。而且那东西还出奇的贵。年岁越大，我就越情不自禁地想要做更多的尝试，尤其是当我看到那么多同龄人看起来越来越年轻。然而，我发现和脸部僵硬的人说话很不舒服，它们就像"复制娇妻"（The Stepford Wives）[i] 的脸一样，缺乏亲密和真实的对话中

---

i 美国小说家艾拉·莱文（Ira Levin）于1972年写作的惊悚科幻小说，小说中的丈夫们串通好将自己的妻子变成了半人半机器的复制品，因此妻子们都变成了千篇一律的样貌美丽、性格讨喜、整日埋首家务并醉心于取悦丈夫的"娇妻"。

所拥有的微表情和细微变化。看到面无表情的脸的感觉很奇怪，这种脸就像在否定存在。我感到一种互动的缺失。[32]

隐瞒整容的事实比整容本身问题还要严重。这个谎言把虚假的身体标准套在了其他所有人身上。这就好比为那些有着特权的人的特殊利益隐瞒信息的内部交易。这种隐瞒行为对那些没有钱整容的人是有害的。许多人确实说谎了，既是源于疏忽，也是不作为。

其他各方面都堪称完美的电影《律政俏佳人》（*Legally Blonde*）的一个滑稽之处就是，当身为法学生的主人公艾尔·伍兹在法庭上为健身教练布鲁克·温德海姆辩护时，她宁愿为一桩她没有做的谋杀案进监狱，也不愿承认她做过吸脂手术。做过整形手术并对此坦诚的人会感到耻辱并且会被指指点点，这是事实——就像丝芭遭遇的那样。[33]

丝芭的评论文章出来后，校园里议论纷纷。一些学生感到很失望。如果一个像丝芭一样有地位有权力的女人都迫于社会压力，告诉我们变老是不受欢迎的——如果就连她都没有信心表明对抗来自服从的压力的立场，那么是不是完全没希望了？还有人则认为她的坦诚别具一格。

哲学家玛莎·努斯鲍姆（Martha Nussbaum）就没有这样的顾虑。努斯鲍姆在她的《睿智地老去》（*Aging Thoughtfully*）一书中写道："用一句轻描淡写的'不自然'就一棒打死所有的整容是愚蠢的。"努斯鲍姆拒绝在一个将老龄视为丑陋的社会里屈从于自我厌恶，她说："无论如何我都会整容的。"努斯鲍姆认为，肉毒杆菌瘦脸针、填充、光子嫩肤这些完全没问题，因为它们都是为了让你看上去状态更好，而不是更年轻的，而且它们"又花不了多少钱"。[34] 但是对许多人来说，一个月几百美元可算不上"花不了多少钱"。值得注意的是，努斯鲍姆认为，看起来状态更好意味着更少的皱纹——这确实恰好等同于看起来更年轻。

努斯鲍姆对波伏瓦的《论老年》整篇都表示不齿，认为它是欺骗性的、令人难以忍受的。努斯鲍姆认为波伏瓦固化了社会污名化、不公和宿命论，因为波伏瓦认为变老是必然的，人在变老面前无能为力。努斯鲍姆写道，她运动，她充满活力，她没有感觉到变老有什么负面影响，也不觉得自己正在经历一个变形的过程。努斯鲍姆有办法延缓年龄增长带来的影响，这非常不错，但她的分析忽略了她的特权。虽然波伏瓦强调变老的负面影响，但她仍旧努力挑战年龄歧视的刻板印象，也热切鼓励人们保持活力、积极参与。

波伏瓦的观点看起来对丝芭和努斯鲍姆充满同情，因为波伏瓦写道："不管我们愿意与否，最终我们都会屈服于旁观者的眼光。"[35] 我们每个人都生存在特定的环境中，有着特定的压力，波伏瓦很认同这一点。我不知道未来的自己会是什么样子，也不知道"她"会面临什么样的挑战。但我想，她会继续听到波伏瓦在她耳畔用带着法语口音的低沉沙哑的声音对她说，虽然她是自由的，但也有责任去考虑她的选择会对他人产生什么样的影响。

当对抗衰老的手术成为一种伪装术，它就是不真实的，那是我们戴上的一副面具，是我们从自己的山洞里投射给别人的一个忽隐忽现的影子[i]。我们创造出一些幻象，但要想追上这些幻象却越来越难，越来越贵。这些手术通常只会让我们正在进行中的衰老更加突出，我们会被诱使利用它们作为自我拯救的捷径，而忽视挑战年龄歧视这一真正的任务。

在谈论变老的话题时，我们必须问这样一个问题：我们在谈论的是谁的衰老？只有那些有足够的特权能够掩饰衰老的人才有资格考虑这个问题——那些有钱又有闲的人。阶级对衰老有着巨大的影响，并非每一个人都能每年花大几千美元在抗衰老的治疗上。波伏瓦写道，年老和贫穷通常是同义反复。对于处在更加保守和性别歧视更加严重的社会中的女性，或者不论身处何处的贫穷和边缘化的人来说，变老是一件更凄凉的事。对于老年女性而言，她们的年老色衰令她们几乎隐形；她们不被看作智慧的，而是干瘪的；不是充满好奇心的，而是古怪的。但是人们积累的声望、权力和财富越多，他们为衰老付出的代价就越少，也就越容易安然地步入并度过晚年。

---

i　此处化用柏拉图的"洞穴隐喻"，原寓言中山洞里的囚徒所看见的墙上的影子来自外部世界的投射，此处反其意而用之。

＊　＊　＊

只有当我们都优雅地接受变老是正常的——既不是丑陋的，也不是耻辱的时候，老人的环境才会有所改变。波伏瓦写道："为了解决'认同危机'，我们必须坦诚地接受一个全新的自己。"[36]经过这些年，我开始相信这是无比艰巨但也绝对必要的。生命会在年老时变得不同，这没什么。真的，没什么。

我们不应该拒绝能为我们延长健康寿命或治病的药物，应该做的是改变那种仍然视年老为不正常和衰弱的态度。我们不应该只是让自己忙忙碌碌而不去想那些无可避免的事——不过保持忙碌还是很重要的。我们必须拥抱我们变老的身体这个现实条件，承认变老是实现自我追求路上的又一个阶段，这个阶段为我们展现了新的环境，但并不能决定我们该如何作为。

在波伏瓦40多岁出版的《第二性》中，她指出绝经期在女性的生命中制造了一个残酷的断裂。这种生理的混乱非常凶险，其心理体验更是令人精疲力尽。绝经期骤然标记了新的人生，但是很容易让人在走进新的生命阶段的兴奋之感和哀叹时光流逝的绝望之情之间徘徊不前。

波伏瓦写道，绝经期剥夺了女性的生育能力，一并被夺走的还有她们的女性特质和性吸引力。虽然这种论调听上去像一种年龄歧视，但波伏瓦说的确实是人们对女性的一般看法。事实是我们生活在一个年龄歧视的社会，并且这个社会仍然将女性看作性的存在。只要我们一天不战胜年龄歧视和性别歧视叠加的不公，绝经期就会继续把女性束缚在存在的锁链之中。而且在绝经期这个阶段，用波伏瓦的话说，"生命已然逝去，但死亡尚未来临，焦虑会继续紧紧扼住她的喉咙"。[37]

如果我们有意发掘，其实年老的好处有很多——智慧、经验、更深刻的自我认知……不胜枚举。有人认为年老是一种放松。只要女性度过变老带来的激素紊乱期，就能从月经的麻烦中解脱出来。[38]（波伏瓦写下这段话时，不太可能已经亲身经历过绝经的各种症状。）不再深入社会可能是一种优势。一些距离可以使你更容易找到远离社会责任和社会期待的理由。一个年岁较长的人不用为取悦他人而过分担忧。[39]

古希腊诗人萨福（Sappho）哀叹年龄让她皮肤萎缩、头发花白，摧毁了她的心脏和双膝。然而，她还是认为成熟为她带来了年轻人体会不到的礼物——不仅仅是智慧，还有对生活更加细致入微的观察。她写道："爱神给了我在阳光下看不到的美——年轻人总是缺乏的对生活的激情和耐心。"[40]

老年时期还开启了走向更深刻的真实性的可能。老年时期让人们能够和自己拥有更好的关系。年老的人可以选择更加热衷于自己的需求，而不用那么照顾其他人的心情。变老的存在主义秘诀就是不断追求新鲜事物，继续投入到这个世界中去，并坚持不懈地追求个人的满足感。如果你选择做一具行尸走肉，那留在地球上也没什么用。但我们不能仅仅通过态度来改变衰老的体验，我们必须改变这个让老人很难认真参与其中的世界。

"变老是一件礼物，"我母亲曾经对我说，"看看那些英年早逝的悲剧就知道了。重要的是你如何度过老年时光，以及如何应对那些你无法掌控的事情。"实践－惰性可能很难改变，年龄歧视的凝视穷追不舍，与此同时，时间正把我们所有人都推向坟墓。老年时期保持积极性和创造力变得尤为重要，但这需要极大的努力。用波伏瓦的话来说："要想让老年不成为我们过去生命的可笑模仿，只有一个解决方案，那就是在生命的尽头一如既往地追寻，赋予我们的存在以意义——或专注于个人，或投身于集体或某项事业，不论是与社会或政治相关，还是从事脑力劳动或创造性工作。"[41]

让人们投身社会的最好方式是开辟一条通往更美好世界的新道路，这对每个人都有好处。强制退休可以让人们从仓鼠转滚轮般的苦役中解脱出来，但对于那些能够从工作中获得成就感的人来说，这可能是毁灭性的打击，且社会通常缺乏针对退休人群的必要支持。波伏瓦精准地指出强制退休在道德层面是残忍的，因为它无异于把老人扔进垃圾堆。

拥有参与活动的选择对老人而言是非常重要的，不论是选择继续工作、投身爱好、醉心艺术，还是参与社团或志愿活动……这些尝试能给老人空间，让他们成为社区的一分子，能缓解他们的孤独、悲伤以及由疾病带来的痛苦。玛莎·努斯鲍姆认为，注重为老人营造公平环境的社会应该取消强制退休年龄，以使那些想要继续工作的人能继续工作。此外，我们还应该建设更好的基础设施，比如良好的医疗卫生系统和退休人员援助体系，以及充分发展的公共交通。公共交通可以让那些不能再安全驾驶的人仍然自由出行，去参与那些对他们来说很重要的活动。[42]

一个人变老之后，便很难再找到新的目标，保持投入，始终充满生机地活着需要决心和努力。虽然波伏瓦并没有对变老感到异常兴奋，但她（基本上）接受了它。她在晚年写了很多书，发表了很多文章，但到70岁时她仍旧是这样描述一本新书的写作的："留给我的时间不够了。"[43]尽管如此，她还是承担了比以往更积极的行动派角色，致力于面向新的受众塑造自己的观点，比如她把《被摧毁的女人》改编成了电影，还接受了"女性主义者"这个她大半辈子都轻视的标签。

波伏瓦建议我们采取这样一种态度："我没有多少时日可活了。我必须把我最后该说的都说出来，而且要尽快说出来。"[44]依我看，我们不要等到老年时才提醒自己这一点。老年时的智慧比其他任何生命阶段更能让人们接近真实。在老年期，人们不会像年轻时那么容易受到幻想的影响。因为我们在老年期更接近死亡，更接近我们存在的尽头，所以老年时光有机会把我们带到更接近人生完满的时刻。"采取这种态度比说谎更难，"波伏瓦写道，"但是，一旦我们采取了这种态度，它只会带给我们快乐。这种扫清执念和幻想的状态是最真实的，是岁月给我们的所有馈赠中最珍贵的。"[45] 尽管如此，忍受皱纹和忍受死亡还是有区别的。虚无、漆黑的空洞，还有不可预知的未来，想到这些，真是既诱人，又令人害怕。

死亡

除了喝酒、大笑、互相逗乐，他们还能干什么？
只要他们还活着，他们就得继续生活。

——《名士风流》

波伏瓦从小是一个虔诚的天主教徒，这让年少的她对生死抱有乐观的态度。信仰上帝的时光是幸福的。那时候，她会躺在地板上，交叉双臂，梦想着有着雪白天使的天堂。在那里，她扇动着闪闪发光的翅膀，在璀璨夺目的阳光和花海间飞翔。

15岁时，波伏瓦读了《美人鱼》的故事。美人鱼为爱弃绝了自己不朽的灵魂，变成了海上的泡沫，静静冲刷着荒凉的海滩。这个故事打破了波伏瓦心醉神迷的幻想。想到一切都化为乌有，她剧烈地战栗，恐惧的泪水不禁夺眶而出。她意识到上帝已经与自己无关，他对她来说已经死了，她自己也会死去。她彻底崩溃了，她绝望地大声尖叫，在红色的地毯上痛苦地扭动着。"别人是怎么挺过来的？我又该怎么办？"她思索着。[1]

　　这种幻灭感纠缠着波伏瓦的一生。在她二三十岁时，死亡看起来非常骇人。后来，她希望死亡到来时可以没有痛苦。她希望那些把她拴在这个世界上的绳子可以随着时光的流逝慢慢被腐蚀，这样她就可以不无冷漠地面对自己的消亡了。有时候她甚至想到要自杀，因为等死让她充满恐惧。而有时候她因为滑向坟墓的时间过得太快而感到深深的绝望。[2] 在一部关于她的纪录片中，60多岁的她谈到对死亡狂野的幻想："也许因为当你还年轻时……你多多少少相信自己是不会死的，所以死灭的想法和你在自己的意识里感受到的每一件事都是相悖的，和你生命中的每一件事、你相信的每一件事都是相悖的。"[3]

　　虽然波伏瓦没有完全接受自己会死的事实，她还是提出了一些真实地走向死亡的方式。我们可能被逃避死亡吸引，可能会否认死亡的现实性，但面对死亡的真实态度召唤着我们勇敢地面对死亡，执着地坚持活下去这一选择，并乐观地选择和追求个人的完满。

＊ ＊ ＊

　　波伏瓦反对海德格尔所谓真正的解决办法是向死而生（being-toward-death）的说法。向死而生指的是认识到我们只有直面死亡的必然性，才能活得真实。诚然，死亡的时间限制赋予我们的生命以结构、形状和紧迫性，但波伏瓦的观点是，

"每一个走向死亡的动作都是生"。[4] 我们的生命不是为了死亡而存在。我们是为了生。对波伏瓦而言，真正的解决方法是"向生而生"（being-for-life）。

向生而生既没有否认死亡的必然性，也没有否认死亡的吸引力。人们确实试图否认死亡的必然性：痴迷于一些抗衰老手术；拒绝起草遗嘱或预立遗嘱——因为这会让活着的人痛心；染上不健康的习惯，或做出不计后果的选择，试图证明他们可以超越死亡。但真实的态度应该是尊重死亡是生命的归宿，并且即便如此，仍然坚定我们的存在。

死亡不仅仅是一种自然的事实和对人类处境的限制，它更是一份邀请，一扇随时敞开的门——让我们热爱自己以及他人生命的有限性。波伏瓦这样描述生存和死亡之间的矛盾："生无法否认居于其核心地位的死，但在绝对的有限性里，它必须坚信自己是一种绝对存在。人或者在转瞬即逝的生命里实现自我，或者无所作为。作为有限的存在，人必须意识到自己的使命，并义无反顾地完成它。"[5]

波伏瓦得出一个我认为无比正确的结论，那就是不朽可能在一段时间内很有趣，但很快就会变得乏味无比。而比这更重要的是，死亡是我们创造生命意义的条件，因为它赋予我们的行动以重量。在波伏瓦的小说《人都是要死的》（*All Men Are Mortal*）中，主人公雷蒙·福斯卡喝了一种能让他长生不老的药水。福斯卡渴望拥有无限的生命，因为他害怕他自主选择的人道主义目标——把世界变成一个团结友爱的社会，让人们过上更美好的生活——会随着他的死亡而消亡。他怀着一种圣人情结，相信自己就是那个可以实现这个目标的人。但他一次又一次地失败了。福斯卡开始意识到，不朽并没有让他变得无所不能，世界和平也和他自己一样，是一个永恒的幻象。

困于生死之间，陷入冷漠和怠惰，福斯卡的存在成了一个可怕的诅咒。他就像一具行尸走肉。他哀叹道："我活着，但我并没有在生活。我永远不会死，可我也没有未来。我什么都不是。我没有过去，面目全非。"[6]凡人忙忙碌碌，有七情六欲，而福斯卡抽象地沉溺在永恒的重复和倦怠中。他不用冒险，不会失败，因为他永远都有下一次机会，下一个朋友，下一个爱人。他的一切行动都不会产生有意义的结果。福斯卡凌驾于法律之上，因为他可以屠戮他人，但他自己却不会被杀死。

他试图忘记自己是不死的，但福斯卡遇到并爱上的每一个人都死去。他永远孤独。偶尔他寄希望于爱能唤醒他的活力，给他一个要他守护，能让他痛苦的东西。然而他遇见了那么多女人，他爱的那些女人的努力、失败和故事对他来说都是那么千篇一律。他见过太多的女人，闻过太多玫瑰的芬芳，太多次在春天复苏。

福斯卡把他的故事告诉雷吉娜，她希望他不朽的目光也会让她不朽，因为他会永远记住她。但是她很快就意识到，在永恒的语境下，她只是沧海一粟。像一片草叶，还有千千万万的草叶和她一样，她在福斯卡千千万万个爱人中消失不见，成了一个抽象的符号。

故事以雷吉娜痛苦地喊叫结尾，她意识到不朽是一种诅咒：因为不朽意味着她的存在转瞬即逝、摇摇欲坠。她没有写书，也没有孩子让她的记忆流传下去。福斯卡会忘记她。"没有一个人会记得她嘴唇上独一无二的生的滋味，她心中燃烧的激情，那美丽的红色火焰，还有它们如梦似幻的秘密。"[7]只有死亡能结束她的痛苦。

* * *

尽管《人都是要死的》以悲剧收尾，波伏瓦仍然让我们意识到行动有给生命注入危险和欲望的风险。行动带来死亡的可能，这让生命变得极其珍贵。生命的有限可以创造痛苦，但也能带来紧迫感——投入生命的紧迫感。

不朽就像一张保单：无所谓你把生命损毁得多么严重，都可以从头再来。保障措施可以扫除行动的风险，但也扫除了我们的选择可能带来的潜在回报——不可改变，无比珍贵，不容亵渎。这就是为什么我们最好学会去热爱我们生命的有限性。

宗教可以给一些人带来慰藉：如果人相信死后会有一个幸福的世界，那么也就无须恐惧死亡。波伏瓦的母亲弗朗索瓦丝

（Françoise）就对死亡充满恐惧，并与之做着艰苦的斗争。因为她是一个虔诚的天主教徒，所以人们都很好奇这是为什么。其实她并不是畏惧死亡的瞬间，也不是畏惧死后的世界，而是害怕此生不再。

关于生命的不朽有各种观点，有的认为是越过天国之门（就像柏拉图的《会饮篇》里狄奥提玛所描述的那样），有的认为可以通过孩子承袭有限的生命，有的倾向于通过艺术和文学作品在死后延续有限的生命（波伏瓦就是这种情况）。不管一个人对不朽持何种观点，波伏瓦审慎地说："如果你热爱生命，不朽不是死亡的安慰。"[8]这就好比不愿意一本钟爱的书或一部钟爱的电影结束，即使你已经听说结局是好的。从存在主义角度来看，不管你是无神论者还是虔诚的宗教信仰者，死亡都令每个时刻无比珍贵，因为我们都知道，生命的时间线只被勾勒一次，我们此刻拥有的这些特别的关系以后也不会再有。以后会发生什么是一场赌博。

就算肉体不朽是不被需要的，那么笃信精神的不朽有问题吗？如果波伏瓦没有背弃宗教信仰会怎样？波伏瓦的旧相识，哲学家、活动家和神秘主义者西蒙娜·薇依认为，信仰灵魂不朽是一种精神错乱。

波伏瓦和薇依在大学相识，当时波伏瓦了解到，在听说有人在饥荒中挨饿后，薇依为他们哭泣。波伏瓦写道："我羡慕她有一颗能随着世界跳动的心。"当波伏瓦找到机会和她说话时，薇依告诉她世界需要一场革命，这样就没有人会挨饿了。波伏瓦回应她人们需要活着的理由。"不难看出，你从来没有饿过肚子。"薇依反驳道，暗讽波伏瓦是傲慢的，有资产阶级的世俗。[9]从那之后，她们再也没有说过话。薇依1943年死于心脏骤停，终年34岁，其时她极有可能正在和战争受害者一道进行一场绝食抗议。

尽管薇依的观点是从宗教角度出发的，对于死亡，她还是和波伏瓦得出了类似的结论：不朽和来生的概念是有害的，因为它们剥夺了死亡的宝贵意义。灵魂是否真的不朽并不重要。薇依写道："出于实际，我们必须完全接受死亡就是灰飞烟灭。"[10]否则，只要我们不是死到临头，都太容易扬扬自得了。

与其把自己束缚在还剩多少时光可活的纠结中，我们不如好好处理活着的事情。以苏格拉底为例，在监狱里等待死刑判决的过程中，他还在学习弹里拉琴。薇依指出，我们每个人都和苏格拉底一样，都在等死，我们应该以他为榜样——不一定也去学琴，而是生活、学习，直到最后一次呼吸。[11]

苏格拉底不在乎他没有机会向朋友们展示他的音乐技艺，也不在意不能在音乐会上演奏。他没有因为死亡迫近就放弃生。我们都应该明确且完全意识到我们生命的有限性，充分活好我们在世界上的每一个瞬间。死亡可以提醒我们不要把生命当成理所当然，教会我们去爱此时此刻的这个宇宙。

＊　＊　＊

1946年，在和萨特喝了一晚上酒之后，波伏瓦在黎明时分跟跟跄跄地回到家中。萨特因为当天有一个关于作者责任的讲座要讲而咯咯大笑。波伏瓦对人类的境况很绝望。她在拂晓时分靠在巴黎的一座桥上，身子探出去，对着塞纳河大喊："我不明白我们为什么不把自己扔进河里！"萨特也大叫着附和道："好啊，那我们就跳下去吧！"[12]但他们没有跳。他们回到家中，要睡上几个小时，以之抚平自己的宿醉。然而最后这一跃始终是有可能的。

波伏瓦悬在塞纳河畔时发出的疑问是一个终极疑问：如果生命本来就没有意义，我们为何还要费力活着？如果我们注定要向死亡屈服，为什么不早点把它完成，还等什么呢？

虚无主义是一个颇具诱惑力的结论，既然我们都注定成为虫子的食物，那就一切都无所谓了。我们的所有努力最终都是徒劳，因此为任何事生气都是毫无意义的。虽然这种心态反映了人类处境的模糊性，但它也只是故事的一部分。

没有人是主动来到这个世界的，而且有时候可能会感到每次心跳都让我们离死亡更近了。这千真万确。虚无主义者——那些相信生命的意义就是虚无的人——是对的，我们存在于这个世界上确实没有绝对的理由。尽管如此，波伏瓦仍然表示："虚无主义者知道他们活着。"[13]我们超越自己，向着自己的目标迈进，这样做的过程中，我们确认自己的存在，创造我们存在于此处的理由。

在波伏瓦的小说《名士风流》里，聪明的精神分析学家安娜告诉她的丈夫罗伯特："事情永远不像它们看起来那般重要；它们会变，它们会结束，最重要的是，就算当一切都被说出来、做出来了，每个人也都会死。"安娜表达了一种轻率的、虚无的观点，认为我们终究都会死去，所以没有什么是真的重要的。

罗伯特批评安娜，因为她在利用生命的无意义作为一个便捷的借口来逃避她的问题。他谴责她虽然还活着，但实际上已经死了。他是这样反驳安娜的："活着的事实证明了你选择相信生命……你喜欢一些东西，讨厌另一些东西，你有时义愤填膺，有时钦佩赞赏——所有这一切都表明你认可生命的价值。"[14]

然而，安娜还是发现自己处在一个西西弗斯式的循环中，每天推着她的石头上山，同时清晰地感到绝望。和西西弗斯不同的是，她想象不到快乐，她痛苦地在她生命的虚空中沉重地跋涉。"死亡一点一点地啃噬着一切，"她说道，"死亡之光是那么均匀，那么柔和！"她曾经认为生命和她周遭的世界是令人兴奋、无边无际的，但如今她浸淫在倦怠中。她沉思道："地球完全冻上了；虚无占领了它。"[15]

再没有任何绳索将安娜与这个世界或他人联系起来。她热烈的情事断绝了。她的女儿长大了，不再需要她。工作使她感到无聊。曾经安娜觉得她和丈夫之间有一条特殊的纽带，如今她确信他和任何一个别的女人在一起同样会幸福。在与他人切断了往来，渐渐变老的过程中，安娜哀叹道："我们每个人都很孤独，囚困在自己的身体里，血管在衰朽萎缩的肌肤下硬化，肝、肾渐渐透支，血液不再鲜红，死亡在我们体内悄无声息地渐渐成熟，把我们和其他所有人隔绝开来。"[16]她渴望寻求一种解脱。

* * *

死亡被摆在了那些感到沮丧、残缺和无聊的人面前。许多人选择了死亡：在美国，自杀居于最常见的死因第10位。2017年，将近1400万人尝试自杀，约5万人自杀成功，如果"成功"这个词可以这么用的话。这个数据还在攀升：过去20年，美国的自杀率增长了33%；过去50年，全世界的自杀增长率为60%。更多的人死于自杀，而非他杀。[17]

开始写作这本书时，我得知我一个最好的朋友自杀了。他在中东争端区域从事维和工作后，患上了创伤后应激障碍，经过漫长的挣扎，最终还是选择了这条路。他也曾看过医生，但是得到的救助不多。精神科医生不愿意给他看病，因为他没钱支付医疗费。另外，他们告诉他，自杀患者的诉讼风险太大了。

我的朋友试遍了一切他能试的治疗方法：瑜伽、冥想（他还成了导师），踏破了无数心理医生和精神科医生的门槛，吃了数不清的药，经颅磁刺激，电休克治疗，住院治疗，甚至致幻药物。"我根本就是一个实验室的小白鼠。"他说道。

我尝试过帮忙——和他说话，一起出去喝茶、跳舞，给他发送读物，鼓励他写作、创作电影，应他的要求替他申请精神科医生，请求他们把他作为病人收治。但他们拒绝了，并且告诉我如果我真的觉得他会自杀，就呼叫应急服务。朋友告诉我他短期内不会做任何事，恳求我不要把他送进精神病院，因为那里简直是地狱，没有隐私，也没有人权。他说，这种状况对他来说是最糟糕的，只会加剧他的不幸和他对死亡的渴求。

"我是一颗定时炸弹""我一无所有""我是灾难之源"，他总是这么说。他直视着深渊，告诉每一个愿意听他倾诉的人，他已经做好了跳下去的准备，但是没有人知道该如何把他从悬崖边拉回来。他寄希望于死藤水[i]——他问他的伴侣，作为圣诞礼物，他是否可以去参加一个仪式。但他再也没有等到那一天。精疲力尽、虚弱不堪的他，在42岁的年纪，圣诞节的前两天，最终被生活压垮了。

我的朋友曾经问我，存在主义者是否会觉得他很可悲，因为他很不幸，甚至都没能杀死自己。我说不会，因为通常选择活着比死去需要更多的勇气。不过，既然我们是自由的，我们

---

i　用南美一种藤本植物的根泡制而成的具有致幻作用的饮料。

总是有选择死亡的自由。面对人类存在的荒诞性，自杀可能是一种诱惑——或起码是一种可以理解的反应。

和波伏瓦的时代相比，我们如今对精神疾病有了更多了解。如果像沮丧和创伤后应激障碍这样的情况是我们现实条件的一部分，那么就像死于癌症一样，绝望和遗忘的想法可能突然降临到我们身上，完全不由我们选择。但是波伏瓦关心的是对死亡的选择，她是从自由这个角度来看待自杀的。

* * *

对波伏瓦而言，如果是作为对虚无主义的回应，那么自杀就不是一种真实的选择。波伏瓦建议不要自杀，因为这种行为会剥夺我们的自由。此刻选择死亡是对自己未来的存在的不公，因为未来的你也许会拥有无限可能，而且会为自己努力度过艰难的时光并因此拥有了更美好的生命而感恩。[18] 在《模糊性的道德》一书中，波伏瓦描述了一个伤心欲绝的年轻女孩服用过量安眠药的故事。她的朋友们发现了她，把她送到医院，救了她一命。波伏瓦认为，如果她未来过上了幸福的生活，那么她的朋友们做的就是对的，因为她做了一个很草率的决定。

然而，波伏瓦指出，如果这个年轻女子试图再次自杀，那些阻止女孩行使自由的朋友和医生就成了残暴的人，因为他们让她的痛苦延续了。存在主义的关键问题在于，就算我们发现这是一剂难以下咽的苦药，他人也不能为年轻女子的选择负责——这些选择是属于且只属于她自己的。

如果你对这个案例感到不安，不妨看看另一个：一位年迈、体弱多病且瘫痪了的老妇人给波伏瓦写信，诉说她因为医生执意要让她活着而苦恼。这个老妇人感到不解，为什么允许恋爱自由，却不允许死亡自由？波伏瓦颇有共鸣："是啊，为什么？为什么？"[19]

波伏瓦根据以上两个例子得出了结论，不管是面对年轻女子还是老妇人，我们应该让人们自行做出是否想要死亡以及何时想要死亡的选择。在这些情境中，唯一的解脱之道可能就是拒绝极度痛苦，可能就是自杀或安乐死。

对一些人而言，比如我那位自杀的朋友，痛苦过于巨大，以至于无法活下去。对他来说，唯一的逃避方式就是麻醉类药物，这可以在某些稍纵即逝的瞬间让他平静下来，把他从存在的痛苦中解救出来，进入一种催眠状态。他尽其所能和他的终身伴侣待在一起，但他觉得他已经试遍了所有的方法。"那感觉就像是我的大脑着火了，"他说道，"我的生活质量和一个病弱者别无二致。活不下去了。"

波伏瓦的哲学教会我，我当时是作为好朋友陪伴着他，但我没有责任或权利违背他的意愿去延长他的痛苦。作为一个真正的朋友，应该承认他做出了一个真实的选择，承认他的计划不是心血来潮，而是多年深思熟虑的结果。

　　我的朋友一遍遍地告诉我，他希望道德地死去，也就是说他希望没有人会对他的死亡感到惊讶。他会举行一场告别仪式好让我们都知道。他最后没有办成告别仪式，对此我感到悲愤不已。他死的那天似乎很高兴，给我发消息，说他给他的伴侣买了一双袜子作为圣诞礼物，袜子上还印着他的头像呢。我们互相发了大笑的表情。尽管如此，我不能说他的死是出人意料的。

　　尽管我深受折磨，一直在想我当时还可以做什么去帮助他，我还是不住地告诉自己，把他送进收容所不应该是我的选择。或许有一天我可以完全相信这件事，可以完全为他的选择而尊重他。这是一个真正的朋友应该做的——至少是在这个特殊的情境下。

* * *

　　在波伏瓦的《名士风流》中，当安娜对着一瓶棕色的毒药发呆时——那是她从朋友波尔那里偷来的，她听到女儿在她的房门外。她的思绪立刻飘向她死后会如何影响他人。

　　和变老一样，死亡是一件"不可实现"的事，也就是说我们能看到他人死去，但看不到我们自己死去。我们自己的死——我们的尸体、我们的葬礼、我们的离去，是一件存在于想象中的模糊的事。我们无法知道那是什么感觉，如何发生，或它是否在合适的时机降临——等意识到时，就已经来不及了。我们对死亡没有任何主观感知这件事让它变得极其难以接受。我们只能设想自己的死和他人的死一样。

安娜没有选择死亡。她担心她的离去会对那些她所爱的人产生影响——那些她极其在意他们的幸福的人。安娜意识到他人是重要的，这并不代表他人的感受应该凌驾于那些想要自杀的人之上。但安娜对死亡的矛盾表明死亡并不是一个人的事。

真实的选择尊重我们和他人的关联性。我们生活在关系之网中，被各种各样的需求所包围。就连死亡这种看似纯属个人选择的行为，也会强烈地影响到其他人，因此他们也应该被纳入考虑的范畴。安娜意识到她的死与其他人密切相关，因为他们会生活在没有她的世界里，正因如此，她说："被判了死刑，但同时也被判活着。这种日子何时才是尽头？"[20]尽管她选择了生，但死这个选项一直挥之不去。

虽然在极少数情况中，自杀确实是一个真实的选择，但对于我们大部分人而言，更大的挑战是，既然生和死都无法避免，我们该如何活着。波伏瓦的《名士风流》中的另一个角色波尔向罗伯特征求意见，问他自己是否该服用毒。罗伯特建议她不要这样做。她答道："可是我该怎么活？"

波尔的提问令波伏瓦感到恼火。关于如何做好规划，让自己向生而生，没有固定的答案。为什么而活是由我们每一个人自己决定的——不论是为了未来的自己，还是我们爱的人，还是自己选择的事业，等等。

《名士风流》里反对自杀的最主要论据是，安娜对她的女儿和外孙女的牵挂证明着她的存在。这不足以让她高兴，但足以让她从寻死的念头中回心转意。"既然我的心脏会继续跳动，它总得为了某件事而跳动，为了某个人而跳动。"她下定决心。

波伏瓦后来说，她想让安娜在她单调的生活中幸存下来这件事看起来像是一场失败。安娜回归到一种司空见惯的状态中，但这种状态无法完全满足她；她还会面对无数个明天，但她无法完全说服自己相信它们是值得的。安娜的选择并不意味着它对每个人来说都是具有权威性的。波伏瓦说："我展现了某些人（比如安娜），他们同时怀抱着怀疑和希望，在黑暗中寻找着他们的方向；但我想我并没有证明什么。"[21]

波伏瓦证明了活着不仅仅是呼吸，活着意味着你积极地认可未来生命的价值。他人不会总是为我们的生命注入快乐，但他们可以做到这一点，他们还能为我们的生命赋予意义。我们不要低估我们所爱的，应该结交朋友，从万事万物和我们的所念所想中发掘快乐，这样我们的生命才和我们所依恋的相称。这和佛教的观念有着根本的不同，佛教认为依恋是我们痛苦的根源。但对波伏瓦而言，依恋是价值的意义和源泉。依恋值得我们为之努力，即使我们可能有痛苦的风险。

＊ ＊ ＊

那些经历过他人的死亡的人如何以真实的方式面对死亡呢？在波伏瓦的文章《我作为作家的经验》（*My Experience as a Writer*）中，她提出，当我们经历了巨大的痛苦时，比如所爱之人的逝去，痛苦便会从两个方向向我们袭来：一是给人以巨大打击的不幸本身；二是极度的悲痛，这种悲痛让经历它的人感到他们在不幸中承受着无法承受的孤独。作为能将所有人"捆绑"在一起的经历，写作、谈论或者阅读死亡能帮助人们聚到一起，让人们感受到更大的关联性，不再那么孤独。波伏瓦发现，分担忧愁、坦白痛苦有时也很有用。

为了帮助自己处理对母亲因癌症死去的情感，波伏瓦开始写作。［波伏瓦经常写到她所爱之人的逝去，包括在《告别的仪式》（*Adieux*）中写到萨特，在《形影不离》和其他作品中写到扎扎。］波伏瓦因为在母亲弥留之际做笔记而被指责不敬，被谴责是为了个人的利益而利用这一场景。但是对波伏瓦而言，写作是一种祝祷形式。[22]写作可以让人感到安慰和疗愈，因为波伏瓦发现她的文字可以留存她对朋友和家人的爱的记忆。写日记可以帮助她反思自己的道德，帮助她思考自杀的问题，并缓解她的哀伤。帮助读者应对他们自己的失去是意料之外的收获：

　　如果你能写作，写作这个行为本身便可以化解这次分离。作家描述痛苦的经历，不是因为他们惯于以一种大不敬的方式从无论什么事中创造文学，就像有时人们所说的那样；而是因为对他们而言，把痛苦说出来是一种摆脱哀伤、痛苦和不幸的方式。对于那些阅读的人来说也一样，因为他们在阅读时不再因沉浸在不幸或痛苦中而感到孤独，而是能更好地承受痛苦。[23]

　　这种交流在应对自杀问题时尤为重要，因为自杀是具有社会传染性的，也就是说，通常那些死于自杀的人都认识曾经死于自杀的人。[24]有人也许会想：我又不用对别人如何应对我的死亡负责；他人也有面对死亡的自由，不论他们如何选择。但这只说对了一部分：波伏瓦提醒我们，我们也对彼此负责，因为我们是共存的。

　　活着本身就是珍贵的，因为它可以打消其他人自杀的念头。谈论死亡和痛苦可以拯救生命，不论是我们自己的生命，还是其他人的生命。尽管痛苦让人感到孤独，感到自己和其他所有人都不一样，但分享故事仍然不失为一种相互提醒，可以让对方知道我们是重要的，选择生是重要的。

＊　＊　＊

每一天，这个世界都诱使我们接受明天，但是仅仅让我们自己向日常屈服还不够。波伏瓦表明，死亡是一种冒险，每向死亡迈进（或不迈进）一步，我们都迈向了一个充满着不确定性和复杂性的未来。选择继续活着是一个不断再确认的过程，确认每当我们做出一点努力——有时是极度痛苦的努力，都是在创作我们人生诗篇中的新诗行。

生命总是悬浮于存在和虚无的平衡之间，悬浮于死的可能和再多活一天的理由之间，悬浮于坚定我们的自由和接受虚无主义与冷漠的沮丧之间。生命是脆弱的、易碎的。死亡的必然性永远在逼近。寻找与充满不确定性的未来共存的方式，并且实践它、质疑它，不懈追求自我满足，这本身就是有价值的。这就是所谓的一个真实的生命自由地走向真实的死亡。

当萨特在75岁死于肺气肿时，波伏瓦说道："他的死不会将我们分离。我的死也不会让我们团聚。这就是事情本来的面目。我们能如此长时间地和谐共处、琴瑟和鸣，这本身就很美好。"[25]如今，他们被合葬在巴黎蒙帕纳斯公墓。我们也许会独自死去，但我们应该一起活着——实实在在、充满活力地活着，就仿佛我们的生命会超越遗忘。

"毕竟，生存就是不断地重新开始生活。"波伏瓦在《名士风流》里这样写道。[26]只要我们的心脏继续跳动，对这些问题的回答就取决于我们每个人：如何活着？为何活着？为谁而活？和谁一起活？波伏瓦鼓励我们无论如何一定要不断重新开始生活，去面对我们所有的明天。这种观点超越了她的生命和她的哲学。

在下一部分，我们将会更进一步了解波伏瓦的思想，关于如何找到一个令人满意的目标，如何评价哪些目标是有价值的。当我们设法以牺牲为他存在为代价而让自己转向自为存在，并以之为我们的生活辩护时，当我们为了追求为他存在而消灭自己，或者将追求幸福当作幸福本身时，我们都会毁了自己。变得真实需要我们仔细审视这些使人分心的事并把它们推开。然而，仅仅为了我们自己而推开它们是不够的。波伏瓦的道德观鼓励我们通过反抗来为自己和他人开辟道路，以使我们每一个人都能追求实现真实自我的目标。

第三部分

实现自我

自毁

> 我不再问自己：我该做什么？能做的事情太多了……克服错误，寻找真理，向世界讲述真理、阐释真理，也许还能帮助改变世界……什么都是有可能的。
>
> ——《一个规矩女孩的回忆》
>
> (*Memoirs of a Dutiful Daughter*)

通过随波逐流变成机械的原型来忘却自己是不真实的，但我们在很多方面都是这么做的。波伏瓦指出，一些人将所爱之人偶像化，或是不假思索地把自己嵌入传统的妻子或丈夫的角色之中，从而摧毁了自己。另一些人膜拜着理想化的自己（自恋）或臣服于某种心灵的力量，比如宗教、占星术或其他伪科学（神秘主义），白白挥霍了他们的自由。

自恋和神秘主义本身不一定是问题。但它们有可能成为不真实的方式，要么因过分注重自为存在而牺牲为他存在，要么为了为他存在而抛却自为存在。当所有行动都涉及自为存在和为他存在这两种模式之间的矛盾时，我们怎么才能变得真实？波伏瓦建议："要想做大事，今天的女性首先需要忘却自我，但是忘却自我的前提是确保我们已经找到自我。"[1]如果很快就忘却自我，我们会失去自我。

通过信仰忘却自我会付出极大的代价。对波伏瓦来说，企图在一个更高权力者（上帝、最高领导、神圣的导师）那里寻求救赎是不真实的，因为那是一种自我摧毁。以信仰之名自愿服从意味着默许无条件的信任和不容置疑的权力。

这种服从鼓励人们去忽视（或操控人们贬低）关于世界的重要问题。这是极其危险的。导向自我毁灭的最危险因素之一是崇拜精神拯救者。一些精神领袖应该被更准确地描述为邪教头子，因为他们拯救人类的历史可谓相当曲折，多数情况下其实是在虐待人们、利用人们。

并非所有形式的神秘主义都指向自我毁灭。波伏瓦指出，阿维拉的圣特蕾莎（Saint Teresa of Ávila）就是一个真实的神秘主义者的例子。特蕾莎是16世纪罗马天主教一名学识渊博的修女。她在死后40年被封为圣人，是西班牙的守护神。她也是四大女性"教会圣师"（Doctors of the Church）之一。"教会圣师"是罗马教廷授予其认为对神学有着极深远和正统贡献的36位圣徒（截至2020年）的头衔。

通过神秘的冥想，圣特蕾莎谦逊地认为她只是传达上帝的话语，而上帝选择了她实属偶然。作为神秘主义者，她以谨慎而自谦的态度进行理性的思考，自称邪恶、可憎、有缺陷、有过错的低微女人，好使掌握权力的男人不会感到威胁。

然而，圣特蕾莎的作品仍然是具有开创性的。勒内·笛卡尔（René Descartes）极有可能了解她的作品，并从她有关自我认知的作品里获得了灵感。笛卡尔采用了和她同样的修辞，并将其格言化，于是有了他最为人熟知的那句"我思故我在"。不过他疏忽了对特蕾莎的方法论表示感谢。[2]

圣特蕾莎的身体一直不好。她动不动就昏厥和发高烧；瘫痪了两年；她很可能还饱受癫痫和类风湿性关节炎的折磨；她还多次被以为已经死了，差点被埋。虽然面临诸多挑战，她仍然坚称自己是自己生命的原动力。她对自己选择追求的目标充满激情，但她不会受制于她的激情，至少在波伏瓦看来如此。波伏瓦认为特蕾莎在某种程度上是一个存在主义英雄。波伏瓦写道："她应该因她强烈的信仰而受人尊敬，这种信仰深深穿透她身体的每一寸血肉。"[3]

双关地说，圣特蕾莎的信仰确实深深穿穿了她，所以意大利著名的巴洛克雕塑家吉安·洛伦佐·贝尼尼（Gian Lorenzo Bernini）将特蕾莎的雕像命名为《圣特蕾莎的狂喜》（*Ecstasy of Saint Teresa*）绝非偶然。这尊雕像位于罗马的一座教堂内，表现的是特蕾莎靠在云端，心醉神迷地倚在一个手握一支金矛的天使脚边。一扇隐藏的窗户过滤了自然光，露出金色的天堂之光，她仿若着魔的脸上现出享受的光彩，嘴唇狂热地张开。这

件雕塑的灵感来源于特蕾莎的自传中描述她遇到神启的一个
段落：

> 我看到他拿着一支巨大的金矛。那铁的矛尖仿
> 佛着火了一般。接着天使把燃烧着的矛刺入我的心
> 脏，一下又一下，直到它刺中我心底最深处。当他
> 把矛拔出时，我身体最深处的部分仿佛也被带走了。
> 他留我完全被上帝之爱毁灭。这种痛苦是如此剧烈，
> 让我不禁呻吟。这痛苦带来的甜蜜如此巨大，我希
> 望它永远不要停止。[4]

不是每个人都会从这段文字或是贝尼尼的雕塑中读出色情
意味，但很难不这样解读。就连特蕾莎自己都犹豫不决："我
不确定我是否知道爱何时是精神之爱，何时又掺杂了肉欲，或
者谈论它时该从何说起。"[5]

圣特蕾莎违背她父亲的意愿选择成为一名修女，虽然对她
来说这样做意味着撕心裂肺的痛苦。她认为做修女会帮助她实
现自我。特蕾莎不仅仅追求个人的满足，还反对宗教改革和
西班牙宗教裁判所。她写作哲学沉思录，改革圣衣会，建立
宗教秩序，并且创建了基于个人理念的女修道院。人们说她
叛逆又固执，因为她无视女性不能从教的法令，她不断被怀疑
为异端。

虽然圣特蕾莎取得了不可思议的成功这一点毋庸置疑，但在波伏瓦看来，特蕾莎式真实的神秘主义和异端狂热之间仅有一线之隔。虐待、操控和情感绑架会破坏达到真实的条件。关键在于，圣特蕾莎鼓励读者独立思考。特蕾莎相信，邪恶潜藏在非反思性推理、冲动行为和愚蠢之中，所以她鼓励人们以一种对自己而言真实的方式去祈祷。在一篇旗帜鲜明的存在主义文章中，她还建议人们永远不要忘记自己的虚无本质，要时刻警惕自我欺骗这条狡诈而邪恶的毒蛇，要永远保持学习、反省、自知和谦卑。[6]

圣特蕾莎，以及像圣特蕾莎一样的女性们最令人钦佩的一点，是她们基于自己所得到的社会尊重干出了一番伟大的事业，比如创建新的社区，以便人们来到这里寻求鼓励和帮助。特蕾莎的身体疾病成了她改变自己和改变她的世界结构的一种方式。根据波伏瓦的解读，圣特蕾莎的精神性不是一种自恋式的沉迷。特蕾莎把自己从女性命运中解放了出来，超越了她的性别条件，作为一个"人"而存在——在她那个时代，这是男性的专属。她还对这个世界产生了深远的影响，让它变成了一个更美好的世界。

圣特蕾莎实现了她的自由，她让我们懂得这个世界是重要的，不管你是否信仰宗教，当下都需要我们所有人担起责任，投入其中。

在波伏瓦看来，锡耶纳的凯瑟琳（Catherine of Siena）——

14世纪多明我会的一个神秘主义者、教会医生，是又一个存在主义英雄。凯瑟琳是一位勇敢的领袖、大使和调解人，她提倡仁爱，并为教皇和王室提供建议。她把精神生活和公共生活统一了起来。

虽然圣凯瑟琳不是存在主义哲学家，但她的一些观点包含存在主义真实性的种子，比如她崇尚真理，反对消极。凯瑟琳写道："我们必须公开地、毫不吝啬地宣扬真理，永远不要让恐惧堵上我们的嘴。"[7]不过，她很好地实现了与说出真理的危险的共存，她还强调，与危险保持恰到好处的亲密能让真理变得更加甜美。这是适用于每个人的忠告：怀着爱和愉悦把真理说出来。但也需要谨慎，要避免以诚实为武器肆无忌惮地打击敌人。

波伏瓦认为应该由我们每个人——而非上帝，去选择我们自己的追求，圣凯瑟琳的感受也类似，她提出人可以用追求真实的热情来改变世界，让世界变得更美好。尽管如此，她也认为这种热情可能带来破坏："如果你成了你应该成为的样子，你将会点燃整个意大利。"——甚至造成更大的破坏。[8]但当圣凯瑟琳将她的活力都用到她觉得自己被召唤去做的事情上——主动去照顾穷人、教书、给教会提建议时，她感到很有成就感。

正是圣凯瑟琳和圣特蕾莎的神秘主义让她们坚定地践行自己的自由，让她们充满自信，免于自卑。[9]圣凯瑟琳在一次祷告中直接质疑公平性，她说她的性别和她作对，因为男人看不起女人。据她说，上帝回答道，男人和女人是平等的。圣凯瑟琳和圣特蕾莎不仅分享了上帝有关男女平等的观念，还在表明自己的观点时分享了十足的勇气。她们全身心投入超越传统女性角色的行动中，拒绝男性权威，热情地追求着人道主义目标。她们的自为存在和为他存在合而为一，共同为世界造福。

生活在18世纪巴士拉（伊拉克城市）的拉比亚·阿达维耶（Rabia al-Adawiyya）是一个奴隶女孩，后来成了苏菲派的领导人与圣徒。她挑战父权传统与陈规，拒绝被规矩束缚，包括婚姻，尽管很多人向她求婚。她断定自己不论在智力还是精神方面都与男子平等，并且鼓励人们独立思考。

拉比亚一直活到了80岁，但其他女性为她们的勇气付出了巨大的代价：圣女贞德在危难之时被烧死。锡耶纳的凯瑟琳让人们感到愤慨，并遭到了有预谋的暗杀但未遂，最后很有可能死于厌食症。还有一些女性没能令人们信服她们和上帝之间的联系，并在尝试追求自我实现时受挫。波伏瓦指的分别是13世纪和17世纪著名的修女福利尼奥的圣安吉拉（Saint Angela of Foligno）和玛丽·阿拉科克（Marie Alacoque），她们没能真正实现自由，因为她们的目标不是超越，而是想通过上帝的注意完成自己的救赎，却没能被他"选中"。她们将自己的奉献作为寂静无为和消极被动的借口。

玛丽·阿拉科克舔净了别人的呕吐物，而圣安吉拉喝下了她为麻风患者洗脚后的水，还像领圣餐一样吞下了卡在嗓子里的螃蟹，她们都觉得自己的行为是一种奉献。但是在我看来，这些行为是精神失常，或者起码是荒唐可笑的，是迫不及待的哗众取宠和急于求得认可的表现。波伏瓦认为她们是自恋狂。圣特蕾莎让她的自由得到了升华，而玛丽和安吉拉的举动却毁灭了她们的自由。玛丽和安吉拉把她们的身体变成了用于献祭的神庙，不单单伤害了自己，其荒谬且无用的付出也没有帮到任何人。

* * *

自恋人格障碍这个标签通常被用来形容那些极其自负，缺乏同理心，又渴望被崇拜的人。虽然大多数人不是病态的自恋狂，但许多人都有自恋的瞬间。波伏瓦的哲学试图解释为什么一些人在某些情况下会表现得自恋。不仅仅是因为他们感到自己没有价值，所以急切渴求他人的关注，好让自己感觉自己很重要。自恋是一种存在主义反应：是对创造自我价值这一任务的逃避。自恋者不是让自己成为他人的应声虫，比如屈从于爱人或配偶，而是让自己屈从于自己的理想形象。

波伏瓦认为自恋是一种性格危机，是一个逃避自我并让自己异化的过程。[10]换句话说，当我为自己设立一个形象作为生命的核心意义，并沉迷于这个形象时，问题便会由此产生。我在幻象中迷失自我，做着有关理想中的自己的白日梦，竭尽所能成为别人注意力的中心，这样一来，我便无法活得真实。一些人追逐舞台上的聚光灯，于是到社交媒体上求关注。还有一些人渴望得到医生、心理分析学家、手相师或暗恋对象的关注。自恋是一种策略，为的是让自己被任何愿意给予关注或倾听的人爱着、渴望着，就算自恋者要为此付出代价。

如果我们自己决定创造自我，那自恋算不算一种真实的、面向自为存在的选择呢？对波伏瓦而言，答案是绝对否定的。虽然自恋看似是一种提高自尊和提升自我价值的方法，但它会抽空我们生命的意义，进而摧毁我们。自恋引诱我们把真实的样子隐藏在面具之下。戴着面具太舒适了，以至于我们忘记了面具的存在，把时间浪费在打理虚假的形象上。人们藏在面具后面向大家展示着虚假的自己，社交媒体上发布的经过过滤和夸大的内容就是例证。

自恋可以从迫不及待的渴望中为我们粗制滥造出一系列连贯的形象。但这里有一个存在主义问题，就是这一目标否定了成长本质上是渐进式的，是碎片化的。波伏瓦解释道，这种迫切感就如渴望把自己塑造成一个纯粹的存在，像造神一样。[11]感觉自己是世界的中心可能令人陶醉，令人喜悦，但这种谵妄的感觉实际上源于"窒息"——自恋者切断了和世界的联系，但正是和他人的关联才让我们得以呼吸。

自助书籍中充满了如何爱自己的方法，但自爱也可能和自恋一样危险。我们极少被鼓励审视自己的内心——就算有，通常也只是停留在表面，并且是以不真实的方式进行的。比如，资本主义鼓励我们崇拜金钱和财产，而不是和他人建立真实的关联。贝尔·胡克斯认为，我们已然形成一种大众化的消费主义文化，用芭芭拉·克鲁格（Barbara Kruger）在艺术作品里化用笛卡尔那句著名的格言来说就是："我买故我在。"我想胡克斯和克鲁格恐怕没说错。我们被大量广告轰炸着，这些广告都在告诉我们，我们的精神饥饿可以通过购买更多东西得到满足——我们被引导相信自爱的道路是用收据铺就的。胡克斯不无悲哀地说道："我们可能没有足够的爱，但我们总是可以购物。"——或者发更多的自拍。[12]

最后，波伏瓦指出，自恋的生活方式是虚伪的——自恋者想要他人重视他们，但自恋者唯一看重的只有他们自己。他们和世界没有互惠互利的关联。波伏瓦认为，自恋者不太可能真正地去爱，因为他们太流于表面、太过傲慢，他们的贪婪远远超出他们的慷慨。

波伏瓦的小说《人都是要死的》中的雷吉娜就是一个典型的自恋者。她是一个"伪艺术家"，因为作为一名演员，她总是以自我为中心，她活着的理由就是得到名誉。她努力变得出名——不是通过真正地践行追求艺术的承诺，而是通过和有影响力的男人上床。一些人将表演作为赖以生存的工作，另一些人当演员是因为它能满足他们的虚荣心，但真正的艺术家追求的是成为真正的创作者。他们通过艺术超越自己，成为艺术创造的通道；他们以艺术呼吁他人，形成新的观点，铸造新的可能。

如雷吉娜一般的自恋者却把真实当作儿戏。他们渴望别人欣赏他们有限的存在本身，而不是欣赏他们的行为。他们无法做到足够忘我地去超越自我。一夜成名的可能——仅凭一点点微不足道的小事或简单地立一个稀奇古怪的网络人设而声名鹊起——颇具吸引力，因为它是一条通往名誉的捷径，无须做任何实际工作。

雷吉娜追逐名誉、光环和狂热的粉丝，但她对通过表演来揭示人类境况的真相丝毫不感兴趣。她知道她在做什么，也痛恨她所做的一切——妆容、身不由己的假笑、捏着嗓子说出的做作的话语……她再清楚不过，但她仍然选择自我毁灭，走向注定了的内在的空虚。

你也许会反对波伏瓦对雷吉娜的看法。毕竟打理自己也需要做很多工作，花费很多时间、精力和技巧。但是对波伏瓦而言，目的让一切变得不同。把社交网络照片弄得漂漂亮亮的，这无可厚非，但如果这么做的目的是疯狂求取关注和钦慕，而不是创造一些有意义的事，那么就该警醒了。倾力于赢得他人的赞赏而非表达自己所珍视的，这种做法是不真实的。

自拍获得点赞无数固然能在一定程度上缓解孤独，但是通过追逐关注者和他们的反应来定义自己的做法过于反复无常。

当我们这么做时，我们规避了以真实的方式来定义自己的风险和痛苦。即使一张照片或一条颇有洞见的社交推文反响热烈，但关注度最终减退后，我们又一次徒留空虚，并且继续变着法地追逐名誉这条善变的恶龙。

社交媒体本身并不是自恋的，但它能助长我们的自恋倾向。我们发布每一条推文、每一个故事、每一个话题标签时都应该思考：我们是否为自己也为他人开启了更多的可能性和自由，我们是否正在创造更多的看待这个世界的新方式。如果没有，我们应该收回想要按下分享键的手。这应该成为一项我们注册一款社交媒体软件之前都签署的同意书。

* * *

当我给发布在社交平台的照片加滤镜时我会感到愧疚。当我发布一条推文，并希望我的"关注者"们点赞转发时我会感到愧疚。波伏瓦可能会责备我浪费自由，因为我的行为没有造福社会。如果不出去游行、捐款、做志愿者，而只是发一些关于"MeToo"和"BlackLivesMatter"[i]的推文，其实对这些运动本身毫无助益。如果不将自己的观点付诸实践，社交媒体上的我就只是我所构建的一个肤浅的形象，我在用毫无意义的噪声

---

i 旨在保障黑人人权的政治和社会运动，也是呼唤黑人人权的游行、网络讨论等活动中的常用口号。

填补生命的空虚，这只会让我从追求真正的自我实现中分神。

社交媒体可以是一个形成组织、发起反抗的重要平台，但通常情况下它都充满了误导信息，引导我们忽略什么才是真正重要的。波伏瓦关于自恋的观点警示我们不要过度依赖他人来定义我们在这个世界上的价值。我们必须努力反抗，让我们的视野免遭过于厚重的自恋迷雾的遮蔽，从而看到小小的手机屏幕之外的世界。

当我们扼杀自己与他人及周围的世界建立真实联系的能力时，我们就是在毁灭自己。波伏瓦指出，人们——特别是像雷吉娜这样的女性——之所以沉湎于自恋的原因之一就是，他们直接参与真实世界的途径被阻断了。在成长过程中，他们被教育要把自己当成被动的、受人喜爱的欲望对象，所以他们很轻易便把那种对自己的喜爱内化于心了。波伏瓦认为，这就是为什么女孩们喜欢布娃娃：许多布娃娃都代表着理想的女性。但是安静、漂亮、温顺的布娃娃悄悄地让物化的过程变成了常规。[13]

"MeToo"运动投射出了一束光，让人们看到女性避免自我毁灭要付出多大的代价。有特权的、声名显赫的、富有的名人们为一个影响着许多弱势群体的问题带来极大的关注度——这些弱势群体包括服务员、清洁工、没有固定职业的工人，他们忍受着日常工作中的性骚扰，更不要说亲密关系中的骚扰和虐待了。

　　在很多行业里，许多女性的职业和生计都受制于手握权力的、自恋的男人（也包括一些女人），这些人充当着行业守门人的角色。一些男性要求以性方面的甜头作为入行的回报，并且惩罚那些不愿就范的女性。很多女性并不是因为她们的才华而被器重，而是因为她们是反映男性统治地位的对象——这种统治只有在女性顺从时才会存在。[14]

　　对于这种人们因其身体和性服务而非才华受到器重的状况，波伏瓦深感担忧，认为物化会使压迫得以延续。被看作等待猎捕和占有的性目标会让人和自己的身体变得疏远。女性和部分男性——但女性更频繁，被视为实现性目的的手段，而不是他们自己。这让女性陷入了双重束缚。女性要么远离职场，结束自己的职业生涯，扼杀自己的社会属性，这样就毁了她们的事业；要么选择在男性制定的规则中生存，这样就毁了她们自己。这不是一个公正的选择。

　　当女性接受了男性的要求，她们就变成了物化、压迫自己和他人的帮凶。通过接受自己的他者性，她们加强了"男性是被允许这样做的"的观念。就算女性逃离了这样的准入门槛，在那些残酷的男性凝视占主导地位的行业里，她们仍然居于从属地位。为了利益，为了满足他人的娱乐需求和快感，女性的身体被塑造、被操控、被利用。要想成功她们就必须玩这场游戏，否则就会被排除在外。不论做何选择，她们真正实现自我的诉求都遭到了破坏。

凯特·柯克帕特里克（Kate Kirkpatrick）在《成为波伏瓦》（*Becoming Beauvoir*）一书中强调了波伏瓦的观点：被性客体化是女性持续受到压迫的原因。柯克帕特里克认为这一观念是波伏瓦最有力、最新颖的观点之一。这也是波伏瓦参加反对带有性别歧视意味的广告和有辱女性人格形象相关活动的原因之一。那些压榨女性身体的广告鼓励男性把他们自己视为主人，而把女性看作可以为了他人（大多数情况下是男性）的利益或乐趣而被操控的物体。

波伏瓦精准地反驳道，对大多数广告而言，称它们为艺术简直是太抬举它们了，而认为广告中的性客体化是言论自由更是愚蠢。人们通常不会主动选择去看广告。广告将一些形象强加于人，因此破坏了人们的自由。波伏瓦写道："对形象采取行动不是毫无用处。儿童也长了眼睛，这些形象会给他们留下印象。阻止这些形象教唆儿童蔑视女性就已经是一种胜利了。"15

* * *

我们必须超越教育女性要容忍当今父权形式的那些软弱力量。我们必须形成一种波伏瓦所说的"反对性别歧视的条件反射"。16我们必须创造不容忍性别歧视——比如男性对女性施暴，并且支持人们站起来反抗不公的文化环境。我们必须为人们对抗不公提供法律援助，这样他们才能保护自己的生命和尊严。

男性凝视的压迫鼓励女性变得自恋，因为这是一种生存下去的策略。波伏瓦认为，女性接受男性物化自己的原因之一就是那种无所依附的感觉会燃起一种让人觉得自己一个人被丢下、被流放于千万人之外的恐惧。[17] 自恋是一种逃避的方式，可以逃离害怕自己的独特性不被认可的恐惧。波伏瓦指出，人们努力使自己感到不那么被疏远的方式之一就是培养独特的性格和怪癖——然后在精心策划的自我吹嘘活动中放大它们。

21世纪与之对应的潮流趋势就是社交网络上的"NotLike OtherGirls"推文标签，女性在这个话题板块展示着她们和其他女性相比是如何与众不同：她们更特别，更优越。其他女孩逛街买化妆品、衣服、高跟鞋；这个标签下的女性花钱买比特币，打游戏，穿运动鞋。通过谴责有关女性特质的刻板印象，"NotLikeOtherGirls"运动固化了"其他女性"应该怎样的叙事。用波伏瓦的观点来看，"NotLikeOtherGirls"是一种用男性凝视的眼光来看待"其他女性"的方法——通过贬低他人来为自己的癖好吸引眼球。

可能建立一个自恋平台的不只是演员、摇滚明星和社交媒体达人。波伏瓦批评女性作家也有自我放纵和不真诚的一面。[18] 这是我最大的恐惧之一，特别是当我写到个人经历时。我担心读者会觉得我的脆弱是令人尴尬的无病呻吟；或者我忽略了重要的哲学论点、案例和角度，他人会因此而批评我。

在一个作家小组中，我分享了我在监狱任教的故事。一个人指出，我没有权利写关于被监禁的事情，因为我自己没有被监禁过。另一个人表示反对，认为没有人能从我这里拿走我的经历。我立刻想起了这个矛盾，以及我是否被判定为成功根本由不得我。我所能做的只是小心翼翼地努力向前，哪怕前途未知，哪怕可能会被视为一个失败者，哪怕冒名顶替综合征 i 的魔鬼阴魂不散，不断轰炸着我的大脑，还在我耳边说着我没有权利写任何东西，说我只是假扮哲学家，其实稚嫩得很。

阿维拉的圣特蕾莎写道："请对我耐心一点，亲爱的读者，因为我在写作我一无所知的事物时必须培养对自己的耐心。真的，因为有时我抓着笔和纸像个彻头彻尾的傻瓜。无论如何我也不知道我该从何下笔，要说些什么。"[19]不过这并没有把特蕾莎击退，她怀着谦卑、带着弱点前进，知道自己可能搞错了，但是仍以自己的理解阐述着。我认同阿维拉的态度，但是波伏瓦的哲学表明，我这种情况可能也掺杂了一点自恋——不是那种不切实际的自恋（我希望），而是脆弱的、自说自话的自恋。

我的恐惧源于想要把自己打造成一个有思想的好作家。这

---

i　1978年由临床心理学家克兰斯博士（Pauline R. Clance）和因墨斯（Suzanne A. Imes）提出的一种现象。具有"冒名顶替综合征"的人无法将自己的成功归功于能力，而是来源于运气、良好的时机，或他人的误解，并且担心自己是骗子这件事早晚会被人识破。

是我的自毁，我拒绝了很多可能，因为我害怕他人对我的看法。比如，我害怕在媒体前露脸。我拒绝了一个重要播客的邀请，因为我害怕自己无话可说，或是忘词，或忘记讲话的重点，或听起来很愚蠢。

这是一种自恋，因为无论是在媒体前的亮相，还是这本书本身，都不是关于我这个人的。圣特蕾莎对这一切再清楚不过了，她的意见之所以被准确采纳，是因为她把自己的观点放在首要位置。我知道我需要集中精力把自己当成传播哲学思想的通道，然而我还在挣扎着放过自己，努力把自己从一个我想塑造的自我形象中解放出来。真实的态度应该是努力在这种矛盾和不确定性中自洽，勇敢地投入其中，因为敢于冒险、敢于失败也是一种超越。

* * *

波伏瓦被指责是自恋的。她写了四部自传，还有许多带有强烈自传色彩的书籍，比如对她母亲去世的描述。她也出版了个人的日记和书信。一开始，她害怕书写关于自己的东西，因为她担心会过于自负，但是萨特和她的朋友们鼓励了她。[20]

当她70多岁回望自己的写作生涯时，波伏瓦为自己遭到的自恋指责辩护，说她在书写自己的过程中，也述说了许多其他人的经历："我在写作中用到的那些'我'，其实很多时候是

'我们'或者'人们'，代表的是我所处的那一整个世纪，而不是我自己。"[21] 她认为她的"我"超越了她的单数第一人称，强调的是普遍的人类境况。"我想要的是深入人们的生命，好让他们一听到我的声音，就感觉他们是在和他们自己对话。"[22]

如前文讨论过的，波伏瓦在这方面取得的成功是参差不齐的。波伏瓦的声音没有如她所愿传得那么远：有色人种女性、没有特权的女性，以及拥有各种不同才能的女性在她的作品里都没有看到她们自己。[23] 是自恋限制了波伏瓦看到她的分析中的缺陷吗？当我问存在主义心理医生莱昂·盖博（Leon Garber），他是否觉得波伏瓦自恋时，他说："毫无疑问。"

盖博列举了她对那些爱她的人有限的同情，还有她想要推翻体制、摧毁权威的渴望中过度的逆反冲动。他认为，任何一个写了好几部自传的人在某种程度上都是自恋的。此外，波伏瓦还过度关注死亡，担心这个没有她在其中但会继续存在的世界。在一部回忆录中，波伏瓦说她希望通过写作达到永生。与其追求来世的上帝之爱，"我更愿意追求来自无数读者的真心不灭的爱"。[24]

有时，波伏瓦在看待一些女性的经历时是短视的，她也一直没有认识到自己思想的局限性。尽管如此，一个人书写自己看待这个世界的方式是无可厚非的。在书写自己时，波伏瓦发现她作品的某些方面和许多人产生了对话——并且仍然在对话，所以她坚持继续写作。波伏瓦知道她的作品引起了很多共鸣，因为读者写给她的信堆积如山，她也给很多人回了信。这些以书信为载体的对话充满了相互认可，坚实有力地证明了她的声音很重要。1972年，一位读者写道："我为什么给您写这些呢？因为我从来没有感受到和任何人有和您这般的亲近感，女士，您的写作能表现出全部的情感范畴。"[25]

然而，给波伏瓦贴上自恋的标签，也是一个告诉女性要安分守己的潜在例子。如果波伏瓦没有书写她的经历，那对她来说可能是一种自我毁灭。对波伏瓦而言，写作是一种通向自我实现的真正追求，这种追求可以帮助很多人。

凯特·柯克帕特里克指出，在波伏瓦的一生中，人们对她发出了太多针对女性的攻击，不仅贬低她的作品，还诋毁她作为一个女人、一个思想家，甚至作为一个人，都是失败的。波伏瓦28岁时，她的父亲嘲笑她的写作，对她喊道："你是一个干瘪的老梅子干儿……已经老到不能再思考了，就别想着能写出一本像样的书了。你永远也只不过是那个蠕虫的情妇。""蠕虫"指的是萨特，波伏瓦的父亲恨极了萨特，因为他们没有结婚。[26]随着波伏瓦的名气越来越大，记者和其他人称她为"陪跑者""伟大的女版萨特""萨特圣母院"，以及萨特的——缪斯女神、信徒、大使、粉丝妹、保姆、传记作者、善妒的女人、谄媚的马屁精……[27]

与萨特交谈同样会给波伏瓦带来一种自我怀疑、文化自卑和精神卑微的感觉。在索邦大学上学时，波伏瓦和萨特会在卢森堡花园讨论哲学问题达数小时之久。萨特会把她的观点驳斥得千疮百孔。以至于波伏瓦以为自己已经在傲慢和困惑中迷失多年，她的理性已经被偏见和草率的阴云遮蔽。萨特会告诉她她缺乏创造力，她的思想也不新颖，他把她当成幼儿一般对待。她开始觉得，"知识的宇宙是一片巨大的思想混沌，我在里面盲目地摸索前行"。[28]

有时萨特会将他的那些萍水相逢的爱人与波伏瓦对立起来，还说是为了激励她。在其自传中，波伏瓦写过"卡米耶"——西蒙娜·若利韦（Simone Jollivet）的事。卡米耶稍长于波伏瓦，她美丽、迷人，热衷于阅读和写作，还是个演员。有一段时间，她是一名性工作者，站在炉火旁，光着身子招揽客户，同时还读着米什莱（Michelet）[i]或尼采。"萨特频繁地让我以卡米耶为榜样，在我不想动弹时刺激我。"波伏瓦回忆道。[29]

粗鲁无礼的行为并不违背萨特的性情。在1974年发表的一次和波伏瓦的访谈中，萨特告诉她，他自己从来不会被丑女人吸引，他说："在我们的关系中，我希望女人漂漂亮亮的，因为那是一种提高我的感受能力的方式。"[30]波伏瓦的一个朋友告诉她，萨特简直是个暴君。她的朋友这样说完全没问题，但是波伏瓦不予理会。[31]她坚称："萨特绝对不是暴君。"[32]

---

i 19世纪法国著名历史学家儒勒·米什莱（Jules Michelet）。

波伏瓦嫉妒萨特对卡米耶的赏识以及她的独立。然而，波伏瓦知道卡米耶的自由是以爱和艰难的性工作为代价的。波伏瓦平复自己，她想要的仅仅是有时间写作。[33]当她一动不动地写作时，她又重回旧时光，那时的她可以自己安排自己的时间，"每次我开始写一本新书，我就又成了一个初学者。我怀疑自己，我变得灰心，所有过去完成的工作就好像从来没有实现过一样，我的草稿是那么的支离破碎，看起来根本不可能继续写下去"。但是也会有一些时刻，她的文字让她兴奋地一气呵成，"每一页，每一句话，都对创造力提出了新的要求……创造是一场冒险，是青春和自由"。[34]

* * *

尽管在拥有以真实的方式创造自我的机会之前，波伏瓦受到的来自他人的猛烈诋毁从不同方向撕裂着她，但她仍然从自我毁灭中复苏了。例如，波伏瓦对她和谁共度时光是有选择的：少陪家人，多陪朋友（虽然陪萨特的时间也不少），践行着那句经常被错用的名言——"誓约之血浓于胎腹之水"[i]。你无法选择你与生俱来的家庭，但你可以选择你逻辑上的家人，也就是那些围绕在你身边的人。这可能意味着让自己远离那些以

---

i　"Blood of the covenant is thicker than the water of the womb." 经常被化用为 "Blood is thicker than water."（血浓于水。）化用后句意与原意大相径庭。

破坏性的批评方式贬低你的有毒之人——特别是当他们打着
爱、义务或良药苦口的旗号时。

　　萨特对波伏瓦的批评对她而言是建设性的还是毁灭性的尚
无定论，但是波伏瓦会将他那在她看来富有批判性但又充满优
越感的凝视转化成动力。或许他激励了她，因为她感受到他的
尊重，或者说他认可她的才智。他的话很可能激励了她证明他
是错的，或者鼓励了她不要让他失望。不过，她并不认为自己
在每个方面都比他逊色。她发现萨特的思想令人叹服，但他的
表达很笨拙。

　　萨特的态度给波伏瓦留下了极深的印象：他意识到了自己
的缺点，但他毫不在乎。他对自己想做什么一直保持着清醒的
认知，他对他自己、他的生命力，还有他马上就会成功有着坚
定的自信。[35]波伏瓦意识到了自己的处境，她知道萨特以及她
的其他同龄人的思想比她更先进，因为他们求学的时间是她的
两倍。他们的其他优势包括，他们是男性，这意味着他们接受
的是更严格的教育；他们更习惯进行哲学讨论；他们对自己想
做什么、想写什么有着更坚定的信念。

　　波伏瓦让自己休息了一阵，稍作调整。她还很明智地专注
于学习和个人潜在的成长。这种态度是一个重要的观念转变，
因为它为现在卸下了包袱，并且引导我们面向未来释放自己的
能量。波伏瓦开始满足自己的好奇心，探索世界，并为让这个
世界变得更好而努力：

> 我看到一片清晰地展现出活力的土地在我面前
> 铺展开来……我不再问自己：我该做什么？能做的
> 事情太多了……克服错误，寻找真理，向世界讲述
> 真理、阐释真理，也许帮助改变世界……凡事皆有
> 可能。[36]

波伏瓦把她的自我怀疑转化为写作。从创作第一本小说《女宾》开始，她就一发不可收拾了。她相信她的作品，她言之有物，她建立起了说出它们的信心。然而，战争迫使她后退一步，从一个截然不同的角度审视人生。她看到满目疮痍，意识到万事万物的存在都不能被视为理所当然。写作不是反抗绝望的灵药，但写作能帮助她应对人类境况的模糊性，让她去理解生命的痛苦与喜悦之间的落差，理解现实和表象之间的隔阂。[37]

波伏瓦学会了在该给自己赞扬时赞扬自己。当她和小说家科莱特·奥德里（Colette Audry）及哲学家让·瓦尔（Jean Wahl）一起出席晚宴时，她对自己能和那些所谓严肃的人畅谈自如而感到惊喜，她还意识到外表通常都是假象。[38]许多人看似更严肃或更有才华，但这些言谈举止常常都只是表象。

当波伏瓦的思想被归因于萨特或其他人时，她表示反对。比如，人们批评她的《论老年》是模仿之作，但她坚持她的

作品的独创性。[39]许多人不买账，但她自己有所坚持是很重要的。真实本身就包括通过坚持自我来申明我们的自由，并且抵制错误的公共观点。

自卑情结的解药是互利互惠。我们应该让自己身边充满既能支持我们，又能挑战我们的人。我们要善待自己，要认识到不同的人会有不同的门向他们敞开，这一点是很重要的。我们可以努力为自己和他人打开那扇门，可以通过投身于集体之中去学习、去好奇、去追求真相。

对自由这一终极目标的明确部分体现在认识到我们能从何处获得力量来为我们的幸福创造机会——或者有信心对那些我们认为会让我们不开心的事物说"不"。真正的幸福不是我们拥有什么、我们是谁，真正的幸福在于创造和作为。波伏瓦认为幸福不会从天而降，我们必须努力构建我们自己的幸福。[40]幸福和不幸都不是别人给予的，因此，认为自己有权享有幸福其实是一种自毁。不过，这种态度并不稀奇。美国《独立宣言》（*United States Declaration of Independence*）中说，追求幸福是一种"不可剥夺的权利"。从追求幸福是一种权利跳到幸福本身是一种权利并不难，但这样的跳跃是一种障眼法。

幸福

如果幸福非但不能给我带来真相，还会把真相
掩盖起来，那么幸福究竟有什么好处呢？

——《事物的力量》第一卷

　　幸福曾经的意义和我们如今对它的理解完全不同。英语里
的 "happy" 这个词来源于古诺尔斯语[i] "happ"，和 "偶然情况"
（happenstance）一词中的意义一样，代表着幸运。一个人的命
运——财富、健康、幸福——掌握在神的手中，幸福是外部
力量作用于你身上的。如今，对幸福更常见的理解是或多或
少的片刻欢愉，但幸福的哲学意义要更为丰富。古希腊人会
讲 "幸福感"（eudaimonia），意思是 "健康" 或 "成长"。哲
学意义上的幸福不那么注重即时的享乐感受，而是关乎生命
总体的良好走向。波伏瓦对幸福的理解正是建立在此基础之
上的。

---

i　古诺尔斯语是印欧语系日耳曼语族的一个分支。

在《第二性》中，波伏瓦的分析主要聚焦于自由的可能性，而非幸福，但是幸福在她的其他许多作品中都是一个反复出现的主题。波伏瓦认为，真正的幸福是一种特殊的成长，这种成长来自与这个世界和谐共存。和谐不是淡泊无为的意思；它意味着拥抱自由，为我们的生命担负起责任，追求真理，并和这个世界以及他人创造真正的联系。对我们大多数人而言，问题在于有无数张厚厚的大网阻碍着我们通往真正幸福的道路，让我们误入歧途。而波伏瓦所要做的，正是努力透过这重重迷雾，看清前方的道路。

波伏瓦关于真正幸福的核心观点是这样一种存在主义理念：我们不断在做自己的主体和做他人的客体之间犹豫不决，在掌握我们的世界和被它摧毁之间摇摆不定。我们无法决定我们周遭的世界，无法变成万能的宇宙中心，但我们可以努力拥抱这些矛盾和中间状态，在它们之中快乐起来。这道位于主体和客体之间、掌控和屈服之间的鸿沟，就是存在的空间。用波伏瓦的话说，"我把'这道鸿沟'当作一种胜利，而不是失败。这意味着，人类在徒劳无功地试图成为神的努力中，让自己作为人而存在。如果人对这个存在满意，那么他就与自己完全一致了"。[1]

在一篇1946年的文章中，波伏瓦以让-保罗·萨特为例，指出他是一个（当下）幸福的人。他对他的存在很满意，他和自己一致，他与自己的世界和谐共处。他不依靠任何人来获得快乐。他极富想象力，并且投身于自己热爱的事物中，比如写作、女人、威士忌——不一定是这个顺序。

萨特不为任何事过分担忧。死亡不会给他蒙上阴影，因为他将其视作生命中一种必要且重要的状态。萨特知道自己喜欢什么。他更喜欢吃罐头，不喜欢吃新鲜水果和蔬菜，如波伏瓦所言，"比起山间或海边的清新空气，他更享受充满烟味、被人们的呼吸弄得暖烘烘的空气"。[2]最重要的是，萨特珍视他的自由和他对幸福的掌控，他也对他人拥有幸福的可能抱有信心。

波伏瓦没有意识到萨特的幸福通常都是以牺牲他人为代价的。他留下了一长串不幸者名单——大多数是他的前女友。他不用承担种族歧视、性别歧视和阶级歧视的重负。悠闲地喝着威士忌或者坐在咖啡馆里而不用遭到歧视，走在街上不会遇到不满的嘘声，不用活在暴力和仇恨的恐惧中——这些对他来说都易如反掌。萨特式的幸福不仅在道德上存疑，而且对许多人来说完全是可望而不可即的。

尽管如此，波伏瓦关于真正幸福的观点中尤为重要的是，她认为幸福与我们对自己的生命负责，把握我们的自由，同时也保障他人的自由紧密相关。波伏瓦在《模糊性的道德》一书中写道：

要想获得自由，就要展示自己正处于存在的喜悦中；为了让自由有实际意义，必须时时刻刻重申存在的喜悦；向着自由迈进的每一步都会变成喜悦，变成幸福，从而在世界中呈现出它真实而有血有肉的面目。[3]

如果我们不热爱生命，如果活着不能给我们带来幸福，那么我们为什么活着？也许是为了学会如何去真正地爱它。（但我们必须尽快学会。）如果我们在生命的道路上只是开着自动驾驶模式，一心追求金钱和美貌而毫无激情，那我们的行动就会变得毫无意义，变成一场徒劳。如果生命中没有喜悦，那也就没有了一切。我们也可能会死去。

* * *

存在主义不是以快乐哲学著称的。它将焦点更多地放在死亡、焦虑和冷冰冰的残酷现实上。存在主义拥有这种阴郁名声部分是因为它是在物质世界和心理世界都遭到严重破坏的第二次世界大战期间流行起来的。存在主义的名声还表明这种哲学经常被误解。萨特于1945年做了一场演讲，题为《存在主义是一种人道主义》（"Existentialism is a Humanism"），他之所以做这场演讲，其中一个原因就是试图向普罗大众澄清存在主义这种哲学——不过后来他担心自己将它过分简单化了。

大约与此同时，波伏瓦也在奋力抵挡存在主义的惨淡声誉。在1945年的《存在主义与大众智慧》（*Existentialism and Popular Wisdom*）一文中，波伏瓦认为，大众文化里的愤世嫉俗和陈词滥调扭曲了我们对什么会使我们幸福的看法。这些陈词滥调包括：幸福是生命的目标；我们都应该幸福；不要太有野心；不要有过多目标；不要试图当英雄；我们最终都会死，所以没有什么是真正重要的；希望和绝望一样都是徒劳。

这种悲观主义是便捷的，因为它只需要付出极少的努力，给了人们什么都不做的借口。在波伏瓦看来，大众智慧比存在主义还要悲惨。"因为我拒绝说谎并走开，人们便指责我是悲观主义者；但这种拒绝暗含着希望——希望真理能发挥作用。比起选择冷漠、傲慢或是伪善，这是一种更乐观的态度。"[4]

从波伏瓦那个时代至今，大众智慧在许多方面都发生了改变。然而，有一个障眼法仍然流传甚广：幸福是生命的一个目标——甚至是*最*重要的目标。现代社会的陈词滥调大量充斥于T恤衫和笔记本上，告诉我们"别烦恼，要开心"[i]"吃饭，睡觉，*很赞*，重复"[ii]。广告吹捧着：买到它就是买到幸福！开启

---

i 原文为"Don't worry, be happy."最初为鲍比·麦克菲林（Bobby McFerrin）创作的同名歌曲，后来多被运用于广告招贴等设计之中，如与著名的"黄色笑脸"图案搭配使用。

ii 原文为"EAT, SLEEP, *fabulous*, REPEAT."这也是一个流行文化中的常用语，其中第三个单词可以根据使用者需求替换。

幸福之旅吧！拥有学位（或工作，或者任何其他事物）就是拥有幸福！

拥有基本的物质保障——金钱和它能买到的东西——固然对我们的生存和幸福有着巨大的影响，但拥有更多的东西会让我们幸福这种观念是最大的障眼法之一。波伏瓦写道，资本主义就是基于一种让人们忘记为自己的生命追寻真正理由的幻想。[5]资本主义兜售无穷无尽的消遣。整个营销行业都致力于寻找新的策略，好让我们相信这些小玩意儿会带给我们幸福，我们需要通过不断购买小玩意儿来达到最大的幸福。

这是快时尚存在的前提。快时尚说服了许多人，让他们相信每个季度都需要新衣服，与此同时带来了大量的垃圾填埋和污染。服装化学品毒害着地球。由于制衣企业将各种染料、致癌化学物质和重金属的混合物排放到河流中，河水正在变成黑水。

快时尚、赌博机和社交媒体的花样层出不穷。表示已读的对钩告诉你，你的消息已被人读过了，有人回复你时，弹窗会让你知道——所有这些设计的目的都是让我们对新鲜感引发的一阵阵多巴胺刺激上瘾。这些微小的时刻造成了我们对各种刺激下意识地狼吞虎咽的习惯，而企业不断地从我们身上吸走金钱和信息。

许多人渴望占有更多。波伏瓦精确地断定，可以让人获得片刻满足的商品——比如酒精、毒品、新闻、电影、社交媒体——只会转移我们的注意力，让我们无法实现真正的满足。想象力的匮乏使我们变得思维迟钝，让我们更顺滑地堕入颓废享乐的深渊。波伏瓦说，我们用这些转移注意力的事物逃避我们的生命，因为我们缺乏"内心之火"。[6]当我们沉迷于它们，就会堕入波伏瓦所说的"白活一场的心悸"——这是一件坏事，这种逃避自己、堕入消极和不作为的行为是自欺。[7]

强迫性消费主义的问题部分在于被误导的对新鲜感的渴望。在《一个存在主义者眼中的美国人》（*An Existentialist Looks at Americans*）这篇文章中，波伏瓦批评了人们（特别是美国人，虽然肯定不只是他们）对新鲜感无法自拔的沉迷和狂热。总是求新弃旧是危险的。我们当下的行动固然重要，但只有在把生命看作一个整体的语境下，在把现在和我们的过去、未来当作一个综合体时，这种重要性才得以彰显。真实性要求我们与我们的过去、现在和未来创建一种真实的关系。

过度强调当下的享乐无异于将生命当作一系列无休无止的瞬间性的小小死亡。不清楚波伏瓦使用"小小死亡"（la petite mort）这一表达是否暗指性高潮后的生理感觉，或是更倾向于它的字面意思。不管是哪一种，把生命当作一连串的性高潮可能会很快乐。恰如其分的享乐对过上美好生活而言是重要的，但是当我们不断沉迷于原始冲动，从一个无意识状态飘浮到另一个无意识状态，我们的存在就会变得莫名其妙。

波伏瓦说，偶发性地活着让生命变成一场"无限期的飞行"，缺少真正深刻的基础，只有"干巴巴的骨头"。抛弃我们的过去和未来，会让现在变成一具"名誉上的尸体"，因为在我们经历现在之前，我们就给现在判了死刑。[8]波伏瓦笔下的人物劳伦斯——《美丽的形象》中的一个广告经理，解释道：

> 人们既追求新颖，又不想担风险；既想要产品动人心，又想它坚固耐用；既渴望产品有极高的声望和价值，又要求价格低廉……她总是面临同一个问题：如何激起人们的好奇心；如何既令人震惊，同时也要让人安心；如何让人们觉得这款神奇的产品既会完全改变我们的生活，又不会给我们添丝毫麻烦。[9]

没有保证幸福的神奇产品或炼金术。一个兜售乐观的社会先让许多人感到迷惘，然后再把灵药卖给他们，好让他们暂时忘却迷惘的感觉。关于"美国这个令人不安的奇迹"，波伏瓦写道："要适应这里就要真的放弃你自己；要想幸福就要故意视而不见。如果美国人愿意接受地球上也存在着不幸福，并且不幸福并不是一种天生的罪，那么对美国人而言许多事情都会改变。"[10]

然而，许多人确实把幸福变成了一个虚假的偶像。假设你把幸福确定为目标，首先你要做的是思考什么会让你幸福。你有什么尚未满足的需求？你有哪些空虚需要填补？什么能带来快乐？什么能把痛苦降到最低（假设你不是受虐狂）？

波伏瓦对这种情况进行了分析：你在把自己变成一个物品。你已经把注意力集中于肤浅的自私自利上了，已经在把自己当成一个静止的东西来对待了。你在以一个固定的东西的视角看问题，并且决定它想要什么，它的需求是什么——而固定的东西是不存在的。一大批商品正在贪婪地等着你的信用卡，好让你能用那些无用的东西满足自己，但其实它们只会让你比任何时候都更加空虚。

虽然自私自利看起来可能像是许多行为的指导性解释，但存在主义的观点认为，自我不是被事先规划好的。自我不是一个物品，它恰恰始于无物（nothing）。但我们是创造性的无物。我们在这个世界一往无前，既没有既定的兴趣，也没有现成的目标（虽然许多兴趣和目标都被强加在我们身上）。

有朝一日回首往事时，虽然你我的生命似乎早有定数，但我们的每一条生命轨迹都是一系列选择的结果。承担我们的自由或否定它，承认我们的选择能力是我们存在的事实，果断选择让我们自己成为命运的主宰……这一切都取决于我们每一个人。幸福不是存在主义意义上的合理目标，它会在自私自利中轰然倒塌，这是确定无疑的。

* * *

对幸福的热衷如今是全球的大势所趋。幸福常常被与经济增长挂钩。如经济学家凯特·拉沃斯（Kate Raworth）所言："我们沉迷于无穷无尽的增长，这是我们这个时代的存在主义经济问题。"[11]大多数政府都关注国内生产总值，认为这是集体幸福的基准。3月20日是国际幸福日，在这一天，联合国会发布一份年度《世界幸福报告》，除衡量经济增长外，还包含一些其他因素，比如健康预期寿命、慷慨程度以及社会支持，等等。

波伏瓦对永无止境地追求幸福感到担忧，因为这可能会让人感觉缺乏幸福，并且让人们堕入残酷的螺旋式下降的绝望中。在波伏瓦的小说《名士风流》中，安娜抱怨道，缺乏明确的幸福本身就是不幸福的普遍根源。想想社交媒体上充斥着的具有表演性质的幸福，还有那些网络达人，他们的事业定位就是吹嘘自己因为买了所有那些实际上用来兜售给观众的商品而幸福。这种文化创造了一种有关幸福和财富的集体面具，暗含着一种看法——如果你不幸福，你就是失败的。这也就是为什么抗抑郁的药物和自我救助类的书籍如此受欢迎：我们都被引导相信幸福是默认的，我们渴望快速修复、重返幸福。

一些人相信幸福可以因意念而存在。朗达·拜恩（Rhonda

Byrne）2006年的《秘密》（*The Secret*）一书拥有三百万的销量，是全世界最畅销的书之一。本书的假设基于一场名为"新思潮"的运动，该运动以一种极端的方式提升了对精神而非物质的核心信念。如果你能遵循"提问、相信、接受"的配方，就会变得成功和幸福。在脑海中形象化你想要的东西，它就会在你的世界里显现出来。愿景板的流行也是基于类似的原理：翻阅光彩夺目的杂志，把超模和设计师款服装的图片剪下来，贴到一张展板大小的纸上，然后看着它，这样就会帮助你实现梦想。这种努力是通过向神或其他构成宇宙的神力祈祷来使愿望成真的。

关于积极的想法是否能帮助人们获得幸福这一点，证据五花八门。一项研究发现，乐观的基督教修女比悲观的修女寿命更长。[12]另一项研究发现，进行慈心禅[i]冥想的人比不冥想的人更能打破"享乐跑步机"（hedonic treadmill）[ii]困局——更不容易沮丧，对他们的生活更满意。[13]还有一项研究发现，悲观者的皮质醇水平高于乐观者，这意味着悲观者比乐观者更容易被压力搞得心力交瘁。[14]还有一项研究发现，怀着乐观（而非感激）心态从心力衰竭中恢复的患者体力上更活跃，其所面临的

---

i   一种佛教修持方法，指通过禅定的形式为自己和他人祝祷平安幸福，从而达到一种清静、平和、无欲无求的境界。

ii   1971年由菲利普·布里克曼（Philip Brickman）和唐纳德·T.坎贝尔（Donald T. Campbell）提出的理论，指不管人们经历了什么或为幸福做出了多少努力，最后还是会反复回到幸福基线水平的一种倾向，犹如不论在跑步机上运动了多久，最终还是停留在原点。

心脏病复发风险也更低。[15]

积极的想法可能有益于我们的身体健康，但我们的身体健康也能促进积极想法的生成。并且一些积极的想法可能只能起到安慰剂的效果。王子逸（Lulu Wang）2019年的电影《别告诉她》（*The Farewell*）就来自她的生活经历和她对这一观点的戏谑。在这部电影里，一个名叫碧梨的年轻女子发现她的奶奶被诊断为肺癌晚期，只剩下几个月的生命。家人们决定不告诉奶奶这件事。碧梨犹豫不决，一方面要忠于家人和传统，另一方面她又对说谎和伪造医疗记录怀有罪恶感。家人们保守着这个秘密。6年后，字幕显示奶奶的人物原型还活着。（我不知道她是否看过这部电影，现在是否已经知道。）这部电影对积极的想法没有任何刻意的倡导，但它确实提出了一个问题：假如奶奶知道她被诊断为癌症晚期，她会不会已经去世了？

波伏瓦在她母亲的死这件事上面临着同样的两难境地。她的母亲弗朗索瓦丝当时在一个诊所里，马上就要死于癌症。波伏瓦说，医生的失误意味着这个疾病长期以来都没有被诊断出来。医生不断告诉弗朗索瓦丝那是腹膜炎——病情严重但可以治愈，还告诉她她正在恢复中。波伏瓦向母亲说谎，隐瞒了她将要离去的事实，接着又为自己成了医生的同谋而自责不已。

不过弗朗索瓦丝对自己的情况有着精准的直觉：她知道自己的身体每况愈下；她拒绝见牧师，以及其他所有她认为可能使她不会死的幻想破灭的人。母亲死后，波伏瓦在她的记事本中发现她曾经写道："我想要一个非常简单的葬礼。没有鲜花，没有花圈，只有许许多多的祈祷。"[16]祈祷能让一个人走多远这尚不清楚，但弗朗索瓦丝一直都知道自己快要死了。

* * *

许多怀疑论者都质疑积极性是否能影响现实。向着目标进发时，乐观主义是必要的。比如，你必须乐观地去想，学习能让你通过考试，或马拉松训练能让你跑完马拉松，锻炼一项技能可以帮助你掌握这项技能。但是假如你什么都还没做，就开始收割达到这些目标会带来的心理收益——放松、享受、血压和心率降低，过多的乐观就会降低你完成这些目标的行动力。[17]比如，沐浴在世界和平的荣光里可能会让人感到很幸福，但那不是波伏瓦设想的真实的幸福，她认为这种幸福是基于幻想的。

愿望没有达成会让人倍感扫兴。追求目标时若我们什么都不做，就会陷入惰性和长期的不快乐。对奇迹般回报的期望抑制着我们因努力而收获成就的幸福感。就像麻醉剂，乐观能让我们暂时感觉好受一些，但是过多、过于频繁地使用就会让我们上瘾。长期有毒的乐观会使我们的状况越来越糟糕，因为我们会错过实际行动带来的好处，比如超越不切实际的幻想。

降低期望值，专注于可能出现的最坏的结果是一种很好的方法。这种方法能帮助我们做好准备面对生命的起起落落，并且如果完成目标，你会觉得非常惊喜。斯多葛派称之为"*消极想象*"（premeditatio malorum）——想象我们可能被剥夺的事物，从而更加珍惜它们。

有毒的乐观主义可能产生比未达到目标和失望还要恶劣的后果。读到拜恩在《秘密》里写的"只有通过坚持不懈的想法召唤它，一件事才能成为你的经历"时，我差点把这本书丢进垃圾桶。拜恩假定，那些车祸、战争、大屠杀和其他悲剧的受害者之所以会死，是因为他们自己的想法将他们置于那些境地。"他们的思想频率和悲剧事件发生的频率相匹配了，"她写道，并坚称，"你选择去思考什么，什么就会变成你的经历。"[18]

波伏瓦的分析为我们理解这些事情提供了更好的工具：被压迫的人通常假装快乐，因为那是别人对他们的期待。[19]声称被压迫的人应该因他们的境况而受到指责是极其不真诚的。这忽略了阻止人们自由做出选择的蓄意剥削，也忽略了那些做出对他人有消极影响的选择的人的责任。

女性主义者萨拉·艾哈迈德（Sara Ahmed）认为，幸福有着"深远的不幸影响"。[20]快乐的家庭主妇、快乐的奴隶、阖家幸福等相关叙事被用于为针对相关群体的压迫做辩护。这些故事情节看似能为通往幸福之路指点迷津，但实际上，对大多数人而言，它们会侵蚀幸福。太多的人屈服于难以捉摸的幻象，假借照顾、保护、避免冲突之名，错把平静、迟钝、停滞、乏味的琐事之类被动消极的事物当作真正的幸福。[21]

奥德雷·洛德在乳房切除手术后的恢复期也经历了这样的受害者有罪论。她在一本医学杂志中读到一个医生说，快乐的人不会得癌症。起初，她感到愧疚，想着自己的病是不是咎由自取，但她还是意识到了受害者有罪论对生命真相的掩盖。劝告人们在可怕的逆境中要快乐、要乐观，远比改善这些逆境容易得多。

面对现实世界中的种族歧视、性别歧视、环境污染、虐待、不平等、不公正、流离失所、自杀、贪婪……洛德问道："什么样道德败坏的魔鬼才能永远保持快乐啊？"洛德的解决方式是警惕那些腐蚀我们生命的谎言——"虚假的幸福和虚假的胸……还有虚假的价值"。在揭示我们真正境况的努力中能找到真正的幸福。用洛德的话说："我见过唯一真正幸福的人，是我们这些用尽生命的全部力气反抗死亡的人，我们意识到我们所处的环境中深深的、根本的不幸，而与此同时我们努力反抗，让我们自己不被这不幸湮没。"[22]

* * *

在波伏瓦的小说《被摧毁的女人》中，莫妮克问她的朋友伊莎贝拉是否幸福。伊莎贝拉回答道："我从来不问自己这个问题，所以我想答案是肯定的。"伊莎贝拉还将幸福定义为喜欢清醒着的每一个瞬间。[23]但是不憎恨生活和不去想自己是否幸福都只是对幸福很肤浅的看法。因为太忙而无暇思考并不意味着一个人就真正幸福。

女性长久以来被指派了幸福提供者的角色，而男性和孩子则从女性的付出中受益。但女性在承担这些角色时是否幸福并不重要。对女性而言，幸福没有固定的范式，那幸福是她自己的，归根到底，与她对他人的幸福的贡献无关。

让他人幸福可能是一项引人入胜的事业。在《被摧毁的女人》一书中，莫妮克遵照社会的脚本，全身心地投入到了为丈夫和孩子创造幸福的事业中。然而，正如压迫者通过掌控来强迫人们幸福不是真正的幸福一样，通过服从来迫使人们幸福也不是真正的幸福。牺牲自己来让他人幸福，这样的关心是有害的。

莫妮克的丈夫和孩子最终都很不幸。当她的丈夫离开她，她的女儿们长大离家并且对于和她维持关系兴致寥寥时，莫妮克幸福的基石也随之崩塌了。她是如此依赖母亲和妻子的身份，以至于离开这些身份，她都不知道自己是谁了。她想："世界是一片无序的混沌，我不再有任何清晰的轮廓。对任何事或对自己都没了信仰，还怎么可能活着？"[24]莫妮克（以及其他许多人）的错误在于相信他们的幸福要依赖别人才能获得。

青少年时期，波伏瓦犯了同样的错误——沉迷于她轻浮的（远房）表哥雅克。当她以为他想和她结婚时，她感到狂喜不已。当她怀疑他会和别人结婚时，她又陷入了绝望。她的幸福在他假惺惺的掌控下极度脆弱。当波伏瓦告诉她的哲学老师她对婚姻之爱持怀疑态度时，老师不无担心地回答："西蒙娜，你真的相信没有了爱和婚姻，女人能获得满足吗？"[25]

波伏瓦把这当作一种挑战，她决定要在没有雅克的情况下追求幸福。这是个好主意：雅克和别人结婚了，有了五六个孩子，波伏瓦经常看到他在酒吧里，喝得醉醺醺的，独自一人在哭。当她20年后偶遇他时，他喊道："哦！我怎么没有娶你呢！"他活到46岁，死于营养不良。[26]

* * *

波伏瓦的表哥明显存在很多问题，其中一个就是缺钱，但是钱买不来真正的幸福。而幸福并不取决于我们拥有什么或我们是谁，而是取决于我们做什么。波伏瓦在其第一篇哲学论文《皮洛士和齐纳斯》（*Pyrrhus and Cineas*）中论及古希腊将军皮洛士。皮洛士的军师齐纳斯问他，下一场战争打赢后要做什么。皮洛士说他会打下一场胜仗。然后呢？再打一场。再然后，再打一场。如此循环往复，直到皮洛士想停下来为止。齐纳斯问皮洛士为什么不现在停下来。齐纳斯是一个享乐主义者，也就是说，他喜欢最大化的安宁，以及最小化的痛苦和恐惧。但是战争既不安宁，又充满痛苦。齐纳斯提出了一个好问题：为什么要做这件事呢？

获得个人财产、朋友、爱人、孩子、地位、社交媒体上的粉丝、金钱和特权都能带来幸福，但它们本身并不能使我们幸福；而且不管它们能带来什么样的幸福，都是短暂的。那些中了彩票的人会兴奋一阵子，但迟早——通常是早——这种兴高采烈的情绪会渐渐退去。一份礼物能让我们欣喜若狂，但它立马就会融入我们的生命中，我们会忘记它最初点燃的幸福。

同样的事情通常也会发生在爱情中。"我们只有五种感知，而它们是如此容易迅速被满足。"波伏瓦《名士风流》中的人物亨利抱怨道。虽然客观上拥有美好的生活——从事着意义重大、备受瞩目、薪水颇丰的新闻业，身边美女如云，好友常伴左右——亨利仍然有一种迫切的欲望，想撕破眼前这番蓝天大海的美景，还有他的女友那年轻的肌肤。不过他没有。他不是精神病。他只是无聊、孤独。一旦我们拥有了渴望拥有的事物，对它的拥有就成了新的常态，我们就会忘记不应该把它们视为理所当然。

现代心理学称此为"享乐设定点"（hedonic set point），意思是我们有一个相对稳定的幸福水平。我们的幸福感会随着我们得到的事物、遭遇的事件和身处的环境而高低起伏，但总体上都会恢复到最初的满足水平。因为存在先于本质，波伏瓦会反对存在"预先设定好的点"这种东西，但是对此现象她有自己的解释。幸福不是一种生命事实，而是在超越自我、实现目标的道路上的意外所得：

> 我们无法"满足"一个人；人不是一个容器，乖乖地让自己被填满。人的境况是要超越其所拥有的一切。一旦得到，完满就会成为过去，徒留一种"持续不断的未来的空虚感"……因为人是一项工程，所以人的幸福与快乐也只能是一项工程。[27]

满足是一个渐行渐远的目标，很难知道追求目标应该从哪条路出发。亚里士多德对幸福的看法是，我们应该关注我们是谁、我们的才能是什么，然后好好运用它们。波伏瓦没有像亚里士多德一样提出现成的方案。我们无法以一种固定的方式获得满足，因为这是一个永无止境的追求过程，通往的是不确定但弥足珍贵的终点。但我们可以追求有意义的活动，为我们的生命注入真实的幸福。《名士风流》里的安娜说，我们无法给他人的存在以现成的理由，"但有时让他们远离幸福的仅仅是一些琐事"。[28]安娜成了一名心理治疗师，帮助人们提高对自己拥有快乐的可能性的认知。

波伏瓦教给我们，如果我们认识到幸福不在目标本身，而在追求和超越目标的过程中，我们就会做得更好。这种观念将我们的注意力从抵达目标转向幸福本身。虽然皮洛士的征服和掠夺存在很大的道德问题，但他的回答——他会继续着手新的追求——是真正的追求。获取事物不会带来幸福，因为我们总会想要更多。什么都不做也不会带来幸福，因为沉湎于内在不是真正的活着。获得真正幸福的最好机会，存在于追求能拓展我们想象力的目标的征途之中，存在于掌控世界和向这个世界屈服之间的模糊性之中，存在于我们创造自己的本质的空间之中。

* * *

　　学生时代的波伏瓦迫切想要一个有价值的、硕果累累的幸福人生，但她同时又害怕自己的目光太短浅。她担心追求幸福会引诱她变得驯顺、自满，会让她变得麻木。幸福到底意味着平和快乐的生活，还是充满成就的生活，又或是湮没在巨大的痛苦中，或者充溢着完全掌控自己未来的热情——这令她犹豫不决。某一刻，她猜想幸福一定是有意志的，并且将其定义为"炽烈而不涉及欲望的完满——内心的平静和安宁，一种不会意识到它最终会消亡的喜悦"。[29]

　　她还想到，既然世间有那么多痛苦，幸福可能是一种享有特权的存在方式。或许只存在少部分被认为配得到幸福的天选之人，或者那些用正确的方式追求正确事物的人才可以得到它。有时候波伏瓦会恼怒地把笔一扔："如果它来了，就接受它——只有当它是命中注定时，一切才是值得的。拒绝它是荒谬的，寻找它也是荒谬的。"[30]

波伏瓦开始相信，幸福多多少少与以上情形都有关。在后来的一部回忆录中，波伏瓦说她从未完全脱离过对幸福的渴望，尽管她意识到自己对幸福的沉迷一开始使她分心，使她无法严肃地对待政治问题。[31]波伏瓦的见解提醒我们要警惕：不要让追求幸福堕落为自私自利、自我牺牲或目光短浅。

此外，他人的不幸不会阻碍我们自己的幸福。波伏瓦同意阿尔贝·加缪的观点，他曾告诉她，我们不必为抓住一切可能获得幸福的机会而感到羞愧——就算我们知道世界的苦难，因为"幸福是存在的，它也很重要；为什么要拒绝它呢？你接受幸福也不会让他人更加不幸；它甚至会帮助你为了他们而斗争"。[32]

通常被忽略的一个问题是，追求幸福在道德上是否有价值，它是否会让生命的总体质量得到提高。正如前言中提到的，波伏瓦举了萨德侯爵的例子，认为他追求幸福的方式，他在折磨别人时获得的那些快感、兴奋和感官的刺激，在道德上值得怀疑。他的幸福是一种充满罪恶的兴奋。波伏瓦准确地批判萨德过度泛化了他的激情，比如他假设每个人都认为做一个唤起性欲的人是不好的。

但是波伏瓦从她所称的萨德的"黑色隐忍主义"中得到了很重要的启发：有时，痛苦会转化为快乐。[33]失败也可能转化为胜利，取决于你如何看待所处的境况。萨德的两个人物——朱斯蒂娜和朱丽埃特是一对姐妹，也是遭受过虐待的孤儿。朱斯蒂娜试图过上道德高尚的生活，但却受到惩罚和折磨，还遭到了残忍的强暴。而朱丽埃特应对自身处境的方式是成为一个色情狂，并且无所畏惧地杀戮。她们的残酷处境是相似的，但她们赋予了各自生命截然不同的意义。

不同的人对同一段经历所持有的倾向可能有着极大的不同：朱丽埃特拥抱了她的处境，而朱斯蒂娜却被环境毁灭了。波伏瓦并不是建议我们都采取放荡主义的态度，但萨德的这两个人物表明，不同的人面临相同的处境时，可能会赋予生命完全不同的意义。一些人被鞭子抽在身上时会获得快感和骄傲，而另一些人则会觉得痛苦和耻辱。

波伏瓦并不是想说假如朱斯蒂娜采取了和朱丽埃特同样的态度，她就会快乐一点。认为朱斯蒂娜只需要适应她的处境这种说法是一种受害者有罪论。波伏瓦想指明更重要的一点：真正的幸福不仅事关我们的自由，同时也与他人的自由有关。我们的健康和幸福与他人密不可分。我们也不能指望被压迫的人会幸福——两姐妹都处在极其糟糕的环境中。解决途径是让人们不要虐待或压迫任何人。

第二次世界大战期间，波伏瓦从简单的事物中寻找快乐，比如美丽的清晨、好天气、写作等，但最重要的是从团体中寻找快乐。当她需要真正的朋友时，就能拥有朋友，需要独处时就能独处，她为此感到很幸福。既能独处又能与朋友相伴提醒着她人存在于这世界上是一件多么美好的事，人们拥有同一个世界并一起生活是多么美好的事。这在某种程度上让她有了斗争的动力——为了每个人都能拥有选择以自己的方式去追求生命圆满的自由，并且不压迫他人。

* * *

除了在尊重他人的同时掌控我们自己的生命，还有另一条通往真正幸福的道路，那就是好好地理解我们的存在。虽然我们不能完全了解自己，但波伏瓦写道："自我认知无法保证幸福，但它在幸福那一边，能给我们为幸福而斗争的勇气。"[34]

自我认知能帮助人们理解自己的境况，思考自己这一生想要做什么，想从生命中得到什么，并帮助人们探索幸福的可能。波伏瓦呼吁我们不要像莫妮克那样活着，成为一个被摧毁的女人，而是要抛弃幻想，活得通透：

> 不，真的；我最最喜欢的不是热烈的信仰……而是毫无保留的热情；是探索、欲望，尤其是思想；是才华和批判、倦怠，还有失败；是那些不会让自己被欺骗的生灵，即使清醒地知道一切也要努力活着。[35]

　　波伏瓦的存在主义能帮助我们清楚地了解我们所处环境的真相。她激励我们找到勇气，真诚地面对我们的存在。无知和幻想可能会给人安慰，但真相更令人满足。清醒未必总是带来幸福，但清晰的思维能为幸福创造条件。要想收获真正的幸福，最重要的是让自己摆脱他人强加给我们的幸福，摆脱虚假的偶像，以及那些让我们掉入不必要的消费陷阱和失望之中的"商业虐待"。从这些让我们分心的事物中解放出来能让我们为把握自己的目标做好准备，以便自由地创造我们自己的幸福。幸福是我们积极过好自己人生的奖赏。我们应该扔掉令人窒息、充满限制的安全毯，走出舒适的茧房，去探索存在，反抗不公。存在的幸福在于追寻真相，而非止步于无知。

反抗

今天就改变我们的生活。不要把赌注下在未来，
要立刻行动起来，不要迟疑。

——《作于〈第二性〉之后》

真正有意义的人生是可以通往广袤无垠的宇宙的人生。波
伏瓦写道："精神及其全部的丰富性必须冲上那片等待它去填
满的空旷天空。"[1]存在主义让我们能纵身一跃，用我们的目标
填满我们的天空。但是许多人为无数大大小小的事情所束缚，
这阻碍着他们成为自己生命真正的创造者。对波伏瓦来说，限
制自由的束缚是一种道德危机，这些束缚构成了压迫。

波伏瓦认为，只要压迫还存在，只要我们的翅膀还会被折
断，就没有人能在道德真实的意义上获得真正的自我满足，因
为我们的自由有赖于他人的自由。波伏瓦指出，存在主义的
伦理学目标是根除压迫，因为"公正永远无法在不公中被创
造"。[2]面对压迫的真实反应一定是反抗，是针对不公的结构进
行斗争。我们必须团结起来，努力为世界创造一个新的根基：
基于自由，而非基于统治。重塑世界根基的力量掌握在我们手

里。波伏瓦开始相信，这一改变是"女性主义真正的任务"。[3]

在理想的世界，我们会看到波伏瓦所说的"集体转变"，受压迫的人会奋起反抗，压迫者会停止压迫，所有人的自由都将完好如初。[4]当所有人的自由之花都朝向同一片开阔的天空绽放时，反抗就没有必要了。

但事情远没有这样简单。当我们反抗时，我们会有干涉他人自由的风险，即使这并非我们的本意。那么我们如何道德地去反抗？当我们自己珍视的目标可能对消除压迫毫无帮助时，我们如何真实*且*道德地行动起来？

将反抗作为目标的想法甚至都会遭到强烈反对：对许多人来说，活着、培养适应力、小心行事等都比反抗更重要。[5]然而，忍受压迫会让压迫一直持续。许多人受困于被压迫的糟糕境地，不幸和苦难本身并不是美德。

波伏瓦意识到，人类迄今为止还没有创造出一个能解决所有社会问题的完美框架。在所有系统里压迫都可能存在，也确实存在着。那么我们该怎么办？波伏瓦的回答体现了存在主义的核心精神：我们必须在不确定性的迷雾中行动起来。不能寄希望于某个人想出一个完美的解决方案，因为这种东西根本不存在。我们需要着手一点点凿开——有时需要抡起大锤——去改变我们的系统，让它变得更好，虽然不是所有答案都信手拈来。在《名士风流》中，波伏瓦笔下的一个人物说道："如果你要等到时机绝对完美时才投入，那你永远不会爱上任何人，也永远做不成任何事。"[6]我们需要的是投入、行动、执行。

＊　＊　＊

波伏瓦小时候就感到反抗不公是一种道德义务。她称自己为一个"尽职的"小女孩，但会不时地违抗父母之命并以此为乐。她会在拍照时伸出舌头，这有时会把她的父母逗乐，有时又令他们恼火。她做了如此多的恶作剧同时又免于责罚，这点燃了她的反抗精神。

反抗父母对波伏瓦而言是一个很好的训练场，因为她很享受挑战精英阶层的价值观。长大以后，她相信中产阶级的利益和其他阶级别无二致。当波伏瓦试图为了底层阶级的利益斗争时，她很迷惘，为什么父亲严厉责备她，为什么母亲哀号着说她的灵魂需要拯救。[7]

当波伏瓦说出她的想法和担心时，她的父母感到很震惊，他们告诉她她误解了生命，并把生命想得过于复杂。[8]与此同时，波伏瓦也对一些杰出作家，如保罗·克洛岱尔（Paul Claudel）、安德烈·纪德（André Gide）等感到深深的沮丧，他们都反抗自己的家庭、传统，还有遗传来的智慧，但都安于现状，对真正的反叛或社会解决方案不感兴趣。

17岁时，波伏瓦有过一次顿悟。有一次，她试图引起雅克——她的心上人兼表哥——的注意，去了罗伯特·加里克

（Robert Garric）的讲座。加里克是一位法国文学教授，也是一个名为"社会团体"（Les Équipes Sociales）的组织的创始人，该团体会组织有特权的学生和青年工人阶级进行交流。这个组织致力于运用友谊来克服阶级分歧、偏见和利己主义。

她清晰地感到一种强烈的使命召唤，她要做一个振臂呐喊者。关于回归家庭，她回忆道："我被这个召唤所呈现的明确的必要性深深震撼：数不清的任务等着我；它需要我倾尽毕生的精力；如果我允许自己对这个目标有丝毫懈怠的话，我就会背叛我的信念，辜负人类。"[9]

尽管早期有这个发现，波伏瓦仍在几年后的日记中写道，她对个体和存在原因的兴趣更甚于对社会的兴趣。[10]多年来，她的确专注于自己的内心世界和发展她的职业，但是第二次世界大战改变了她的看法。

* * *

波伏瓦强调了一系列障眼法，她认为了解这些有助于我们着手打破加在自己和他人身上的压迫性的束缚。其中一个障眼法是，任何行动都是徒劳。行动常常会失败，这不假。比如，作为一场锁子甲式环环相扣的运动，"女性支持女性"（WomenSupportingWomen）鼓励女性发布取悦自己的黑白自拍照来颂扬女性力量。包括一些名人在内的数百万人都加入了这场运动，如加布里埃尔·尤尼恩（Gabrielle Union）、黛米·洛瓦托（Demi Lovato）、娜塔丽·波特曼（Natalie Portman）、科勒·卡戴珊（Khloé Kardashian）、盖尔·加朵（Gal Gadot），等等。

问题在于，没有人真正知道这个话题标签想达到什么目的。它是想通过鼓励女性彼此分享照片，并预想这些照片只会收获积极的评论来赞颂女性吗？还是提高对癌症的认知？一个发布更多不太体面的自拍的借口？抑或为了支持致力于阻止暴力、保护受害者并将侵害者绳之以法的《伊斯坦布尔公约》（*Istanbul Convention*）[i]，而计划在土耳其发起一场反对杀害女性和家庭暴力的运动？这个话题标签可能出于以上所有的初衷，也可能都不是。而且自拍太多了，乱哄哄的，像雪崩一般，不管运动的初衷是什么，也都在这雪崩中被湮没了。

这种现象就是后来为人所熟知的"懒人行动主义"（slacktivism）。这一说法结合了"懒人"和"行动主义"两个词，指的是有些人做了很多努力去让自我感觉良好，但这些努力却不足以引起任何有意义的改变。他们仅仅停留在这一丁点的努力上，却没有继续向前更进一步。

这些话题标签最终似乎都走向了自我吹嘘。它们让人们自我感觉良好，就好像他们确实在支持性别或其他类型的平等，

---

i 又称《欧洲委员会防止和反对针对妇女的暴力和家庭暴力公约》。

但采用的却是一种让自己声名大噪的方式。不过，这些运动也唤醒了人们的意识，让他们表明自己在拥护什么。关键在于要超越"懒人行动主义"，将有限的意识变为真正的主张。

假设我们的行动不会产生影响是不真实的。失败主义是一种预判，预先断定了我们行动的意义和结果。波伏瓦写道："不管现有环境是什么，它都不必然暗示着某种未来，因为人对其所处环境的反应是自由的。人怎么可能预先断定和平、战争、革命、公正、幸福、失败、胜利等这一切都是不可能的呢？"[11]屈服是一种选择，这种选择塑造并强化了使未来远离成功的叙事。如果还没尝试就投降，我们就是在各种可能性萌芽之前就扼杀了它们。

"不论静止还是行动，我们永远在地球上有分量。"波伏瓦写道，"每一次拒绝都是一次选择，每一次沉默都有一个声音。我们的消极是有意志的；我们还是必须去选择不做选择。根本不可能逃避。"[12]独善其身、冷眼旁观、保持中立、不关心政治，这些都是立场，也都是对真相和我们生命的逃避。逃避是不真实的，因为不论作为还是不作为，我们都要对我们的行动负责。如果什么都不做，我们就会失去自我。

1947年去美国时，波伏瓦这样评价美国人："最令我感到震惊也最沮丧的是，他们既能看见，也很清醒，却如此冷漠。"[13]她注意到，美国人谴责压迫、贫困、种族主义和法西斯。但是她也注意到，尽管美国在全球拥有雄厚的实力，作为个体的美国人却意志消沉，就好像他们没有那般实力，也对这个世界存在的问题没有责任似的。

当我们被可怕的新闻淹没时，我们会变得脱敏，即在面对它们时仅仅心头一颤，就接着去关注下一个可怕的故事了。每天见证仇恨的狂潮会让我们的情感枯竭。波伏瓦称此现象为"想象破伤风"，并认为"这也许是一个民族道德败坏的最终阶段——对苦难习以为常"。[14]

使他人陷入风险或一直处于风险中让我们也成为这个问题的一部分，成为加重人类集体苦难的帮凶。我们的幸福有赖于他人的幸福。在《名士风流》中，波伏瓦笔下的一个人物说，我们无法逃避我们身处的环境的历史，但我们需要找到出路，把世界变成一个更适合生存的地方，"弃权不是解决之道"。[15]因为我们是彼此关联的，我们有道德义务参与到争取自由的斗争中。在压迫和有道德缺陷的政策面前无动于衷，就仿佛我们自己做出了不道德的决定一般，同样是一种罪。

我们应该相信反抗是可能的。这不是痴人说梦，反抗成功的先例是实实在在存在的。1968年的野猫罢工[i]、占领华尔街运动[ii]、"BlackLivesMatter"运动、女性大游行、

---

i 野猫罢工指没有工会领导的、劳动者自发组织的罢工。
ii 2011年9月发生于纽约曼哈顿的示威游行活动，示威者的目的是反对美国的权钱交易、两党政治斗争及社会不公正，产生了世界性的影响。

"MeToo""TimesUp[i]""TakeAKnee[ii]"，以及其他运动，都是在做出切实的改变。人们正在积极参与，共同让自己的声音被听见。我们的真实性有赖于对反抗能促成改变抱有信心，但在乐观的同时也要适当地面对现实，要知道懒人行动主义是远远不够的。相信好的改变是有可能的仅仅是让它成为可能的第一步。

* * *

波伏瓦认为，宣称不公平是"天然的"，因此我们不该也不能消除不公，这是使人们习惯接受压迫并使压迫合法化的另一个障眼法。[16] 你无法违抗一件自然之物，比如流行病。这种态度是一种默许：当然，有生之年你可以庆祝生命中的小小欢乐，但你无法反抗病毒，因为病毒和人类不一样，它无法进行道德思考（不过你当然可以用人类为应对流行病而制定的政策来反驳）。

当我们接受了压迫系统也同样是自然的这种想法，我们便会得到相似的结果。既然女性"天然"适合无偿的工作，那么

---

i　在哈维·韦恩斯坦的性骚扰丑闻被披露后，由好莱坞三百余位女性导演、演员、编剧、制片人等联合发起的，旨在抵制性骚扰的又一场大规模运动。

ii　单膝下跪是一种反对种族歧视的象征性姿势，在奏国歌等类似场景下，个人以此姿势表达对种族歧视和警察暴力等行为的抗议。该运动由美国橄榄球运动员科林·卡佩尼于2016年9月1日发起，此后被世界各国运动员用于对种族主义的抗议。

为什么还要试图改变就业歧视呢？如果一双"看不见的手"总是会搅弄市场，把人们置于他们"天然"应该待的位置，为什么还要反对不公平的薪酬和财富分配制度呢？

这些自满的态度忽视了我们处境中的关键因素，比如许多经济体制以剥削大多数人为代价来保障小部分人的财富。认为压迫是自然的，这种态度还会最大程度地削弱我们的自由之力，让人觉得人类没有能力做出不同的选择。病毒不是一个道德实体，但我们对它的反应是——我们可以反抗恐惧和自私。面对既固执又难以捉摸的病毒，真正的行动不是抱怨口罩或强制注射疫苗（像有些人所做的那样），而是要将他人的福祉牢记于心，并据此行动起来。

美国梦就是这类障眼法的一个典型例子。如果你足够努力地凭借一己之力让自己振作起来，宇宙的自然法则便会给你回报，你会到达财富和成功的顶峰。如果你没有成功，要么就是你不够努力，要么就是你天然不够好。这种将赤裸裸的不公视为人们所做选择的必然结果的假设，忽略了阻碍人们拥有相同的可能性的特权和结构性压迫，忽视了自由受限于环境的制约。

1945年，波伏瓦出访了安东尼奥·德·奥利维拉·萨拉查（António de Oliveira Salazar）独裁统治下的葡萄牙，当时那里许多人营养不良，生活极度贫困。一天夜里，波伏瓦和一个富有的葡萄牙男子在露台共进晚餐。一群穷人家的孩子围着他们打转，波伏瓦给了其中一个孩子一枚硬币。

波伏瓦的同伴气得冒烟，试图把钱要回来。那个男子塞了满嘴的大虾和蛋黄酱，断言波伏瓦的慷慨是一种浪费，因为那些孩子会用钱去买香烟和糖果。波伏瓦拦住了他。后来她思考道："我咽下的每一口食物都是对他们的苦难的侮辱……人们惧怕他们，因为人们深知自己的富有是一种可耻的剥削的结果。"[17]

对这一情境的一种解读是，那个男子将那些孩子的贫穷归咎于（据说是）他们"天然"的胡乱花钱倾向。如果这是事实，那么感到有必要指导非特权阶层的人们如何花钱本身就是一种轻蔑的家长式作风，也实在傲慢。

进一步说，这个男人的粗暴和仇恨的反应同样暴露了他的自欺。他感到被威胁，因为他害怕被判为道德上是该受到指责的——他明明有办法减轻贫困的影响，却没有这样做。为了逃避责任，他构建了一个障眼法，认为穷人活该受穷，他们的痛苦不是他的问题，这样一来他就可以继续沉浸在他奢侈的晚餐里，被饿着肚子的孩子们包围着却感受不到任何道德有亏带来的负担。如果他们的贫困是天然的，是活该，那么给他们钱也不会威胁到他；他知道自然秩序会获胜。波伏瓦明白，他的残忍恰恰暴露了他知道孩子们受压迫的真相，以及他自己的帮凶身份。

还有一个类似的想法在一些人的心中根深蒂固，这些人拒绝为无家可归的人提供金钱方面的帮助，预设他们的天性会让他们把钱用来买酒或毒品；或者责备年青一代吃着牛油果吐司却不买房。失业、无收入或没钱买房并不是自然现象。这些情况可能是个人选择的结果，但更多时候它们是社会被享有更多特权的人所控制的结果。

* * *

波伏瓦指出的第三种障眼法是，当被压迫的人获得自由，作为报复，他们会压迫他们的压迫者。[18] 系统性的种族主义建立在这种对复仇的潜在恐惧之上：对白人处于被压迫的边缘，以及当有色人种得到自由后，白人的自由将受到约束的感知。

波伏瓦认为这种对复仇的恐惧显而易见是错位的。举例来说，某些法律本身就是为保护压迫者而构建的，有时甚至准许他们谋杀他人而免遭惩罚。当受压迫的人试图保护自己时，他们通常会因胆敢不守本分地挑战他们的处境而遭受极其严厉的惩罚。

复仇是障眼法的另一个原因是，压迫者和被压迫者不是完全的二元对立：这就是所谓的交叉性。当我们认识到不同人的不同身份以独一无二的方式相互交叉时，我们就能认识到，一些人比另一些人受到更大的压迫。还有一些人既受到压迫，同时也是压迫者。

当一个群体所受的压迫变少时，他们有时确实会将压迫持续下去，但通常他们会继续压迫那些本来就受着压迫的人，这不是出于报复，而是出于无情和冷漠。比如，许多中产阶级的人挣到足够多的钱时，就会把自己从家务、照顾孩子和其他一些单调乏味的事务中解放出来，转而去雇他人为他们做这些事。家务活外包本身并不具有剥削性，但当人们的价值被低估并被期望在恶劣的条件下工作时——家政工通常就面临这种状况——它就是一种剥削了。[19]

一些人成为压迫的帮凶，不是因为全然的恶，而是因为无知。波伏瓦认为，当一个孩子喊着"希特勒万岁"时（放到今天的孩子身上则更可能是在游乐场所或社交媒体上发表种族歧视或有关恐同的侮辱性言论），他们是无知的，不是罪恶的。通过反复向他们灌输仇恨的意识形态来迷惑他们的压迫者才应该对此负责。波伏瓦还指出，（白人）女性通常是她们自己所受压迫的帮凶。虽然女性可能也会无知，但波伏瓦仍然将她们归类为自愿的受害者。孩子和女人之间的区别就是，成年人应该更明事理。

民权律师、学者金伯利·克伦肖将压迫境况中这些复杂的交叉现象比作一间地下室。[20]每一个属于弱势群体的人——不论是受到种族、性别、阶级、性、年龄、能力或其他方面的歧视——都一层一层地堆叠在一起。处于最底层的人面临着多重负担，受到的压迫也最重；越接近顶层的人负担越小。

享有最多特权的人们通过掀开天花板上的盖子得以逃脱，

获得自由，但通常只有当他们踩着受更多压迫的人爬上来时才能逃脱。而地下室以上的那些人会让处于地下室顶层的人爬出来。那些处于地下室底层的人爬到顶层尚且困难重重，更不必说完全逃脱了。这一图景反映了许多人都处于模糊性位置的事实，因为就算他们身处被压迫的地下室，他们同时也在压迫着比他们处于更低位置的他者。

波伏瓦似乎意识到了压迫残忍的普遍性，担心她的集体转换理想是一种乌托邦式的幻想：就算真的有集体反抗，也无法保证人们会表现良好，不再堵住通往自由的天窗，也无法保证反抗后情况一定会有所好转。

"黑人的命也是命"这个话题诞生于2013年，是艾丽西亚·加尔萨（Alicia Garza）、帕特里斯·库勒斯（Patrisse Cullors）和阿约·托梅蒂（Ayọ Tometi）针对杀害特雷沃恩·马丁（Trayvon Martin）的警官被无罪释放而发起的一场运动。但是直到2020年乔治·弗洛伊德（George Floyd）被杀害，抗议才实实在在地发展壮大起来——很可能是因为美国有更多的人在新冠疫情期间广泛关注社交媒体，对明目张胆的种族歧视、蛊惑民心和疫情应对不当感到愤慨。[21]

压迫者对被压迫的恐惧是"所有人的命都是命"（AllLives-Matter）运动的部分动机。"所有人的命都是命"抵制"黑人的命也是命"，声称对黑人生命的关注压迫了白人，是一种"逆向种族歧视"。波伏瓦认为，压迫者通常努力让事物维持它们本来的样子，这样他们就能利用他们已有的自由和权力持续进行压迫和剥削。"所有人的命都是命"乍一听似乎是在捍卫所有人的自由，但其中隐藏着一个谎言——这个运动对（一些人的）自由的关注是建立在封锁（他人）自由的基础上的。对波伏瓦而言，并不存在真实的法西斯主义这种东西，因为"一种只对否定自由感兴趣的自由必须被否定"。[22]

* * *

为什么即便限制人的自由，法西斯主义对一些人而言仍然具有如此大的吸引力？好吧，对新手来说这不用费什么力气——至少对其信徒而言是如此。波伏瓦指出的第四个障眼法是崇拜的实体化，当人们发现在自由的基础上不可能维持现存系统时，就会诉诸民族主义或不再适用于今日的传统之类的东西。拥护传统的人想改变文明、制度、历史遗迹，以及所谓的"客观"价值和美德，以使这些事物符合他们的世界观。

美国现存一千多座象征着联邦的塑像和各类标志。对联邦的崇拜基于白人至上是"自然且道德的"这一核心理念（注意此处又一次用到了"自然"一词）。但从"黑人的命也是命"运动开始，一些结构被移除了，抗议引发了世界范围内的改变。

"黑人的命也是命"运动过后，比利时开始更多地关注他们的利奥波德二世（King Leopold II）雕像。利奥波德二世是一个臭名昭著的剥削者，他野蛮残暴，在19世纪时把刚果作为殖民地，从象牙和橡胶贸易中牟利。在统治期间，他奴役、强暴、发动屠杀、使用酷刑，为了保住权力无所不用其极。尽管许多比利时人提出抗议并着手毁坏那些雕像，仍然有许多人签署请愿书保护它们，原因有很多，其中一条就是保护传统和历史。

波伏瓦指出，为了替历史遗迹辩护，建筑的保卫者们会说出一些诸如"它们本身是美好的"之类的话。[23]确实，2017年，在抗议者攻击了联邦雕像后，当时的美国总统就发推文表示："看到这些美丽的雕像和纪念碑被拆毁，我们这个伟大国家的历史和文化被攻击，真是很难过。"[24]

我们来看一看真相：那些历史遗迹的保卫者在意的并不是雕像本身，而是它们所代表的意义。这些雕像代表着让一些人被贬低为物成为可能的系统和社会。给施加这些暴行的人树立丰碑，并以他们的名字来为我们的街道和高速公路命名——而不是承认他们的所作所为充满着不公，并向他们的受害者表达敬意——是一种道德败坏。

以动态发展的眼光看待过去是至关重要的，这与我们的未来密切相关。波伏瓦指出，过去是人类境况的重要组成部分，"如果我们身后的世界是一片不毛之地，那么我们眼前所见也只能是黑暗的荒漠"。[25]想要了解现在，我们必须把过去和我们现在正在做的事情综合考量。我们必须从过去的错误和失败中吸取教训，并以之指导我们眼下的目标和行动。如果我们否认过去的重要性，如果我们不关心前人关心什么、为什么而努力，那么可以想见，未来的我们也会忽视当下的一切。而我们当下的行动皆源于对未来的希望。

波伏瓦可能会同意人权活动家、学者杰奥夫·帕尔默爵士（Sir Geoff Palmer）的观点，他认为解决之道不是拆毁这些有问题的雕像，因为这样会抹除部分历史。[26]一个更诚实的方式可能是，比如给这些雕像贴上附有介绍信息的标签，介绍在时代的变迁中这些雕像所代表的复杂历史，以此来教育路过的人。教育可以提醒我们摒弃剥削的习俗，帮助我们诚实地铭记历史，承认没有一个人——包括被纪念的人物——是完全好或完全坏的，我们每一个人都是充满各种矛盾和模糊性的综合体。

看待历史的方式之一就像接受精神创伤一样。在《美国不平等的起源》（Caste: The Origins of Our Discontents）一书中，记者伊莎贝尔·威尔克森（Isabel Wilkerson）提出，发现一个国家令人不快的历史涉及如何处理精神创伤：

> 你发现这些时，不会因为罪恶和羞愧而蜷缩在墙角……你会教育你自己。你会和经历过这些历史的人们以及研究这些历史的专家们交谈。你会了解到它的结果、所面临的阻碍，以及可以有的选择和处理

方式……然后你要采取预防措施，保护自己和将来的世代，努力确保这些事——不管它们是什么——都不会再发生。[27]

道德地面对未来需要大胆而真诚地假设过去，还要在积累智慧的基础上做好预防。威尔克森精确地指出，如果我们不这样做，文明就会变成一座建在破败不堪的地基上的漂亮的老房子。这座房子从外面看可能还不错，但是从里面看，就会看到它马上就要坍塌了——没有人愿意对此负责，因为建这座房子时谁也不在场。

* * *

快乐的无知是波伏瓦指出的第五种障眼法。压迫者通常用被压迫的人过得很好来说服自己，因此无须解放他们，也无须让他们意识到自己的处境。压迫者辩称被压迫更好：自由会让被压迫者无所适从，还会毫无必要地打破和平状态，让每个人都陷入悲惨的境地。[28]

这种空洞的障眼法通常植根于一些诸如煤气灯效应（gaslighting）的行为，也就是一个人为了操控另一个人而破坏他基于自己经验的洞察力、心智、记忆和信心。被压迫的人通常会将以下态度内化于心：他们可能没有意识到自己的服从，没有意识到其他的选择，或者认为他们的处境是天经地义的、反抗没有意义。有时候人们如此安于现状，受障眼法的迷惑如此之深，以至于他们根本看不到把自己圈起来的围栏，也看不到那一片只对他人开放的天空。

这种障眼法还有一个变体，就是压迫者告诉被压迫的人，他们已经拥有所有他们所需的自由和幸福。我的朋友奥利维娅的前夫就曾告诉她，她在她的"金丝笼"（他的原话）中应该感到幸福，如果她抱怨的话，那就是不识好歹。囚笼那金光闪闪的栅栏迷惑了她许多年。

被压迫的人通常会因以错误的方式追求幸福而受到惩罚，这就造成了一种双重束缚。按照压迫者的吩咐去做，你就不会受到惩罚，还会得到幸福；但是如果你按照压迫者的吩咐去做了，却仍然不幸福，那就是你自己的问题了。这样的观念不仅是奸诈的，而且显而易见是不真实的，它歪曲了压迫的境况。

当我看到奥利维娅的丈夫对着她输出一通狂轰滥炸的言语暴力，而她却像一尊雕像般一动不动地站着等他说完时，我问道："你是怎么做到如此无动于衷的？"她顺从又无力地耸耸肩，说她已经习惯了。她说他对她施加的无休无止的错误谴责是一种常态，对于这些日复一日的伤痛，她已经习以为常。奥利维娅的丈夫誓死捍卫婚姻，威胁道要把他们所有的积蓄和财产都藏起来，让她无家可归。他试图让她闭嘴——坚持要她发誓永远不对任何人讲起他们之间的对话——所有他向她投掷的辱骂、谎言和阴谋论。

后来她告诉我："我感觉自己像一只小小的蛾子，困在他的生活这张又厚又黏的大网中。我唯一能做的就是轻轻扇动一下翅膀，表明我还活着。我的思想和情感都湮没在他那自以为是的美德的海啸中。当我告诉他我不幸福时，他说那是我的错，说我是个自私的人，脑子有问题。"

奥利维娅说她曾七次试图离开她的丈夫，但又找尽了各种理由回心转意，甚至包括沉没成本谬误（sunk cost fallacy）：在一起这么久了，为什么现在要分开？惰性的力量就像是情感的石棉，将我们包裹起来，与世隔绝，让我们觉得安全，但也毒害着我们。回到丈夫身边后，奥利维娅有时会问我："你会鄙视我吗？"我告诉她我持怀疑态度，但也反复重申那是她的选择，我尊重她的决定。我对奥利维娅悲惨处境的忧虑没能让她的幸福成为我的真正选择。

波伏瓦说，当被压迫的人真正选择反抗他们的处境时，"解放才真正开始"。[29]奥利维娅渐渐地建立起足够的心理和经济能力，彻底挣脱了这个可悲的旋涡。许多年后，她仍然告诉我："这百分之一千是一个正确的决定。我唯一后悔的是没有再早些这么做。"如今她是她自己的。如今她大胆地为追求自己的完满而冒险。如今她培养着自己的——而不是她前夫的——自恋。

* * *

奥利维娅的境况代表了一种行动的模糊性，确切来说就是，如何在为了他人的自由而奋斗的同时，不成为一个让境况变得更糟糕的白色骑士或白人救世主。真正的反抗——那种让自由最大化的反抗，涉及觉悟的提高：提高人们对自己的帮凶身份、暴虐的环境、各种障眼法以及有关自我的压迫性假设的意识，比如意识到对自我具有破坏性的自卑感。让人们意识到自己的屈从是很重要的。提高觉悟可以帮助我们意识到我们的自由，让我们知道自由的力量。提高觉悟是一种反抗的形式，因为压迫会扼杀真相。

在波伏瓦的小说《名士风流》中，亨利用他的文学杂志教会工人阶层读者什么是阶级压迫。第二次世界大战末期，他猜测："不应该再把意见强加给他们了，而是应该让他们自己判断。"[30]对存在主义哲学家而言，老师的作用不是下达指令，而是鼓励学生自己思考，自己做出决定。同理，我的哲学课堂上那些被监禁的学生也不想或者说不需要被拯救。那将会剥夺他们的能动性，而这个监狱体制已经在这么做了。老师们在那里的作用就是倾听并帮助他们学习。

持有这种态度的人是否自视高人一等？是的。被压迫的人不是只有在被那些一般看来更具有洞察力的人告知时才能知道他们自己正在受压迫。我们再次回到了道德地反抗这个问题上来：我们如何反抗才算做了好事，而不是造成更多的伤害（或者限制更多的自由）？

波伏瓦很清楚，受压迫的人有权自主选择反抗他们所遭受的虐待。违背他们的意愿而迫使他们获得自由，是把他们推向新一轮的压迫。当我的朋友奥利维娅回到她丈夫身边时，她是在做她所需要的能使她继续活下去的事情。我的角色仅限于说出她受到的压迫，让她知道她正在遭受虐待，但也怀抱同情地意识到她的屈从，同时为她提供金钱和道义上的支持，这就足够了——至少在那个特定的情境中。

然而，在其他许多事件中，这样的帮助是远远不够的。比如，人口贩卖和警察暴力的受害者就没有力量让他们的压迫者停下来。在这些情况下，我们有道德责任干预并阻止迫害。

在《下属群体能说话吗？》（*Can the Subaltern Speak?*）一书中，哲学家佳亚特里·斯皮瓦克举了一个例子，表明这种干预的矛盾性有多复杂。斯皮瓦克写到一些印度教的人实行萨蒂制度——这是一种寡妇在其丈夫火葬时投入燃烧的柴火堆自焚的传统。当地的传统把女人推进火堆，英国的法律认定这是不合法的[i]，而女性的声音是听不到的。

从斯皮瓦克的书中可以看出，当我们认为精英和知识分子可以代表被压迫的人发声，并且应该建立规则和法律去统治他

---

i　英国统治者最初对萨蒂制度持容忍态度，并通过立法规定了施行萨蒂的条件，至1928年宣布其为非法。

们时，我们其实有傲慢自大和白人救世主情结的嫌疑。那些迫使人们杀死自己的传统是极其严重的压迫，因为它们剥夺了人们的自由。但我们也必须小心，不要自视高人一等，不要让压迫正常化，还要谨慎，不要代替那些被剥夺基本权利的人发声，而是要营造空间来倾听他们的声音，和他们对话。在一些情境下，我们必须消除压迫的外部因素，但我们也必须尊重人们为了自己的解放而要求和抗争的自由。有时这需要我们保持缄默，什么都不做。[31]

波伏瓦认为，我们的干涉和沉默都是选择，均会对他人产生相应的影响。她的思维方式与厄休拉·勒古恩（Ursula K. Le Guin）[i] 有异曲同工之妙。勒古恩曾说："我的工作不是得出最终答案，而只是传递这个答案。我将我的工作看作扶着一扇开着的门或打开窗户。但是谁进出这道门，你们透过窗户看到了什么——我怎么知道？"[32]

* * *

反抗的另一个内在矛盾是有各种各样有价值的事业值得我们去为之拼搏。在时间和精力有限的前提下，我们该选择把什么放在首位，该做什么，特别是当一项伟大的事业和另一项事

---

[i]　厄休拉·勒古恩（1929—2018），美国科幻、奇幻、女性主义、青少年儿童文学作家。

业有冲突时，该如何抉择？对抗所有的不公是不可能的。找到起点很难，找到不会让情况变得更糟的做法更难。

既然参与其中需要采取行动，那我们就必须选择立场。反对现状是一个开始，但我们还需要相应的方案来推进它。我们必须为了什么而奋斗。选择某种立场并不总是容易的。波伏瓦就曾屡次犯错。

比如，波伏瓦在20世纪70年代曾为恋童癖辩护。她签署了一项请愿书，反对规定可发生性行为的法定年龄的法律，和她一同签署的还有萨特、米歇尔·福柯、罗兰·巴特（Roland Barthes）、雅克·德里达（Jacques Derrida）[i]、吉尔·德勒兹（Gilles Deleuze）[ii]、雅克·朗西埃（Jacques Rancière）[iii]、让-弗朗索瓦·利奥塔（Jean-François Lyotard）[iv]以及其他许多人。波伏瓦说："法国的法律应该认可儿童和青少年的权利，他们有权和他们所选择的任何人发生关系。"[33]这项请愿是对一起监禁事件的回应，在此事件中，三名男子对分别为12岁和14岁的两名孩童实施了非暴力性侵。

回头看，很显然反对恋童癖才是更好的选择。波伏瓦和萨

---

i 雅克·德里达（1930—2004），法国哲学家，解构主义哲学代表人物，代表作有《书写与差异》《论文文字学》等。

ii 吉尔·德勒兹（1925—1995），法国后现代主义哲学家，以创造了许多富于洞见的新概念著称，代表作有《差异与重复》《运动-影像》等。

iii 雅克·朗西埃（1940—），法国哲学家、美学家，代表作有《图像的命运》等。

iv 让-弗朗索瓦·利奥塔（1924—1998），法国哲学家、后现代思潮理论家，代表作有《现象学》《后现代状态》等。

特试图向孩童的父母和法律宣示孩童的自由，但他们似乎没有注意到他们也是在为那些有恋童癖的成人争取欺侮弱小儿童的自由。自由不仅仅意味着自由进行性行为；它还意味着作为儿童的自由，免于承受来自同意某件你无法理解或想象的事情的压力的自由，免于权威人物滥用权力的自由，以及免于对遭到报复的恐惧的自由。后来，波伏瓦意识到她和萨特对自由的概念理解得有所偏狭了。

波伏瓦的小说《名士风流》表明了选择立场的困难。两个记者——亨利和罗贝尔，就是否要出版一本揭露二战后苏联古拉格劳改营的书吵得不可开交。亨利感到很矛盾，因为他知道他们对此只有一知半解，而且进行事实核查的证据和能力都不足，出版这样一本书是不对的；但掩盖真相同样也是不对的，不管这真相多么星星点点、残缺不全。

保持沉默让亨利成了同谋。他成了歪曲事实的帮凶。掉转头远离真相——即便是一个存在着极大问题的真相——是一种不作为的谎言。亨利会被视为支持法西斯主义。不管他选择了哪种立场，人们都会感到愤怒，觉得遭到了背叛。有人告诉他，要炒鸡蛋必须先把鸡蛋打破，意思是结局决定方式。亨利心存疑虑："但是最终谁来吃掉所有的炒鸡蛋呢？打破的鸡蛋会发烂变臭，侵害地球。"[34] 这是无法估量的事。

罗贝尔试图让他们的沉默合理化，宣称暴行是无处不在的。罗贝尔的观点并没有让亨利感到好受一点，因为如果两边都是恶，那么人类就没有希望了。亨利决定说出来，因为"说出来或许有一定意义，不说便什么都不是"。[35]他被断定为法西斯主义而受到谴责，但是他坚持做他认为正确的事是一个真正的选择——在个人和道德层面都是，因为他让大家注意到了反人权的暴行。亨利的两难告诉我们，选择可以是完全不同的，但通常是勇气本身让决定变得真实。

有时一项事业比其他事业更紧迫，有时正当的事业会被抛诸脑后。显而易见，选择一项事业而排除其他事业会有使重要的事业被弃置的危险。波伏瓦认为避免在各项事业之间顾此失彼是至关重要的，因为这会轻易变成迷惑人们向微不足道的胜利妥协的小把戏。当我们需要做出一个选择的时候，波伏瓦鼓励我们选择有益于普遍自由，并且能避免产生新的分歧和执念的立场。[36]

人们应该有自由做出有关他们自己身体的选择，但同时也必须意识到我们与他人共同生活在一个对彼此负有责任的社会中。例如，选择接种疫苗的成年人有责任尊重个人选择，并支持集体的健康、幸福和自由。疫苗有益于普遍的自由，因为当大多数人接种了疫苗时，社会将免于病毒的杀伤性威胁，个人也可以自由社交而不必害怕潜在的致命疾病。

选择不接种疫苗的成年人（相对因健康原因而不能接种疫苗的弱势群体而言）有责任认识到病毒是具有传染性的，应小心不要让他人暴露在风险中，同时不要让自己进入可能被传染的空间。他们也必须接受选择不注射疫苗的后果，比如与他人保持距离和正确佩戴口罩。当我们考虑到原本可避免的疾病对卫生系统造成的压力之类的影响时，不注射疫苗的责任甚至更重大。

那些获取到的可靠信息最少的人最迷惑不解，他们是最不了解疫苗的人，也是最晚行动起来保障自己和他人的健康的人。波伏瓦意识到，受压迫最深的人往往是最后加入争取集体自由的斗争的人。他们的人生——通常还有他们的生命，取决于不要去冒比他们已经面对的风险更大的风险。这就意味着对那些处于特权地位的人（波伏瓦把自己也包括在内）来说，认识到自己的同谋身份并采取一个立场是非常重要的，就算它会威胁到安全，会显得可笑，就像亨利对他的杂志所做的那样。[37]

波伏瓦对公平的看法显而易见："我们最终必须废除一切压迫。"[38]这一斗争可以表现为多种形式。每个人都必须选择如何为了自己而投身于这项事业，不同的方式取决于人们各自的机会、能力和独特的处境。

* * *

如果必须不惜一切代价拒绝压迫，那么人们挡住了通往自由的道路时我们应该怎么办？最好的解决方式是通过教育来瓦解各种障眼法。采取法律等手段来重塑社会基础设施也是可行之道。[39]其他解决方式还包括呼唤公民之爱、发挥榜样的引领作用、采取高尚的道德立场、和平抗议、表现得诚挚友好。这些都是极好的策略。但问题是：当去爱你的压迫者并不能解放你时，你会怎么做？如果以上策略均不能成功解放被压迫的人，这时该怎么办？[40]

波伏瓦认为，虽然我们必须十分小心不要让我们的判断被阴云遮蔽，但生气和愤慨有时也是必要的，在一些情况下甚至是至关重要的。反抗通常不会是平和的，因为只有当被压迫者打破当下的和谐局面时，他们的声音才会被听到。

波伏瓦不是唯一对愤怒持此观念的人。哲学家米伊莎·雪莉（Myisha Cherry）认为，这种她称之为"洛德式愤怒"的情感——这种愤怒受到了奥德雷·洛德（Audre Lorde）的启发，她攻击种族主义，但也在其中融入了同情和共鸣——"有种特殊的力量，足以战胜当今世界一些最强大的力量和体系"[41]。哲学家朱迪斯·巴特勒写道："民主要求一个巨大的挑战，它并不总是以柔和的语调降临……当一个人几十年来都被听而不闻，他呼唤正义的声音注定会振聋发聩。"[42]

不过，巴特勒也做了一个郑重声明，说暴力的问题在于它会引发和纵容更多暴力。新的不公会创造一个更加暴力的世界，我们的相互依存意味着对他人的暴力就是对我们自己的暴力。暴力应该是在实在无可奈何的情况下才使用的手段。波伏瓦指出，在某些情境中诉诸暴力可能是真实的，因为在和他人的关系和矛盾中能发现自由、检验自由。[43]

波伏瓦对暴力的观点暗示着，作为达到更伟大目标的手段，阻碍通往自由之路的人应该被当作物来对待。她写道："我们有义务不仅毁掉压迫者，还要毁掉那些助纣为虐的人，不管他们这么做是出于无知还是因为受到限制。"[44]

以暴力来反抗是一个棘手的问题，波伏瓦长期为此感到烦恼。为了表明对暴力的支持，波伏瓦做了一种马基雅维利式的论断：被压迫的人运用武力获得权力，以便他们一旦获得权力就做好事。和马基雅维利的观念一样，这里存在一个明显的问题，那就是运用武力创造道德自由朝着"强权即公理"（might makes right）这个备受争议的观点前进了一步。

但是在《模糊性的道德》一书中，波伏瓦指出，否认他人的自由是暴行，所以如果需要以暴力来应对它，那么抓住任意可使用的工具奋起反抗都是正当的选择。尽管没有权力凌驾于他人之上，但被压迫的人有权要求他们自己的自由。在确立自由的过程中侵犯他人是一场悲剧，是一种悖论，但有时也是在所难免的。

和平主义者可能会反对波伏瓦对暴力的辩护，但在这么做的同时，他们发现自己有了有趣的同伴。压迫者是最先站出来宣称被压迫的人不应该动用暴力来求得自由的人。受到压迫的人被期望提出发动暴力的正当理由，而压迫者却不用这样做。当被压迫者抗议他们的现状时，压迫者立刻呼吁用礼貌的方式来防止暴力。通常那些呼吁礼貌和非暴力的都是感到自己被威胁的压迫者，他们想削弱对立，想磨平对不公感到正当愤怒的抗议者的尖牙。[45]

* * *

波伏瓦的哲学告诉我们，只有每个人都自由了，我们才能变得真实，因为任何依赖压迫的自由都是有道德缺陷的。但她同时也告诉我们如何在一个复杂而变幻无常的世界里活得真实。每时每刻都包含着无限可能，让我们能把握已有条件，铸造自我，和他人建立起真正的友谊。这就是抵达真实的过程：不断创造我们的本质，同时与他人一道努力建设我们共同的世界。

保持现状的压力很大。但是，波伏瓦认为，我们用了许多自欺的理由来让我们不愿意与压迫斗争的想法合理化。这些合理化的理由中有许多都基于一些障眼法。我们很容易变得冷漠，很容易随大流，也很容易接受那些"从来如此"的故事——它们告诉我们，我们的条件早已为自然和传统所注定。这些故事为压迫者服务，保障少数有钱有权之人的安宁、和谐和幸福。可是向这些谎言缴械投降就是在破坏我们的真实性。意识到并进一步了解这些借口是很重要的，这样我们才能鼓励人们思考自己的信念。了解了但仍然去压迫——或成为帮凶——是不真实的行为。

我们总是冒着一些会造成无心的后果和失败的风险。我们无法使自身隔绝于我们行动的模糊性。失败是一种生命事实，但这也不是一个逃避责任的正当理由。"没有什么比顺从更令人哀伤的美德了。"波伏瓦写道。[46] 行动总是在一团模糊性和冒险的迷雾中发生，所以我们必须尽己所能去认识行动中的各种矛盾，寻找不一样的观点，听取不同的意见，准备好在意识到我们犯错时随时改变思路，但无论如何一定要向前跃进，行动起来。[47] 如果我们最终还是做了错事，那么就尽力去补救，下次做得更好。

波伏瓦建议我们不要因为这样的模糊性而过分苛责自己。她描述了一条我们必须选择的中间道路，"为这些矛盾而痛苦无济于事；一味地盲从是自欺"[48]。存在主义反抗的机遇不是由成功或眼界决定的。当我们超越自己和既定环境去构建我们的世界时，才是实现了反抗。每时每刻都存在着这样的机遇。我们真实地活在为了自由而选择反抗既定条件的每一刻。

这条道路——不仅仅朝向反抗不公，也朝向抵达真实，是去尝试，失败了，再尝试。波伏瓦说：

> 一个人被撕裂的部分就是他存在于这世上的赎金，能赎回他的超越性和自由。如果他试图逃跑，他将会永久地迷失，因为那样他就什么都做不了，或者做什么都是一场空。他必须放弃任何想要停下来的

想法；他必须行使他的自由。唯有付出这样的代价，他才能真正超越已有条件，这才是名副其实的道德准则；真正找到他自我超越的目标，这才是唯一正当合理的政治。在此代价的基础上，他的行动才会被真正地铭刻在这个世界上，他行动的这个世界也才是被赋予了意义的世界，一个人类的世界。[49]

詹姆斯·鲍德温（James Baldwin）[i]表达了类似的看法，他激励我们不要否认我们的复杂性，因为"只有在这张由模糊性和矛盾织就的大网中，在这样的饥饿、危险和黑暗中，我们才能立刻找到自己，找到让我们能超越自我的力量"。[50]

虽然我们不能指望那些手握权力的人突然反常地放弃压迫，转而追求平等，但反抗通常能创造新的环境。许多公民权利正是通过这样的方式得以实现的——虽然我们还有漫长的路要走。历史表明，追求平等的斗争不是尽善尽美的，但境况可以得到改善。我们会成功获得平等的权利，波伏瓦对此有信心。[51]坚持不懈是根本。活得真实需要培养一点反叛精神。

理想的状态是，人类联合起来，结成共同体，一起与压迫作斗争，同仇敌忾，万众一心，走向和平与繁荣。但是说起来

---

i 詹姆斯·鲍德温（1924—1987），美国黑人作家、散文家、戏剧家和社会评论家，代表作有《向苍天呼吁》《村子里的陌生人》等。

容易做起来难。创造一个万众一心的局面，对像"黑人的命也是命"运动的组织者这样的活动家和活动倡导者来说尚且是巨大的挑战。因为我们每一个人都是自由的，人们无法被强迫尊重或顾及他人。我们的自由将每个人都指向不同的目标，各项计划之间也常会相互冲突。

虚无悄无声息地啃噬着我们每个人。我们都在这个世界上漫无目的地游荡，发现自己处于模糊的环境中。生命有点像碰碰车游戏：我们都在同一个场地，也就是人类环境之中；我们每个人的自由都随处可见，我们的目标彼此冲撞；我们将身边的障碍物弹开，相互分离却又彼此关联；带电的顶棚——我们所处的生态系统——推动着我们。

尽管波伏瓦支持在某些情况下使用暴力和复仇，她也真心实意地认同教育和宽恕是更好的办法。宽恕并不意味着忘却或放任人们逃避责任。它意味着更加努力地尝试理解彼此的处境和动机，尊重彼此，维护人类的尊严。互惠互利和合作共赢是迈向主体间性的坚实步伐。

正义要求我们与他人建立互惠互利的关系——彼此之间相互尊重，把对方当作自由的主体来看待。不想和他人产生任何联系当然无可厚非，但波伏瓦坚持认为，考虑到人类社会和生态环境都是彼此连接的，主体间性对我们所有人而言也就都是无可避免、非常重要并且极其珍贵的。最基本的尊重就是承认他人的自由——即便是在彼此意见不同甚至互相敌对的时候。

这不仅仅是一个公正合理的社会所必需的先决条件，也是实现真正自由的必经之路。

波伏瓦认为，我们就像社会穹顶之上的一块块石头，我们的自由彼此支持。[52]虽然我们可能永远无法完美彼此镶嵌，但尊重他人和尊重自己是不冲突的。恰恰相反：石头越坚硬，穹顶也就越坚固。这就是为什么做真实的自己同样需要一点反叛精神。我们不是为了反叛而反叛，而是因为我们所具有的超越性的自由给了我们力量去积极乐观地融入这个世界。

我们有能力反抗，反抗也可以让我们个人和集体的世界都变得更美好。反抗的责任落在我们每一个个体的肩膀上。我们可以接受这一职责，奋起反抗，也可以忽略它，但忽略也是一种选择。在理想的状态下，我们无须反抗，因为他人只会成为阻碍，而非压迫者。但是波伏瓦提醒我们注意，反抗是一种自由，因为：

> 它攻击着我们每一个人内心最隐秘，似乎也最确定无疑的部分。它质疑着我们的欲望和我们快乐的形式。面对这样的质疑不要退缩，因为除了可能唤起我们心底的痛苦，它还会为我们摧毁一些镣铐，向我们展开新的真理。[53]

我们不知道这些新的真理是什么，但面对新的可能总是令人兴奋的——即便也有一些令人生畏。波伏瓦的哲学向我们承诺，当我们能怀着富有创造性的勇气去积极、有效地自由行动时，我们一定会成为歌颂我们自己生命的诗人。[54]

关键术语表

自欺（bad faith）：自我欺骗，包括否认我们自己和他人的自由。当我们逃避生命和处境的真相，当我们否认我们有不同选择，当我们拒绝为自己的行为承担责任时，都是自欺。

自为存在／自在存在（being-for-itself／being-in-itself）：两种存在模式。自为存在，比如人类，是有意识的；自为存在通过行使自由、选择和行为等来构建存在。自在存在就是一个物体本身，比如一块石头；自在存在不能改变自身，也不具备自为存在拥有的无限可能性。

现实条件（facticity）：我们生命既定的——或无法选择的——事实，包括我们的父母、与生俱来的身体和大脑，以及他人。

内在（immanence）：一种被困在现实条件里，被切断（或主动切断）自由的状态。

主体间性（intersubjectivity）：一种互惠关系，这种关系里的人们彼此认可并尊重对方的自由。

障眼法（mystification）：一种压迫的形式，创造并延续一些神话和谎言，目的是利用别人的信任、无知或轻信以使他们一直被压迫。

实践－惰性（practico-inert）：人为的结构和体系，影响着我们投身于这个世界的方式，能在我们与他人以及我们与环境之间制造矛盾。

规划（projects）：能够给我们的生命带来条理性、意义和正当理由的自主选择的目标——包括我们为了实现这些目标所采取的实际行动。

（对事实的）超越性［transcendence (of facticity)］：一种对自由的践行，通过努力实现自主选择的目标，向着一个开放的未来迈进。

不可实现（unrealizable）：他人眼中的我们，我们无法以此视角看到自己，它形成我们所有选择的语境。变老和死亡是两个关键例子。

致谢

许多人对我写作本书给予了很大的支持和帮助，在此我谨向他们致以最深挚的谢意，尤其是以下各位：才华横溢的编辑安娜·德弗里斯（Anna deVries）和最好的经纪人蒂塞·塔卡西（Tisse Takagi），感谢他们专业的编辑工作、敏锐的想法，以及对这本书的信心；亚历克斯·布朗（Alex Brown）、乔纳森·布什（Jonathan Bush）、阿莉莎·加梅洛（Alyssa Gamello）、埃里克·迈耶（Eric Meyer）、丹妮尔·普里利普（Danielle Prielipp）、萨拉·思韦茨（Sara Thwaite）、多利·温特劳布（Dori Weintraub），以及圣马丁出版社的全体人员；杰米·隆巴迪（Jamie Lombardi）的存在主义友谊和洞察力，她陪着我走上令人眩晕的山顶，陪着我在这个寂静得不正常的荒诞世界里大笑；亚历山德拉·巴宾（Alexandra Babin），为她自始至终的加油鼓气，为她以无与伦比的好心成了我的第一读者，也为了她的友谊；纪康（音，Ji Kang），不论何时，只要我需要，总是和我喝上一杯普罗塞克起泡酒——特别是在我自己都不知道我需要的时候；我的爱人尼克还有我的儿子，感谢他们勇敢坚定的鼓励、贴心和爱；我的母亲朱莉，我认识的最坚强的人；约翰·卡格（John Kaag）、希瑟·华莱士（Heather Wallace）、马林·鲁什（Marine Rouch），感谢他们细致的审读和宝贵的意见；加里·考克斯（Gary Cox），感谢我们之间的存在主义友谊，这极大地帮助了我；亲爱的朋友们和同事们，感谢他们不吝赐教，包括梅丽尔·奥尔特曼（Meryl Altman）、索菲亚·阿克赛尔罗德（Sofia Axelrod）、大卫·巴基斯（David Bakis）、格雷西·拜尔莱茨基（Gracie Bialecki）、爱莉森·克利里（Alison Cleary）、莱昂·加伯（Leon Garber）、芭芭拉·格林（Barbara Greene）、萨曼莎·罗斯·希尔（Samantha Rose Hill）、斯科特·巴里·考夫曼（Scott Barry Kaufman）、阿莉西娅·拉瓜迪亚－洛比安科（Alycia LaGuardia-LoBianco）、亚历克斯·布鲁克·林恩（Alex Brook Lynn）、戈登·马里诺（Gordon Marino）、莫妮卡·麦卡锡（Monica McCarthy）、凯特琳·奥克斯（Caitlin Ochs）、凯瑟琳·斯皮兰（Katherine Spillane）即里根·佩纳鲁纳（Regan Penaluna）、塔尼娅·皮亚琴蒂尼（Tanya Piacentini）、蔡·匹格里奇（Cai Pigliucci）、马西莫·匹格里奇（Massimo Pigliucci）、罗布·罗比（Robb Roby）、詹妮弗·西尔斯（Jennifer Sears）、里查德·西蒙兹（Richard Simonds）、奈杰尔·沃伯顿（Nigel Warburton）、安妮·沃特斯（Anne Waters）、格雷斯·韦伯（Grace Webber）、露西（Lucy）、奥利维娅（Olivia）、萨比娜（Sabina）。感谢麦

克道威尔奖金（MacDowell Fellowship）为本书的完成提供自由空间；感谢巴纳临时教师工会和美国联合汽车工会2110地方工会通过兼职教师发展补助基金提供的资金赞助；感谢萨克特街作家工作坊（Sackett Street Writers）。最后，我还要感谢麦考瑞大学我的师长们：罗伯特·斯皮兰（Robert Spillane）、安-默里·穆迪（Ann-Maree Moodie）、斯蒂文·西格尔（Steven Segal）等，感谢他们在我最初尝试写作这场冒险时给予我的教导、启发和激励。

注释

前言

1. 波伏瓦写道："*存在并非先于本质。*"〔Simone de Beauvoir, *The Second Sex*, trans. Constance Borde and Sheila Malovany-Chevallier (New York: Vintage Books, 2011), p. 270.〕让-保罗·萨特根据"*存在先于本质*"创造了这句话。〔Jean-Paul Sartre, *Existentialism is a Humanism*, trans. Carol Macomber (New Haven: Yale University Press, 2007), p. 20.〕

2. Simone de Beauvoir, *Old Age,* trans. Patrick O'Brian (London: Deutsch, Weidenfeld and Nicolson, 1972), p. 601.

3. Simone de Beauvoir, *The Prime of Life,* trans. Peter Green (Cleveland and New York: The World Publishing Company, 1962), p. 285.

4. Toril Moi, *Simone de Beauvoir* (Oxford and Cambridge: Blackwell, 1994), p. 23; Sandrine Sanos, *Simone de Beauvoir* (New York: Oxford University Press, 2017), p. 11–13.

5. Lorraine Hansberry, "Simone de Beauvoir and The Second Sex: An American Commentary," in *Words of Fire,* ed. Beverly Guy-Sheftall (New York: The New Press, 1995), p. 129–133; Sarah Bakewell, *At the Existentialist Café* (New York: Other Press，2016), p. 21. 在《新观察家》(*Le Nouvel Observateur*) 中，该引文和文章标题为："女性们，你们应该感谢她给了你们一切！"（原文为法语。——

译者注）巴丹德认为这是错的，正确的应该是："女性们，你们应该感谢她给了你们太多"［Catherine Rodgers, "Elisabeth Badinter and The Second Sex: An Interview," *Signs* 21.1 (1995): 147.］

6. 在一次访谈中，波伏瓦说道："无论如何，萨特都是一个哲学家，而我不是，我也从来没想过成为哲学家。我非常热爱哲学，但我一部哲学作品都没有写出来。我的领域是文学。我热衷于小说、回忆录、随笔这些，比如《第二性》。然而，所有这些都称不上哲学。"[Margaret A. Simons, Jessica Benjamin and Simone de Beauvoir, "Simone de Beauvoir: An Interview," *Feminist Studies* 5.2(1979): 330–45.]

7. Simone de Beauvoir, *The Prime of Life,* p. 178.

8. Simone de Beauvoir, "What Is Existentialism?" in *Philosophical Writings*, trans. Marybeth Timmermann, ed. Margaret A. Simons, et al. (Urbana and Chicago: University of Illinois Press, 2004), p. 324.哲学家南希·鲍尔（Nancy Bauer）这样评价波伏瓦《第二性》中提到的方法："主要目的不是'正确理解'，而是理解哲学抽象概念在一个人的日常生活中所显现的魅力及其所具有的力量。"[Nancy Bauer, *Simone de Beauvoir, Philosophy, and Feminism* (New York: Columbia University Press, 2001), p. 10.]

9. Simone de Beauvoir, *The Second Sex*, p. 3.

10. 勒内·马厄（René Maheu）——在波伏瓦认识萨特之前就和波伏瓦是朋友——在1929年给她取了这个昵称，他说这是因为"海狸喜欢群居，并且有着建设的天赋"。［Simone de Beauvoir, *Memoirs of a Dutiful Daughter*, trans. James Kirkup (New York: Harper Perennial, 2005), p. 323.］哲学家凯特·柯克帕特里克认为波伏瓦和马厄有情感纠葛，而波伏瓦否认他们之间存在肉体关系。［Kate Kirkpatrick, *Becoming Beauvoir* (London: Bloomsbury, 2019), p. 86.］

11. Simone de Beauvoir, *Force of Circumstance I: After The War,* trans. Richard Howard (New York: Paragon House, 1992), p. 189.

12. Simone de Beauvoir, "The Second Sex: 25 Years Later: Interviewed by John Gerassi," *Society* 13.2 (1976): 79–80.

13. 关于压迫和道德败坏之间的复杂性，更详细的分析请参考Manon Garcia, *We Are Not Born Submissive*, (Princeton, NJ: Princeton University Press, 2021）。

14. Simone de Beauvoir, *The Second Sex*, p. 283.这句话的法语原文是："On ne naît pas femme: on le deviant"。凯特·柯克帕特里克指出，虽然波伏瓦的引文是独创的，但这个观点的灵感来自阿尔弗雷德·富耶（Alfred Fouillée）。富耶曾写下："人不是生来自由，而是变得自由。"波伏瓦还说过更具有革命性的话，比如，对女性的残酷性化导致她们一直被压迫。(Kate Kirkpatrick, *Becoming Beauvoir*, p. 53.)

15. Kate Kirkpatrick, *Becoming Beauvoir*, p. 262; Simone de Beauvoir, "Why I'm a Feminist: Interview with Jean-Louis Servan Schreiber," *Questionnaire*, 1975.关于对"女人不是天生的，而是后天形成的"这句话的讨论，参见Bonnie Mann and Ferrari Martina (eds.), *On ne naît pas femme: On le devient: The life of a sentence* (New York: Oxford University Press, 2017)。

16. Julia Kristeva, *Beauvoir Présente* (Paris: Pluriel, 2016).

17. Simone de Beauvoir, *Force of Circumstance I: After The War,* p. 38.

18. 哲学家戈登·马里诺（Gordon Marino）充满敬意地提出存在主义建议："存在主义思想家不会提供具体的应对我们的自卑感的步骤，也不会提供要避免的行为清单。他们不会给出具体的缓解压力的策略，而是更有可能在我们似乎将要崩溃时提出一些有关如何保持我们的道德和精神方向的建议。"〔Gordon Marino, *The Existentialist's Survival Guide* (San Francisco: HarperOne, 2018), p. 31.〕

19. 真实性通常和海德格尔所讨论的*Eigentlichkeit*——意为做真实的自己——密切相关，见《存在与时间》，但此前许多其他哲学家已经讨论过类似议题的变体。公元390年，圣奥古斯丁让"灵魂"这一概念流行了起来，促使人们内省，追求上帝，超越自己："回归你的本心。真理就在人类的灵魂中。如果你发现自己生性多变，那么就去超越自己。"19世纪，麦克斯·施蒂纳（Max Stirner）鼓励我们去拥有自我，弗里德里希·尼采激励我们"做你自己！"，索伦·克尔凯郭尔将真实性和自治联系起来："这个世界可能一直都缺乏可以被称为真正的个性、绝对的主体的人，缺乏那些充满艺术性的反思并且有别于咆哮者和说教者的独立思考的人。"[Saint Augustine, *Of True Religion*, trans. J. H. S. Burleigh (South Bend, IN: Gateway Editions, 1953), p. 69; Max Stirner, *The Ego and His Own*, trans. Steven T. Byington, ed. James J. Martin (Mineola, New York: Dover Publications, Inc., 2005); Friedrich Nietzsche, *Thus Spoke Zarathustra,* trans. Walter Kaufmann (New York: The Modern Library, 1995), p. 239; Søren Kierkegaard, *Concluding Unscientific Postscript Vol 1*, trans. Howard V. Hong, Edna H. Hong (Princeton: Princeton University Press, 1992), p. 66.]

20. bell hooks, *All About Love* (New York: HarperCollins, 2000), p. 25.

21. Simone de Beauvoir, *All Said and Done*, trans. Patrick O'Brian (New York: Paragon House, 1993), p. 1.

22. 用哲学家、存在主义治疗专家艾米·范·德尔森（Emmy van Deurzen）的话说，"生活中的真实就是'拥抱'生活的本来面目，承担我们作为人类的责任，更重要的是不要拒绝生活和它的变幻莫测：要敢于深入一种我们愿意与之关联的生活，睁开双眼面对现实"。[Emmy van Deurzen, *Psychotherapy and the Quest for Happiness* (London: SAGE, 2009), p. 158.]

23. 哲学家托莉·莫伊（Toril Moi）受到波伏瓦的启发，认为写作是呼吁他人加入一场智力的旅行："一个好的读者能坚持自我——不会不经过慎重考虑就放弃自己的观点、信念和原则，但同时也愿意敞开胸怀去拥抱作者的观点，努力看到作者所看到的，跟随作者展开一场奇遇。"[Toril Moi, "Acknowledging the Other: Reading, Writing, and Living in The Mandarins," *Yale French Studies* 135–136(20): 108.]

存在主义的基础建设

1. 比如，安克·萨穆洛维茨（Anke Samulowitz）等人发现，认为女性是歇斯底里的、感情用事的、多愁善感的，而男性是坚韧不拔的、宽宏大量的这种观点普遍存在，并且这种观点的基础是性别规范而非生物学层面的不同。[（Anke Samulowitz, et al.,"'Brave Men' and 'Emotional Women': A Theory-Guided Literature Review on Gender Bias in Health Care and Gendered Norms Towards Patients with Chronic Pain," *Pain Research & Management* (2018).]

2. Simone de Beauvoir, *The Second Sex*, p. 266. 我称女性为"她们"，因为我希望女性不是本书唯一的读者群体。我同时也慎用"我们"，因为我认为，波伏瓦和我无法为所有境况中的所有女性代言。不过，在《第二性》的引言里，波伏瓦仍然指出，将女性称为"她们"（而不是"我们"）是一种坏习惯，会强化女性相对于男性的从属地位，因为这会阻止我们（女性）运用主体性语言。

3. 可参见 Benjamin Libet, "Unconscious Cerebral Initiative and the Role of Conscious Will in Voluntary Action." *The Behavioral and Brain Sciences* 8.4 (1985): 529–39；Norman Doidge, *The Brain That Changes Itself* (New York: Penguin Books, 2007).

4. 哲学家凯伦·文哲（Karen Vintges）认为，波伏瓦的分析给了我们一个分析父权的工具箱。文哲将父权比喻为许德拉——一个多头的怪物，因其丑陋、适应力强且具有多面性，我们需要运用多种不同的策略去与其力量的各种表现形式作斗争。[Karen Vintges, *A New Dawn for The Second Sex* (Amsterdam: Amsterdam University Press, 2017), p. 13.]

5. Simone de Beauvoir, *The Second Sex*, p. 68.

6. 哲学家加里·考克斯（Gary Cox）解释称，真实就是接受我们是自由的、有责任的，"真实的人充分响应存在主义中弥漫的变得真实的呼吁……也就是说，真实包括拥抱人类现实的真实面目，并与之和谐相处，而不是假装它是别的东西：一个美好的童话般的现实，梦想会毫不费力地实现，欠债不用还，会有穿着闪闪发光的铠甲的骑士骑马前来营救，我们都会永远幸福地生活下去"。[Gary Cox, *How to Be an Existentialist* (London and New York: Continuum, 2009), p. 82.]

7. Simone de Beauvoir, *When Things of the Spirit Come First*, trans. Patrick O'Brian (New York: Pantheon Books, 1982), p. 6.

8. Simone de Beauvoir, *When Things of the Spirit Come First*, p. 33.

9. Simone de Beauvoir, *The Second Sex*, p. 756.

10. Simone de Beauvoir, *When Things of the Spirit Come First*, p. 212.

11. Simone de Beauvoir, *The Second Sex*, p. 6.

12. 受到波伏瓦的启发，玛农·加西亚说："父权，像所有社会统治结构一样，创造了能让自己永续的机制，女性的顺从就是其中之一。"[Manon Garcia, *We Are Not Born Submissive*, (Princeton, NJ: Princeton University Press, 2021), p. 204.]

13. Jean-Paul Sartre, "Huis Clos," in *Huis Clos and Other Plays*, trans. Stuart Gilbert (London: Penguin Books, 2000). "他人即地狱" 是萨特最著名的论断之一，是由虚构人物加尔森说出的。后来萨特说明了他的本意："如果我们和他人的关系被扭曲、被腐化，那么他人就一定是地狱……从根本上说，在我们了解自己的过程中，他人是最重要的。"[Jean-Paul Sartre, *The Writings of Jean-Paul Sartre:001,* trans. Richard C. McCleary, ed. Michel Contat, Michel Rybalka (Evanston: Northwestern University Press, 1974).]

14. Simone de Beauvoir, *The Second Sex*, p. 159.

15. Simone de Beauvoir, *The Second Sex*, p. 197. "永恒的女性" 不是波伏瓦造的词。波伏瓦指的是一些作家对女性的称呼，歌德也被包括在内，他在《浮士德》中认为 "永恒的女性" 可以指引男人接近天堂。

16. Simone de Beauvoir, *The Second Sex*, p. 213, 273.

17. Simone de Beauvoir, *Force of Circumstance I: After The War,* p. 187.

18. Simone de Beauvoir, *Force of Circumstance I: After The War,* p. 190.

19. Simone de Beauvoir, *Force of Circumstance I: After The War,* p. 186–187.

20. Lorraine Hansberry, *Simone de Beauvoir and The Second Sex: An American Commentary,* p. 129–130.

21. 西尔维·勒庞·德·波伏瓦（Sylvie Le Bon de Beauvoir）写过，1956 年 7 月 14 日，梵蒂冈将《第二性》和《名士风流》列为禁书，因为它们"有伤风化""毒害思想"。［Simone de Beauvoir, *Mémoires II,* trans. Skye C. Cleary (Paris: Gallimard, 2018), p. 13.］

22. 关于《第二性》的更多仿作，见 Marine Rouch, "Le Deuxième Sexe: une publication en plusieurs étapes," *Hypotheses: Chère Simone de Beauvoir* 2019。

23. Simone de Beauvoir, *The Second Sex*, p. 72–73.

24. Simone de Beauvoir, *The Second Sex*, p. 46.

25. Simone de Beauvoir, *The Second Sex*, p. 42.

26. Gerda Lerner, *The Creation of Patriarchy* (Oxford: Oxford University Press, 1986), p. 221。一些证据表明，性别歧视早在公元前 6000 年就开始出现了。在将波伏瓦视为部分动因的前提下，人类学家玛塔·辛塔斯·皮涅亚（Marta Cintas Peña）和她的团队迎接挑战，想看看是否有考古学证据能佐证勒纳的观点。他们研究了西班牙一些有着 8000 年历史的古墓，发现男性墓穴比女性墓穴多 50%。这表明女性被安葬的可能性更小。他们发现男性遗骸有更多损伤，男性墓穴中有更多武器，表明男性比女性参与了更多的暴力事件。他们还发现岩石艺术中的男性形象也比女性形象更多。男性在古墓和新石器时代社会艺术中占有极高的比例，表明男性在文化方面比女性更受重视，更有价值，也表明男权意识形态在当时业已萌芽。纵观历史，如果性别差异仅仅是生物学方面的，各个社会的性别不平等就不会那么多种多样。单纯的生理差异并不能解释为何现今的女性——自从被赋予了更多自由以来——能和男性取得一样的成就。［Marta Cintas-Peña, Leonardo García

Sanjuán, "Gender Inequalities in Neolithic Iberia: A Multi-Proxy Approach," *European Journal of Archaeology* 22.4 (2019): 499–522.]

27. Simone de Beauvoir, *The Second Sex*, p. 12.

28. 1996年的《心理科学》（*Psychological Science*）杂志里被大量引用的一篇文章说："不论是从科学还是医学的角度来看，弗洛伊德的整个系统或其任何一个组成部分都实在乏善可陈。"［Frederick Crews, "Review: The Verdict on Freud," *Psychological Science* 7.2 (1996): 63–68.］虽然很多人仍很崇拜弗洛伊德，他的遗产所具有的更多是文化方面的煽动性和想象力，而非科学性。在《弗洛伊德：幻象的制造》［Frederick Crews, *Freud: The Making of an Illusion* (New York: Metropolitan Books, 2017).］一书中，克鲁斯认为，弗洛伊德是一个无创造性的瘾君子，更醉心于功名而非学术的艰深。另参见 Todd Dufresne, *Against Freud: Critics Talk Back* (Stanford: Stanford University Press, 2007)。尽管弗洛伊德在1909年到达纽约时对他的观点大为流行感到惊讶，据称他仍然告诉他的友人兼同事卡尔·荣格（Carl Jung）："他们不知道我们给他们带来了瘟疫。"［Jacques Lacan, *Écrits*, trans. Bruce Fink (New York: W. W. Norton & Company, 1996), p. 336.］

29. Yuval Noah Harari, *Sapiens* (New York: Harper Perennial, 2014), p. 172.

30. 例如，John Archer, "Sex Differences in Aggression between Heterosexual Partners: A Meta-Analytic Review," *Psychological Bulletin* 126.5 (2000): 651–80。

31. 例如，Sean F. Reardon, et al., "Gender Achievement Gaps in U.S. School Districts," Stanford Center for Education Policy Analysis 2018; Daniel Voyer, Susan D. Voyer, "Gender Differences in Scholastic Achievement: A Meta-Analysis," *Psychological Bulletin* 140.4 (2014):1174–1204; Lin Bian, Andrei Cimpian, and Sarah-Jane Leslie. "Evidence of Bias against Girls and Women in Contexts That Emphasize Intellectual Ability." *The American Psychologist* 73.9 (2018)。

32. 一项针对160万学生（多数为美国学生）的研究表明，男性和女性在数学和科学等STEM学科中的方差和均值都小于人文社科等非STEM学科。这意味着，如果可变性假设成立，那么男性在非STEM职业领域的比例应该远高于STEM领域，可事实并非如此。研究人员得出结论：尽管女孩和男孩的成绩等级很可能都能胜任STEM领域的职业，可是诸如刻板印象和（对女性的）强烈抵制等性别观念对女性职业道路的阻碍都会比对男性更甚。[R. E. O'Dea, et al., "Gender Differences in Individual Variation in Academic Grades Fail to Fit Expected Patterns for STEM," *Nature Communications* 9 (2018).]

33. Alice Schwarzer, *After The Second Sex*, trans. Marianne Howarth (New York: Pantheon Books, 1984), p. 45.

34. Simone de Beauvoir, *The Second Sex*, p. 10.

35. Simone de Beauvoir, *The Second Sex*, p. 270.

36. Simone de Beauvoir, *Misunderstanding in Moscow*, trans. Terry Keefe (Urbana: University of Illinois Press, 2011), p. 226.

37. 关于对精英女性主义的批判，见 Catherine Rottenberg, *The Rise of Neoliberal Feminism* (Oxford: Oxford University Press, 2018)。

38. "Scope of the Problem: Statistics (Analysis of the Department of Justice, Office of Justice Programs, Bureau of Justice Statistics, National Crime Victimization Survey, 2018)".

39. "Violence against Women Prevalence Estimates, 2018," Geneva and New York: World Health Organization, 2021.

40. "Global Report on Trafficking in Persons 2018," Vienna: United Nations Office on Drugs and Crime, 2018: 10.

41. "Global Study on Homicide 2019," Vienna: United Nations Office on Drugs and Crime, 2019: 11.

42. Ana Maria Munoz Boudet, et al. Gender Differences in Poverty and Household Composition through the Life-Cycle: A Global Perspective, *Washington, D.C.: UN*

Women and the World Bank, 2018.

43. Sarah Coury, et al., "Women in the Workplace 2021," *LeanIn.Org and McKinsey,* 2021.

44. 当人们被要求画出领导人时，男性和女性几乎都会画出男性。还有证据表明，年轻人比老年人更不相信男性和女性具有相同的领导能力。2020年，女性首席执行官在《财富》世界500强排行榜上占据约7%的席位，创下了历史新高，尽管研究表明，当被要求以良好的领导能力为尺度来进行评判时，人们认为女性是更高效的领导。1995年，此排行榜上一个女性首席执行官都没有，所以……进步了？然而，在2019年的"最具创新性的领导人"名单中，《福布斯》杂志提名了99名男性和1名女性，她就是罗斯百货的首席执行官芭芭拉·兰特勒（Barbara Rentler），排在第75名。推特上曾掀起过一次强烈的抗议热潮，要求《福布斯》反思一下其过分狭隘的评判方法，这套方法满是偏爱白人男性——比如一家市值100亿美元的公司的首席执行官——的各种偏见。[Murphy, Heather. "Picture a Leader. Is She a Woman?" *The New York Times,* March 16, 2018; "The Reykjavik Index for Leadership 2020–2021," Kantar, 2020; Jack Zenger, and Joseph Folkman, "Research: Women Score Higher Than Men in Most Leadership Skills," *Harvard Business Review,* June 25, 2019; "The Data on Women Leaders," Pew Social Trends, September 13, 2018.]

45. 黑人女性通常都是为所有种族和性别的自由斗争的人——虽然事实是她们总是被遗漏。比如，哲学家凯瑟琳·T. 金尼斯（Kathryn T. Gines）强调，在美国第一个女性权利公约——1848年的塞内卡秋天公约中，黑人女性就被排除在外。[Kathryn T. Gines, "Sartre, Beauvoir, and the Race/Gender Analogy: A Case for Black Feminist Philosophy," in *Convergences: Black Feminism and Continental Philosophy,* eds. Maria del Guadalupe Davidson, Kathryn T. Gines and Donna-Dale L. Marcano (Albany: SUNY Press, 2010), p. 36.] 19世纪，活动家索杰娜·特鲁斯（Sojourner Truth）发表了反对奴隶制、支持女性权利的

演讲。哲学家安娜·茱莉娅·库珀（Anna Julia Cooper）认为："不是知识分子女性和无知女性的对立，不是白人女性和黑色、棕色、红色人种女性的对立——甚至不是女性和男性的对立……当种族、肤色、性别、处境这些都被视作偶然，而非生命的事实基础……女性吸取了教训，女性取得了事业上的成功——既不是白人女性，也不是黑色、红色人种的女性，而是每一个在巨大的错误里无声挣扎的男性或女性的事业取得了成功。"［Anna Julia Cooper, *The Voice of Anna Julia Cooper,* eds. Charles Lemert and Esme Bhan (Lanham, MD: Rowman & Littlefield, 1998), p. 107–108.］

46. George Nelson, "Angela Davis," *New York Times T-Magazine*, Oct 19, 2020.

47. bell hooks, "True Philosophers: Beauvoir and bell," in *Beauvoir and Western Thought from Plato to Butler*, eds. Shannon M. Mussett and William S. Wilkerson (New York: SUNY Press, 2012), p. 235.

48. Kathy Glass, "Calling All Sisters: Continental Philosophy and Black Feminist Thinkers," in *Convergences*, eds. Maria del Guadalupe Davidson, Kathryn T. Gines and Donna-Dale L. Marcano (Albany: SUNY Press, 2010), p. 228; T. Storm Heter, "Beauvoir's White Problem," *Hypotheses: Chère Simone de Beauvoir,* January 24, 2021.

49. Simone de Beauvoir, *The Second Sex*, p. 8.

50. Simone de Beauvoir, *The Second Sex*, p. 148, p. 343–344, p. 736.

51. Simone de Beauvoir, *The Second Sex*, p. 154.

52. Simone de Beauvoir, *The Second Sex*, p. 610.

53. Simone de Beauvoir, *The Second Sex*, p. 639.

54. Alice Schwarzer, *After The Second Sex,* p. 71.

55. Meryl Altman, *Beauvoir in Time* (Leiden & Boston: Brill Rodopi, 2020), p. 128, p. 204.

56. 据历史学家马林·鲁什（Marine Rouch）估计，有两万封普通读者写给波伏瓦的信均未被编纂成册，现存于法国国家图书馆档案室。历史学家朱迪斯·科芬（Judith Coffin）读了其中约一千封信，发现这些信件出自各种各样的读者之手。科芬写道："来信者有男有女，有老年人、中年人、年轻人，有一本正经的，也有桀骜不驯的。他们来自包括北非、西非在内的各个法语国家和地区，来自斯堪的纳维亚国家、东欧、拉丁美洲、美国、英国，来自巴黎的各个角落……波伏瓦的受众超越了社会阶级的束缚，跨越了教育资本和国籍的界限——这些信件来自作家和准作家、教师、大学生、女中学生、社会工作者、工厂工人、医生、心理学家和心理分析师、家庭 主妇。"当然，这些信件不全然赞同波伏瓦的分析，而且她收到的许多信件那时候就已经散佚，但留存下来的信件中具有侮辱性的只是极少数，不过这部分读者的存在确实表明波伏瓦激励了许多人反思他们的境况。[Judith G. Coffin, *Sex, Love and Letters* (New York: Cornell University Press), p. 8–9; Marine Rouch, "Vous Ne Me Connaissez Pas Mais Ne Jetez Pas Tout De Suite Ma Lettre. Le courrier des lecteurs et lectrices de Simone de Beauvoir," ed. Françoise Blum, *Constitution et transmission des mémoires militantes* Vol. 2–9517903-3-3 (Paris: CODHOS, 2017), p. 93.]

57. Simone de Beauvoir, *The Second Sex*, p. 273.

成长

1. Ronnie de Sousa, "Natural-born existentialists," *Aeon,* December 18, 2017.

2. Simone de Beauvoir, *The Second Sex,* p. 284.

3. 例如，见 Luara Ferracioli, "Carefreeness and Children's Wellbeing," *Journal of Applied Philosophy* 37.1(2019):103–17。

4. Simone de Beauvoir, *The Ethics of Ambiguity,* trans. Bernard Frechtman, (New York: Open Road, 2018), p. 36.

5. Barbara Katz Rothman, *The Tentative Pregnancy* (New York: Penguin, 1987), p. 129–

130.

6. Gina Rippon, *The Gendered Brain* (New York: Vintage Arrow, 2019), p. 153–155, 357.

7. 乔纳森·韦伯探索了波伏瓦以及弗朗兹·法农（Franz Fanon）关于"沉淀"的观点，认为我们从我们的环境中积累信息、形成价值观，就像在一条河里天长日久地淤积泥沙。这个类比描述了孩子们在被抚养长大的过程中被附加了各种期望，这些期望塑造了我们的目标以及我们对世界的理解和态度，并伴随着我们的成长，促使我们走进性别刻板印象的模子。沉淀得越多，我们就越难以走上新的道路。不是不可能，但我们所做的选择铸就了我们的过去，让我们成了今天的自己——不过不会决定我们将会成为谁。这些烙印通常是那么细微，而且这是一个循序渐进的过程，所以当它发生在我们自己身上，或者我们强加于他人时，我们根本察觉不到。［Jonathan Webber, *Rethinking Existentialism* (Oxford: Oxford University Press, 2018), p. 4.］

8. Simone de Beauvoir, *The Second Sex*, p. 311.

9. Simone de Beauvoir, *The Second Sex*, p. 311–312.

10. Juliet Macur, "A Risky Move Only Biles Tries Is Little More Than Its Own Reward (Sports Desk)," *The New York Times*, May 25, 2021.

11. Simone de Beauvoir, *The Second Sex*, p. 200.

12. Mary Katharine Tramontana, "Why Do We Still Have 'Girl Stuff' and 'Boy Stuff'?" *The New York Times*, November 18, 2020.

13. Lisa Feldman Barrett, *How Emotions Are Made* (New York: Houghton Mifflin Harcourt, 2017), p. 228; "Lisa Feldman Barrett Discusses 'Resting Bitch Face,'" *Washington, D.C.: Politics and Prose Bookstore*, 2017.

14. 哲学家米艾莎·雪利（Myisha Cherry）称，发声的黑人女性通常被误解并被错误地套入"过分具有攻击性的、有威胁性的、聒噪的、情欲的"的刻板印象之中。[Myisha Cherry, "Gendered Failures in Extrinsic Emotional Regulation;

Or, Why Telling a Woman to 'Relax' or a Young Boy to 'Stop Crying Like a Girl' Is Not a Good Idea," *Philosophical Topics* 47.2 (2019).]

15. Simone de Beauvoir, *The Second Sex*, p. 3–4.

16. Simone de Beauvoir, *The Second Sex*, p. 724.

17. Simone de Beauvoir, *The Second Sex*, p. 345.

18. 在《女宾》中，对话一开始称邻居为"他"，后来又改为"她"，凸显了他／她的性别划分不是一劳永逸的方法。[Simone de Beauvoir, *The Prime of Life*, p. 328; Simone de Beauvoir, *She Came to Stay*, trans. Yvonne Moyse and Roger Senhouse (New York & London: W. W. Norton & Company, 1999), p. 136.]

19. 在波伏瓦的基础上，朱迪斯·巴特勒在《性别麻烦》（*Gender Trouble*）一书中认为，对"女性"进行归类的问题在于，它暗示了存在一种用以归类女性的"正确"方法。这又反过来让一些经验合法化，而将另一些排除在外，比如那些酷儿和跨性别女性的经验。性别不是一个人本质的、固定的、内在的特征。性别是一种社会表现。它是我们所做的事，是依据仪式不断重复，从而围绕我们所形成的各种期待和期望。这和波伏瓦的"存在先于本质"的观点是一脉相承的，不过并非每个人都同意巴特勒的解读。巴特勒的解读的一个问题是，她将性别界定为一种"表现"，低估了许多不符合传统顺性别异性二元体系的人的生命体验。比如，跨性别女性哲学家朱莉娅·塞拉诺（Julia Serano）认为，"女性特质（男性特质亦如此）的某些方面超越了社会和生理性别的界限——否则不会有女性化的男孩和男性化的女孩"。她不是主张赋予女性力量，而是认为我们应该赋予女性特质力量，把这个世界变成一个对每个人来说都更安全的地方，一个可以供人们选择如何真实地以自己的性别活着的地方。[Julia Serano, *Whipping Girl* (Emeryville: Seal Press, 2009), p. 18–20.] 一些哲学家强调了把"女人不是天生的，而是后天形成的"这句话运用到性别认知方面的局限性。例如，哲学家凯瑟琳恩·斯托克（Kathleen Stock）写道："波伏瓦的《第二性》显然仅仅探讨了女性，而她们不情愿地面对一个让她们生来就服从于无法实现的女性特质理想的社会体系这一事实几乎被忽略了。"〔Kathleen Stock, *Material Girls* (London: Fleet, 2021), p. 296.〕就算我们真的用波伏瓦这句话来表明人们可以选择自己的性别，虽然这样感觉是自由的，但它没有告诉我们有关跨性别选择和视角的经历和意义。哲学家海尔嘉·瓦尔登（Helga Varden）认为，波伏瓦的哲学和科学决定论都"努力聚焦疗愈的存在主义重要性，以及当这个过程成功结束后人们感受到的存在主义解脱"。〔Varden Helga, *Sex, Love, and Gender: A Kantian Theory* (Oxford: Oxford University Press, 2020), p. 126.〕这样的歧义和争论并不稀奇，因为波伏瓦没有就跨性别认同作任何具体阐述。

20. Simone de Beauvoir, *The Second Sex,* p. 16–17.

21. Simone de Beauvoir, Alice Schwartzer, "The Rebellious Woman—an Interview by Alice Schwartzer," in *Feminist Writings,* trans. Marybeth Timmermann, eds. Margaret A. Simons and Marybeth Timmermann (Urbana, Chicago, and Springfield: Illinois University Press, 2015), p. 197; Simone de Beauvoir, *The Second Sex,* p. 4.

22. Simone de Beauvoir, *The Second Sex,* p. 287.

23. Simone de Beauvoir, *The Second Sex,* p. 348.

24. Simone de Beauvoir, *Memoirs of a Dutiful Daughter,* p. 99–101.

25. Simone de Beauvoir, *Memoirs of a Dutiful Daughter,* p. 121. 此为波伏瓦重点强调。

26. Simone de Beauvoir, *Memoirs of a Dutiful Daughter,* p. 111.

27. Simone de Beauvoir, *The Second Sex,* p. 369.

28. Simone de Beauvoir, *The Second Sex,* p. 366–367.

29. "Be a Lady They Said" by Camille Rainville Featuring Cynthia Nixon, Feb 26, 2020, Vimeo. McLean, Paul (Director) and Rothstein, Claire (Producer).

30. Simone de Beauvoir, "Observer Picture Archive: My Clothes and I, 20 March 1960 with Cynthia Judah," ed. Greg Whitmore, *The Guardian,* 2019.

31. D. Sharmin Arefin, "Is Hair Discrimination Race Discrimination?" *American Bar*

Association-Business Law Today April 17, 2020; Christy Zhou Koval and Ashleigh Shelby Rosette, "The Natural Hair Bias in Job Recruitment," *Social Psychological & Personality Science* August, 2020), *The CROWN Research Study: Dove*, 2019.

32. Mary Beth Mader, "The Second Sexuality," in *A Companion to Simone de Beauvoir*, eds. Laura Hengehold and Nancy Bauer (Hoboken, NJ: Wiley–Blackwell, 2017).

33. Ijeoma Oluo, *Mediocre* (New York: Seal Press, 2020), p. 6.

34. bell hooks, *The Will to Change* (New York: Atria Books, 2004), p. 31.

35. Dan Cassino and Yasemin Besen–Cassino, "Of Masks and Men? Gender, Sex, and Protective Measures During COVID–19," *Politics & Gender* 16.4 (2020): 1052–1062; Tyler T. Reny, "Masculine Norms and Infectious Disease: The Case of COVID–19," *Politics & Gender* 16.4 (2020): 1028–1035; Carl L. Palmer and Rolfe D. Peterson, "Toxic Mask–ulinity: The Link between Masculine Toughness and Affective Reactions to Mask Wearing in the COVID–19 Era," *Politics & Gender* 16.4 (2020): 1044–1051.

36. 托米·拉伦（Tomi Lahren）在社交网络上的发言内容为"最好再搭一个女士包配你的口罩，乔"。

37. Simone de Beauvoir, *The Second Sex*, p. 312.

38. Simone de Beauvoir, "Pyrrhus and Cineas," in *Philosophical Writings*, trans. Marybeth Timmermann, eds. Margaret A. Simons, et al. (Urbana and Chicago: University of Illinois Press, 2004), p. 123.

39. Simone de Beauvoir, *Les Belles Images*, trans. Patrick O'Brian (New York: G. P. Putnam's Sons, 1968), p. 223.

友谊

1. Simone de Beauvoir, *The Second Sex*, p. 160.

2. Simone de Beauvoir, *The Second Sex*, p. 159.

3. Simone de Beauvoir, *She Came to Stay,* trans. Yvonne Moyse and Roger Senhouse (New York & London: W. W. Norton & Com), p. 302.

4. G. W. F. Hegel, *Phenomenology of Spirit,* trans. A. V. Miller (Oxford: Clarendon Press, 1981), p. 114.

5. Simone de Beauvoir, *The Mandarins,* trans. Leonard M. Friedman (London and Glasgow: Fontana Books, 1960), p. 43.

6. Simone de Beauvoir, *She Came to Stay,* trans. Yvonne Moyse and Roger Senhouse (New York & London: W. W. Norton & Com), p. 291.

7. Edward Fullbrook and Kate Fullbrook, *Sex and Philosophy* (London and New York: Continuum, 2008), p. 13.

8. Simone de Beauvoir, *A Transatlantic Love Affair: Letters to Nelson Algren* (New York: The New Press, 1998), p. 208.

9. Simone de Beauvoir, *The Prime of Life,* p. 24.

10. Simone de Beauvoir, *The Prime of Life,* p. 183.

11. Hazel Rowley, *Tête-à-Tête: The Tumultuous Lives and Loves of Simone de Beauvoir and Jean-Paul Sartre* (New York: HarperCollins), p. 60.

12. Simone de Beauvoir, *The Prime of Life,* p. 209.

13. John Gerassi, *Talking with Sartre: Conversations and Debates* (New Haven & London: Yale University Press, 2009), p. 221.

14. Hazel Rowley, *Tête-à-Tête: The Tumultuous Lives and Loves of Simone de Beauvoir and Jean-Paul Sartre*, p. 337–338.

15. 萨特写道："我从来没有感到恶心，我也并非真实，我停留在应允之地的门槛外。但至少我为他们指明了方向，其他人也可以到达。我是一个引路人，那是我的职责。"〔Jean-Paul Sartre, *War Diaries: Notebooks from a Phoney War 1939–1940,* trans. Quintin Hoare, London & New York: Verso, 1984), p. 62.〕关于萨特对说谎的观点，参见 Jean-Paul Sartre. *Being and Nothingness,* trans. Hazel

E. Barnes (New York: Washington Square Press, 1992), p. 89。

16. Simone de Beauvoir, *Force of Circumstance I: After The War*, p. 270.

17. 美国政府估计，由于健康系统的压力，每年因孤独产生的花费将近70亿美元。["The Health Impact of Loneliness: Emerging Evidence and Interventions," Washington, DC: The National Institute for Health Care Management, 2018; Rachelle Meisters, et al., "Does Loneliness Have a Cost?: A Population-Wide Study of the Association between Loneliness and Healthcare Expenditure," *International Journal of Public Health* 66.581286 (2021).]

18. "The Loneliness Epidemic," Rockville, MD: Health Resources & Services Administration, 2019.

19. Elena Renken and Lydia Denworth, "Survival of the Friendliest: How Our Close Friendships Help Us Thrive." NPR, February 22, 2020.

20. Norimitsu Onishi, "A Generation in Japan Faces a Lonely Death," *The New York Times,* November 30, 2017.

21. Simone de Beauvoir, *All Said and Done*, p. 215.

22. 和波伏瓦一样，汉娜·阿伦特同样意识到孤独会阻碍人们充分地活着，但是有一个危险是阿伦特强调而波伏瓦忽视了的，那就是孤独的政治风险。阿伦特提出，孤独和"隔绝""独处"不同。隔绝是身边没有人陪伴，而孤独是切断了和他人的联系，也就是说，即使一个人周围都是人，他也可能感到孤独。借鉴阿伦特的观点，哲学家萨曼莎·罗斯·希尔认为，有预谋的孤独是滋生暴政和极权主义的绝佳温床，因为它会蒙蔽人们的双眼，削弱他们做出判断的能力："身处孤独之中，人无法继续与自己对话，因为人的思考能力做出了让步。意识形态的思维会让我们远离充满鲜活生命体验的世界，扼杀想象力，否定多元化，摧毁人与人之间建立起有意义的联系的空间。"孤独为极权主义领导者扫清障碍，提供专横残暴的解决方式和集体来"治愈"我们的孤独。[Samantha Rose Hill, "Where Loneliness Can Lead,"

Aeon, October 2020.]

23. Simone de Beauvoir, *Memoirs of a Dutiful Daughter,* p. 92.

24. Simone de Beauvoir, *Memoirs of a Dutiful Daughter,* p. 94.

25. Simone de Beauvoir, *Memoirs of a Dutiful Daughter,* p. 143; Alice Schwarzer, *After The Second Sex,* p. 120.

26. Deborah Tannen, *You're the Only One I Can Tell* (New York: Ballantine Books, 2017), p. 12. 女性比男性更愿意分享并不意味着她们更"八卦"，这种评价通常是一种批评，目的是让女性之间不要彼此交流。见 Megan L. Robbins and Alexander Karan, "Who Gossips and How in Everyday Life?" *Social Psychological and Personality Science,* 11.2 (2020): 185–195。

27. Simone de Beauvoir, *Diary of a Philosophy Student: Volume 1*(Urbana and Chicago: University of Illinois Press, 2006), p. 311.

28. Simone de Beauvoir, *Memoirs of a Dutiful Daughter,* p. 258.

29. Abdullah Almaatouq, et al., "Are You Your Friends' Friend? Poor Perception of Friendship Ties Limits the Ability to Promote Behavioral Change," *PLoS One* 11.3 (2016).

30. 希尔维这个人物和波伏瓦的另一个密友希尔维·勒·庞同名，这很有可能不是巧合。波伏瓦将她的自传《清算已毕》题献给希尔维，并在写到她时这样说道："我爱她的热情和愤怒，她的庄严，她的欢乐，她对平庸的恐惧，她毫无心计的慷慨大度。" [Simone de Beauvoir, *All Said and Done,* p. 63.]

31. 部分信件已出版，见 Éliane Lecarme-Tabone and Jean-Louis Jeanelle, eds., *Simone de Beauvoir* (Paris: L'Herne, 2013), p. 127。节选自 Simone de Beauvoir, "Importante correspondance à Violette Leduc," *Sotheby's* 1945–1972。

32. Sylvia Plath, *The Bell Jar* (New York: Buccaneer Books, 1971), p. 36.

33. Simone de Beauvoir, *The Second Sex,* p. 355.

34. Leela Gandhi, *Affective Communities* (Durham & London: Duke University Press,

2006), p. 31.

35. 作为教师，我不能说出我在哪个监狱授课，也不能透露服刑学生的姓名，不过我可以写下他们的经历。

36. Plato, *Symposium,* trans. Christopher Gill (New York: Penguin, 1999), p. 49.

37. Plato, *Symposium,* p. 14.

38. Plato, *Symposium,* p. 47.

39. Simone de Beauvoir, *The Second Sex,* p. 511.

40. 多数研究发现教育和累犯之间存在明显的反向相关关系。例如，见 Lori L. Hall, "Correctional Education and Recidivism: Toward a Tool for Reduction," *Journal of Correctional Education* 66.2 (2015): 4–29; Jurg Gerber and Eric J. Fritsch. *Prison Education and Offender Behavior: A Review of the Scientific Literature* (Huntsville, TX: College of Criminal Justice, Sam Houston State University, 1993)。

41. Nadya Tolokonnikova, *Read and Riot: A Pussy Riot Guide to Activism* (San Francisco: HarperOne, 2018), p. 173.

42. Simone de Beauvoir, *The Ethics of Ambiguity,* p. 91.

43. Simone de Beauvoir, *The Second Sex,* p. 66.

爱情

1. Simone de Beauvoir, *A Transatlantic Love Affair: Letters to Nelson Algren,* p. 208.

2. Simone de Beauvoir, *Letters to Sartre,* trans. Quintin Hoare (New York: Arcade Publishing, 1992), p. 183; Simone de Beauvoir, *The Second Sex,* p. 511.

3. Simone de Beauvoir, *The Second Sex,* p. 706.

4. Simone de Beauvoir, *The Prime of Life,* p. 252.

5. "汗味儿T恤"速配活动基于一项研究，该研究认为我们体味中散发的某些分子影响着我们的择偶，见 Claus Wedekind, et al., "MHC-Dependent Mate Preferences in Humans," *Proceedings: Biological Sciences* 260.1359 (1995): 245–249。

6. Enzo Emanuele, et al., "Raised Plasma Nerve Growth Factor Levels Associated with Early-Stage Romantic Love," *Psychoneuroendocrinology* 31.3 (2006): 288–294; Donatella Marazziti and Domenico Canale, "Hormonal Changes When Falling in Love," *Psychoneuroendocrinology* 29.7 (2004): 931–936.

7. Simone de Beauvoir, *Memoirs of a Dutiful Daughter,* p. 89.

8. Simone de Beauvoir, *The Ethics of Ambiguity,* p. 65.

9. Esther Perel, *State of Affairs* (New York: HarperCollins, 2017), p. 39.

10. Simone de Beauvoir, *The Mandarins,* p. 194.

11. Simone de Beauvoir, *The Second Sex,* p. 696.

12. Simone de Beauvoir, *The Ethics of Ambiguity,* p. 67.

13. Simone de Beauvoir, The Useless Mouths in *"The Useless Mouths" and Other Literary Writings,* trans. Liz Stanley and Catherine Naji, eds. Margaret A. Simons and Marybeth Timmermann (Urbana, Chicago, and Springfield: University of Illinois Press, 2011), p. 70–71.

14. Algren, Nelson. "The Question of Simone de Beauvoir," *Harper's Magazine,* May 1965:136.

15. 阿米亚·斯里尼瓦森（Amia Srinivasan）没提到波伏瓦，不过在《作为教育失败的性》（"Sex as a Pedagogical Failure"）一文中给出了恰当的论据。[Amia Srinivasan, "Sex as a Pedagogical Failure," *The Yale Law Journal* 129.4 (2020).]

16. Alice Schwarzer, *After The Second Sex,* p. 53.

17. Simone de Beauvoir, *Letters to Sartre,* p. 389.

18. Simone de Beauvoir, *Force of Circumstance I: After The War,* p. 125.

19. Alice Schwarzer, *After The Second Sex,* p. 84, 113.

20. Daniel Avery, "71 Countries Where Homosexuality Is Illegal," *Newsweek* 2019.

21. Michelle Ruiz, "The Young Women of Hollywood Are Single and Loving It," *Vogue* 2019.

22. Janet Farrell Smith, "Possessive Power," *Hypatia* 1.2 (1986): 103–20.

23. Simone de Beauvoir, *The Second Sex,* p. 261.

24. Simone de Beauvoir, *Brigitte Bardot and the Lolita Syndrome* (New York: Arno Press & The New York Times, 1972), p. 17, 20.

25. Simone de Beauvoir, *The Useless Mouths,* p. 81.

26. Simone de Beauvoir, *The Second Sex,* p. 566.

婚姻

1. Rose M. Kreider and Renee Ellis, Number, Timing, and Duration of Marriages and Divorces: 2009, Washington, DC: U.S. Census Bureau, 2011: 11. 更多最近的研究表明，人们会等很久才结婚或干脆不结婚。见 Amanda Barroso, Kim Parker and Jesse Bennett, "As Millennials near 40, They're Approaching Family Life Differently Than Previous Generations," Washington, DC: Pew Research Center, 2020; Juliana Menasce Horowitz, Nikki Graf and Gretchen Livingston, "Marriage and Cohabitation in the U.S.," Pew Research Center, 2019。

2. Simone de Beauvoir, *Diary of a Philosophy Student: Volume 1,* p. 246.

3. Simone de Beauvoir, *The Useless Mouths,* p. 50.

4. Simone de Beauvoir, *The Useless Mouths,* p. 66.

5. Simone de Beauvoir, *Diary of a Philosophy Student: Volume 1,* p. 246.

6. G. W. F. Hegel, "A Fragment on Love," in *The Philosophy of (Erotic) Love,* eds. Robert C. Solomon and Kathleen M. Higgins (Lawrence: University Press of Kansas, 1991), p. 120.

7. "Defense of Marriage Act: Update to Prior Report," Washington, DC: U.S. Government Accountability Office, 2004.

8. Aristotle, *Politics,* trans. Benjamin Jowett (New York: Random House, 1943), p75–77.

9. Simone de Beauvoir, *All Said and Done,* p. 458.

10. Simone de Beauvoir, *The Blood of Others,* trans. Yvonne Moyse and Roger Senhouse (Victoria, Australia: Penguin Books, 1964), p. 140.

11. Simone de Beauvoir, *The Second Sex,* p. 510.

12. Simone de Beauvoir, *The Woman Destroyed,* trans. Patrick O'Brian (New York: Pantheon Books, 1969), p. 246.

13. Lorna Sabbia and Maddy Dychtwald, "Women & Financial Wellness: Beyond the Bottom Line," *Merrill & Age Wave,* 2019: 20.

14. Simone de Beauvoir, *The Second Sex,* p. 522.

15. 有证据表明，年轻人看待性别角色的眼光比20世纪末更加保守，也没有20世纪末那么平等。在2014年的一项研究中，18至24岁的受访者中大约有一半的男性（以及三分之一的女性）相信"女性在家照顾家人更好，男性到外面的世界闯荡更好"。（Nika Fate-Dixon, "Are Some Millennials Rethinking the Gender Revolution? Long-Range Trends in Views of Non-Traditional Roles for Women," University of Texas at Austin: Council on Contemporary Families, 2017.）

16. Mylène Lachance-Grzela and Geneviève Bouchard, "Why Do Women Do the Lion's Share of Housework? A Decade of Research," *Sex Roles* 63 (2010): 767–780; Bobbie Mixon, "Chore Wars: Men, Women and Housework," *Virginia: National Science Foundation,* 2008.

17. Caitlyn Collins, et al., "COVID-19 and the Gender Gap in Work Hours," *Gender, Work and Organization* 28.S1 (2020): 101–112.

18. Valerie A. Ramey, "Time Spent in Home Production in the 20th Century: New Estimates from Old Data," *National Bureau of Economic Research,* 2008: 56–58.

19. 波伏瓦指出，做饭没那么让人厌烦，因为它涉及大量的创造：通过寻找和沟通来获取食材；发明菜谱和烹饪方法，展示厨艺；完善复杂的创造过程，而这需要技术和耐心，并且要反复试错，特别是在烘焙和制作糕点时。虽然如此，只要做饭是家务，只要它还是一个没有报酬的必须完成之事，它就是重复的、单调的，能让一个人轻易陷入二元冲突，就像所有家务活那样。（Simone de Beauvoir, *The Second Sex*, p. 476–480.）

20. Sarah Thebaud, Sabino Kornrich and Leah Ruppanner, "Good Housekeeping, Great Expectations: Gender and Housework Norms," *Sociological Methods & Research* (2019): 1–29.

21. Simone de Beauvoir, *The Second Sex,* p. 734.

22. Patricia Hill Collins, *Black Feminist Thought* (New York: Routledge, 2000), p. 46.

23. Mary Wollstonecraft, *Vindication of the Rights of Women* (London: The Remnant Trust, 1792).

24. Robert C. Solomon and Kathleen M. Higgins (eds.), *The Philosophy of (Erotic) Love,* p. 52.

25. Simone de Beauvoir, *The Second Sex,* p. 465.

26. Simone de Beauvoir, *The Second Sex,* p. 467.

27. Simone de Beauvoir, *The Second Sex,* p. 457.

28. Simone de Beauvoir, *The Second Sex,* p. 511.

29. Simone de Beauvoir, *Diary of a Philosophy Student: Volume 1,* p. 78.

30. Simone de Beauvoir, *A Transatlantic Love Affair: Letters to Nelson Algren*, p. 128.

31. Simone de Beauvoir, *The Prime of Life,* p. 21–22. 一段贵贱相通的婚姻关系容纳不同阶级的两个人，通常丈夫的社会地位高于妻子。波伏瓦没有明确指出她为何使用这个词，但很可能是因为波伏瓦的出身比萨特高，虽然她的家庭破产了，一分钱的嫁妆也没给波伏瓦和她姐姐留下。

32. 像苏珊·J. 布里森（Susan J. Brison）指出的那样，这一观点和波伏瓦认为爱人可以自由改变自己和他们之间的关系的观点相矛盾："一份爱怎么可能既是'本质'（必需、永久、无法改变），又是真实呢？"［Susan J. Brison, "Beauvoir and feminism: interview and reflections," in *The Cambridge Companion to Simone de Beauvoir,* ed. Claudia Card (Cambridge and New York: Cambridge University Press,

2003). P. 201.〕

33. Simone de Beauvoir, *The Prime of Life*, p. 67.

34. Simone de Beauvoir, *Les Belles Images*, p. 82–83.

35. Simone de Beauvoir, *Les Belles Images*, p. 138.

36. Stephanie Coontz, *Marriage, a History* (New York: Viking, 2005), p. 31。这些例子有的看起来似乎很荒谬，但是将西方价值观——独立和个人主义，比如选择伴侣时不经过父母的同意或干涉，夫妻双方都出去工作等——强加于世界上的其他国家是危险的。哲学家西瑞恩·卡德（Serene Khader）认为，我们应该警惕种族中心主义和文化清洗，因为西方和北半球社会并没有将女性从压迫中解放出来，也并非公正的典范。在一些社会中，出于宗教、文化和自我保护的原因，通过婚姻成为家庭的一分子对于女人来说是重要的。对于卡德而言，独立不是幸福的唯一途径。人格的个人主义——远离压迫，可以在一个范围内自由选择——是至关重要的。对于世界上大多数人而言，工作是令人疲惫的、剥削人的，工资少得可怜，工作内容荒谬可笑，如果不是迫不得已不会去做，而一些人根本无可选择。〔Serene Khader, *Decolonizing Universalism* (Oxford: Oxford University Press, 2019), p. 59.〕

37. Simone de Beauvoir, *The Prime of Life*, p. 24.

38. Olympe de Gouges, "The Rights of Woman," in *Between the Queen and the Cabby*, trans. John Cole, ed. John Cole (Montréal: McGill-Queen's University Press, 2011), p. 36.

39. Olympe de Gouges, *The Rights of Woman*, p. 37.

40. 古热被处决几天后，一家法国媒体报道："奥兰普·德·古热，天生拥有崇高的想象力，相信她的幻觉是由自然激发。她想成为政治家；看起来法律似乎已经惩罚了这个阴谋家，她竟然忘记了她自己的性别该有的德行。"然而并非每个人都如此热衷于性别歧视。一位不知名的巴黎人这样写道："她试图通过出版文学作品来揭露那些恶棍的真面目。他们从来没有原谅过她，她为她的无所畏惧付出了掉脑袋的代价。"［Sophie Mousset, *Women's Rights and the French Revolution* (New York: Routledge, 2017), p. 97–99.］近两百年后，她的崇高想象，她的性别该有的德行，以及她的无所畏惧都以其真实本质为人所崇敬：无与伦比的勇气。她的观点成为联合国《消除对妇女的歧视宣言》（*Declaration on the Elimination of Discrimination against Women*）的一部分，她对婚姻的看法成为很多人的真实选择。最近，哲学家伊丽莎白·布雷克（Elizabeth Brake）呼吁一个和古热曾经的构想相似的结构。布雷克将她自己的版本称为"微型婚姻"，这种婚姻基于相爱且双方达成一致的成年人之间所缔结的契约。［Elizabeth Brake, *Minimizing Marriage* (New York: Oxford University Press, 2012).］但就算是极简化的微型婚姻也存在问题：这些人歧视那些不处于婚姻关系之中的人，"相爱"也是一个捉摸不定的词。至少传统婚姻的结构是，表面上"照顾"女性，但事实上让她们被压迫，让她们被剥夺受教育的权利。哲学家布鲁克·J.萨德勒（Brook J. Sadler）反对婚姻——即使是微型婚姻，支持民事结合，因为民事结合更灵活，它允许个性化的安排，政府也更少干涉其中的性取向和性活动，更能摆脱传统婚姻带来的父权负担。［Brooke J. Sadler, "Re-thinking Civil Unions and Same-Sex Marriage," *The Monist* 91.3/4 (2008): 578–605.］

41. Simone de Beauvoir, *The Second Sex,* p. 511.

42. Simone de Beauvoir, "Preface to Divorce in France," in *Feminist Writings,* trans. Marybeth Timmermann, eds. Margaret A. Simons and Marybeth Timmermann (Urbana, Chicago, and Springfield: University of Illinois Press, 2015), p. 248.

43. Adrienne Rich, "Women and Honor," in *On Lies, Secrets, and Silence* (New York: W. W. Norton & Company, 1979), p. 188.

44. Judith Butler, "Judith Butler on Rethinking Vulnerability, Violence, Resistance," *Verso Blog* March 6, 2020.

45. Simone de Beauvoir, *Letters to Sartre,* p. 472. 法语中的"petit"一词翻译成英文

为"little"（小的）。我把"little"改为了"dear"（亲爱的），以强调"petit"
一词更是一种爱称，而非指涉萨特的身高。

母亲

1. Max Cacopardo, *Jean-Paul Sartre and/et Simone de Beauvoir / Société Radio-Canada* (Brooklyn, NY: First Run/Icarus Films, 2005).

2. Sara Ruddick, *Maternal Thinking* (Boston: Beacon Press, 1995), p. 12.

3. Jacqueline Rose, *Mothers* (New York: Farrar, Straus and Giroux, 2018), p. 78.

4. Hannah Arendt, *The Origins of Totalitarianism* (Cleveland: Meridian, 1962), p. 473。尽管阿伦特的思想适用于照顾的经历，但阿伦特主要谈论纳粹主义，以及极权思想如何不关心新生的奇迹。

5. Adrienne Rich, *Of Woman Born* (New York: W. W. Norton & Company, 1995), p. 35–36.

6. Simone de Beauvoir, *The Second Sex,* p. 192.

7. Simone de Beauvoir, *The Second Sex,* p. 541.

8. Naomi Stadlen, *What Mothers Do Especially When It Looks Like Nothing* (New York: TarcherPerigee, 2007), p. 1.

9. Naomi Stadlen, *What Mothers Do Especially When It Looks Like Nothing,* p. 15.

10. Alice Schwarzer, *After The Second Sex,* p. 54, 76.

11. Simone de Beauvoir, Margaret A. Simons and Jane Marie Todd, "Two Interviews with Simone De Beauvoir," *Hypatia* 3.3 (1989): 18–19.

12. 比如，见Kathryn T. Gines, "Sartre, Beauvoir, and the Race/Gender Analogy: A Case for Black Feminist Philosophy," in *Convergences: Black Feminism and Continental Philosophy,* eds. Maria del Guadalupe Davidson, Kathryn T. Gines and Donna-Dale L. Marcano (Albany: SUNY Press, 2010); Deborah King, "Multiple Jeopardy, Multiple Consciousness: The Context of a Black Feminist Ideology," *Signs* 14.1

(1988): 42–72。

13. "第二班工作"是阿莉·霍克希尔德（Arlie Hochschild）的书于1989年首次出版后创造出来的词。[Arlie Russell Hochschild and Anne Machung, The Second Shift (New York: Penguin Books, 2003).]法国卡通漫画家爱玛在2019年创造了"心理负担"这个词。[Emma, "Do You Want Me to Do It? (No)," January 17, 2019.]

14. Jacqueline Rose, *Mothers,* p. 77.

15. Coventry Patmore, The Angel in the House, *London, Paris & Melbourne: Cassell & Company,* 2014.

16. Virginia Woolf, *Killing the Angel in the House* (New York: Penguin, 1995), p. 3–5; Virginia Woolf, *The Pargiters* (New York: New York Public Library & Readex Books, 1977), p. 29–30.

17. 灵感来自一个社交网络上的吐槽。[Sarah Buckley Friedberg, "Society to Working Moms," April 18, 2019.]

18. Simone de Beauvoir, *The Second Sex,* p. 523.

19. Aristotle, *The Basic Works of Aristotle* (New York: Random House, 1941), p. 1092.

20. Immanuel Kant, "Friendship," in *Lectures on Ethics,* trans. Louis Infield (London: Meuthen & Co., 1930), p. 204.

21. Friedrich Nietzsche, *Beyond Good and Evil,* trans. Helen Zimmern (Auckland: The Floating Press, 2008), p. 217.

22. Friedrich Nietzsche, *Thus Spoke Zarathustra,* p. 116.

23. Kelly M. Hoffman, et al., "Racial Bias in Pain Assessment and Treatment Recommendations, and False Beliefs About Biological Differences between Blacks and Whites," *PNAS* 113.16 (2016); Laura Kiesel, "Women and Pain: Disparities in Experience and Treatment," *Harvard Health Blog*, October 9, 2017.

24. "Severe Maternal Morbidity in the United States," Centers for Disease Control and

Prevention, 2014; Nina Martin and Renee Montagne, "U.S. Has the Worst Rate of Maternal Deaths in the Developed World," *NPR* 2017; Marian F. MacDorman, et al., "Recent Increases in the U.S. Maternal Mortality Rate," *Obstetrics & Gynecology* 128.3 (2016): 447–455. 上述及其他许多研究者指出，美国孕产妇死亡率有被低估的趋势。

25. "Infant Mortality," Centers for Disease Control and Prevention, 2016; "Pregnancy-Related Deaths by Race/Ethnicity," Centers for Disease Control and Prevention, 2017.

26. Mikki Kendall, *Hood Feminism* (New York: Penguin, 2020), p. 233.

27. 就连财富、名誉、教育和地位都无法保护黑人女性。碧昂丝和塞雷娜·威廉姆斯（Serena Williams）都在生产时面临过危及生命的并发症。梅根·马克尔（Meghan Markle）就因孕期摸了自己的孕肚而遭到英国媒体的批评，而早先凯特·米德尔顿（Kate Middleton）做过一模一样的动作，却得到盛赞一片。《每日邮报》的一个标题夸张地称赞道："怀孕的凯特温柔地轻抚着她的孕肚。"而一年后就变成了："梅根·马克尔怎么就不能把她的手从孕肚上拿开？……是自豪，是虚荣，还是做戏——或者只是一种新的驻颜手段？"社会学家特莱西·麦克米伦·考顿（Tressie McMillan Cottom）怀孕4个月时感到腹痛，几天里看了三次医生，均被拒诊。医生都告诉她，这对于体重过重的人来说是正常现象，然后是便秘，再然后是食物中毒。她用了三天才分娩产下女儿，但不久孩子便死了。护士对她发出诸如此类的责骂："你应该早说的""你知道吗，我们无能为力，因为你都不告诉我们你要分娩了"。考顿注意到这样的受害者有罪论无处不在："当医学界系统性地否认黑人女性疼痛的存在，对我们的疼痛诊断不足，拒绝减轻或治疗我们的疼痛时，医疗保健体系就是在将我们视为官僚体系下无能的物，并据此为我们治病。"［Tressie McMillan Cottom, *Thick: And Other Essays* (New York: The New Press, 2019), p. 82–86.］2019年，黑人女医生苏珊·莫尔（Susan

Moore）在印第安纳州因感染新冠病毒就医，据说一名白人男性医生和其同事在她取药时让她等了几个小时，让她感觉自己像是有毒瘾一样，他们还试图早点把她打发走。她最终死于新冠病毒感染，临死前，她说："黑人就是这样被杀死的。把他们送回家，让他们不知该如何为自己斗争。"［Fenit Nirappil, "A Black Doctor Alleged Racist Treatment before Dying of COVID-19," *The Washington Post,* December 24, 2020.］

28. 关于对抱怨精彩绝伦的哲学辩护，见 Kathryn J. Norock, "Can't Complain," *Journal of Moral Philosophy* 15.2 (2018): 117–135。

29. Simone de Beauvoir, *The Second Sex,* p. 566.

30. Simone de Beauvoir, *Memoirs of a Dutiful Daughter,* p. 190.

31. Simone de Beauvoir, *Force of Circumstance I: After The War,* p. 191.

32. Simone de Beauvoir, "Pourquoi Nous Avons Signe," *Le nouvel observateur,* April, 1971, p. 43.

33. "The World's Abortion Laws," Center for Reproductive Rights, 2021.

34. Joseph D. Lyons, "Justin Humphrey Is the Oklahoma 'Hosts' Lawmaker," *Bustle,* Febuary 14, 2017.

35. Michele Rivkin-Fish, "Conceptualizing Feminist Strategies for Russian Reproductive Politics: Abortion, Surrogate Motherhood, and Family Support after Socialism," *Signs* 38.3 (2013): 573.

36. Simone de Beauvoir, *The Second Sex,* p. 525.

37. Simone de Beauvoir, *The Second Sex,* p. 568.

38. Opheli Garcia Lawler, "Michelle Obama Is Done with the Gospel of 'Lean In,'" *The Cut,* December 2, 2018。有证据表明奥巴马对"向前一步"这一说法持怀疑态度。利奥诺拉·里斯（Leonora Risse）在2020年发表了一项基于7500名澳大利亚人的研究，发现与"向前一步"相关的核心指标——信心、抱负、胆识、外向、内控——会让男性增加升职可能，而女性则不会。里斯沮丧地总结道："总体而言，这些发现指向了一种令人不安的职业成功样板：要自信、要有野心……要阳刚。"（Leonora Risse, "That Advice to Women to 'Lean in', Be More Confident...It Doesn't Help, and Data Show It," *The Conversation* 2020.）

39. Alice Schwarzer, *After The Second Sex,* p. 73.

40. Sheryl Sandberg, "On Mother's Day, We Celebrate All Moms," May 6, 2016.

41. Simone de Beauvoir, *The Second Sex,* p. 568.

42. Suniya S. Luthar and Lucia Ciciolla, "What It Feels Like to Be a Mother: Variations by Children's Developmental Stages," *Developmental Psychology* 52.1 (2016): 143–154.

43. Simone de Beauvoir, *The Second Sex,* p. 765.

变老

1. Simone de Beauvoir, *Old Age,* p. 604.

2. Simone de Beauvoir, *Old Age,* p. 315.

3. Simone de Beauvoir, *All Said and Done,* p. 463; Simone de Beauvoir, *Old Age,* p. 8.

4. Simone de Beauvoir, *Old Age,* p. 319.

5. Simone de Beauvoir, *Force of Circumstance II: Hard Times,* trans. Richard Howard (New York: Paragon House, 1992), p. 378.

6. Simone de Beauvoir, *Old Age,* p. 323–324.

7. Simone de Beauvoir, *Old Age,* p. 324.此为波伏瓦重点强调。

8. Simone de Beauvoir, *Old Age,* p. 320.

9. Simone de Beauvoir, *Force of Circumstance II: Hard Times,* p. 377–378; Alice Schwarzer, *After The Second Sex,* p. 83.

10. Simone de Beauvoir, *Old Age,* p. 244.

11. 在罗马尼亚，大约93%的女性会为照看孙辈提供帮助。在美国、英国、中国、瑞典、荷兰、丹麦、法国、匈牙利以及其他国家，超过50%的女性会提供帮助。[Barbara Janta, Caring for Children in Europe, *European Union: RAND Europe,* 2014: 11; Pei-Chun Ko and Karsten Hank, "Grandparents Caring for Grandchildren in China and Korea," *The Journals of Gerontology* 69.4 (2014): 646–51; Joseph Chamie, "Increasingly Indispensable Grandparents." *YaleGlobal Online* September 4, 2018.]

12. Simone de Beauvoir, *Old Age,* p. 13.

13. Simone de Beauvoir, *Old Age,* p. 415.

14. Simone de Beauvoir, *Old Age,* p. 465. 有研究支持这一观点：一项针对英国1964 年至2010年间投票表决的研究发现，年纪越增长，投票越保守，这就是那些维持现状的党派的情况。[James Tilley and Geoffrey Evans, "Ageing and Generational Effects on Vote Choice," *Electoral Studies* 33 (2014): 19–27.]

15. Simone de Beauvoir, *Old Age,* p. 425.

16. 有经验证据证明这一观点：随着年岁增长，人们对时间的主观感受是加快了的，虽然尚无法证明这种体验是生物学上的老化造成的，还是文化和社会因素使然。[Marc Wittmann and Sandra Lehnhoff, "Age Effects in Perception of Time," *Psychological Reports* 97.3 (2005): 921–935.]

17. Simone de Beauvoir, *Force of Circumstance II: Hard Times,* p. 1.

18. Simone de Beauvoir, *Force of Circumstance II: Hard Times,* p. 7.

19. Simone de Beauvoir, *All Said and Done,* p. 34.

20. Simone de Beauvoir, *Old Age,* p. 409.

21. Simone de Beauvoir, *Old Age,* p. 103, 124, 134.

22. Simone de Beauvoir, *Old Age,* p. 104; Ptah-hotep, *The Instruction of Ptah-Hotep,* trans. Battiscombe Gunn (London: John Murray, 1912), p. 41.

23. Simone de Beauvoir, *Old Age,* p. 112, 136.

24. Simone de Beauvoir, *Old Age,* p. 309.

25. Thomas Franck, "Human Lifespan Could Soon Pass 100 Years Thanks to Medical Tech, Says BofA," CNBC 2019.

26. Simone de Beauvoir, *Old Age,* p. 604.

27. Simone de Beauvoir, "Observer Picture Archive: My Clothes and I, 20 March 1960 with Cynthia Judah," *The Guardian,* 2019.

28. 2016年，美国的整容手术市场每年创造价值超过160亿美元。["More Than $16 Billion Spent on Cosmetic Plastic Surgery," *American Society of Plastic Surgeons,* April 12, 2017.]

29. 仍然有这样一种普遍流行的比喻：男人随着年岁增长像美酒，女人随着年岁增长会过期。2016年，在一部叫作《最后的"日"子》（Last F**kable Day）的喜剧里，艾米·舒默（Amy Schumer）、朱莉亚·路易斯－德瑞弗斯（Julia Louis-Dreyfus）、蒂娜·菲（Tina Fey）和帕特丽夏·阿奎特（Patricia Arquette）在加州风景秀丽的树林小河边野餐。她们在庆祝路易斯－德瑞弗斯到了一个会被好莱坞踢出局的年龄。路易斯－德瑞弗斯解释道，如今她已是一个中年妇女，所以媒体不会再把她刻画为一个性感尤物了。她的意思是她不会再接到恋爱角色了，取而代之的是会在诸如《爱你不论代价》（Whatever It Takes）和《她是好意》（She Means Well）这类电影中扮演一些不涉及性的角色。["Last F**kable Day (ft. Tina Fey, Julia Louis-Dreyfus, and Patricia Arquette)," Inside Amy Schumer, Comedy Central, 2015.]

30. Simone de Beauvoir, *Force of Circumstance II: Hard Times,* p. 378.

31. Debora L. Spar, "Aging and My Beauty Dilemma," *The New York Times,* September 25, 2016.

32. 我很钦佩演员朱丝婷·贝特曼（Justine Bateman）的勇气，她认为女性衰老是正常现象，并且揭示了认为男性的年龄增长意味着力量变强，而女性的年龄增长意味着力量变弱这种观点中暗含的性别歧视。贝特曼写道，不被认为是年轻漂亮的是一种"恶性的干扰，几乎渗透到女性的每一寸肌体"，不仅如此，"它就像一个花招，让我在生命中得到最多知识、最大智慧和最强信心的时候把自己关起来，让我逃避、闭嘴，抹杀自己——为了确保我不再继续实现更多的成就，这是一种多么简单的方式"。[Justine Bateman, *Face* (New York: Akashic Books, 2021).]

33. 这不仅仅是美国独有的现象。比如，隆胸、吸脂、腹部除皱等在巴西就很流行，割双眼皮手术在日本需求很大。["ISAPS International Survey on Aesthetic/ Cosmetic Procedures Performed in 2017," *International Society of Aesthetic Plastic Surgery*, 2019.]

34. Martha C. Nussbaum and Saul Levmore, *Aging Thoughtfully* (Oxford: Oxford University Press, 2017), p. 20–21, 120.

35. Simone de Beauvoir, *Old Age*, p. 323.

36. Simone de Beauvoir, *Old Age*, p. 330.

37. Simone de Beauvoir, *The Second Sex*, p. 619, 625.

38. Simone de Beauvoir, *The Second Sex*, p. 619.

39. Simone de Beauvoir, *Old Age*, p. 542.

40. "A Translation of Sappho's 'Old Age Poem' by J. Simon Harris," *The Society of Classical Poets*, July 6, 2018.

41. Simone de Beauvoir, *Old Age*, p. 601.

42. Martha C. Nussbaum and Saul Levmore, *Aging Thoughtfully*, p. 196, 207.

43. Alice Schwarzer, *After The Second Sex*, p. 89.

44. Simone de Beauvoir, *Adieux: A Farewell to Sartre*, trans. Patrick O'Brian (New York: Pantheon Books, 1984), p. 188.

45. Simone de Beauvoir, *Old Age*, p. 547.

死亡

1. Simone de Beauvoir, *Memoirs of a Dutiful Daughter*, p. 138. 此为波伏瓦重点强调。

2. Simone de Beauvoir, *Force of Circumstance II: Hard Times,* p. 379.

3. Simone de Beauvoir, "A Walk through the Land of Old Age: A Documentary Film," in *Political Writings,* trans. Alexander Hertich, eds. Margaret A. Simons and Marybeth Timmermann (Urbana, Chicago, and Springfield: University of Illinois Press, 2012), p. 363.

4. Simone de Beauvoir, *The Ethics of Ambiguity,* p. 127; Simone de Beauvoir, *Pyrrhus and Cineas,* p. 114.

5. Simone de Beauvoir, *The Ethics of Ambiguity,* p. 127.

6. Simone de Beauvoir, *All Men Are Mortal,* trans. Leonard M. Friedman (New York: W. W. Norton & Company, 1992), p. 26.

7. Simone de Beauvoir, *All Men Are Mortal,* p. 22.

8. Simone de Beauvoir, *A Very Easy Death: A Memoir,* trans. Patrick O'Brian (New York: Pantheon, 2013), p. 91.

9. Simone de Beauvoir, *Memoirs of a Dutiful Daughter,* p. 239.

10. Simone Weil, *The Notebooks of Simone Weil,* trans. Arthur Wills (London: Routledge, 2003), p. 492.

11. Simone Weil, *Gravity and Grace,* trans. Emma Crawford and Mario von der Ruhr (London and New York: Routledge, 2003), p. 153.

12. Simone de Beauvoir, *Force of Circumstance I: After The War,* p. 110.

13. Simone de Beauvoir, *The Ethics of Ambiguity,* p. 57.

14. Simone de Beauvoir, *The Mandarins,* p. 360.

15. Simone de Beauvoir, *The Mandarins,* p. 359, 607.

16. Simone de Beauvoir, *The Mandarins,* p. 607.

17. Jo Craven McGinty, "The Numbers: Around the World, Suicides Rise in Spring," *Wall Street Journal,* April 20, 2019.

18. 哲学家詹妮弗·迈克尔·赫克特（Jennifer Michael Hecht）在其对自杀的支

持和反对（占大多数）的深刻哲学分析里也得出了相同结论。赫克特引用大卫·休谟的话，认为"世间万物之间都有着千丝万缕秘密的连接和关联"，没有人能知道自己在不可预知的未来会做什么。[Jennifer Michael Hecht, *Stay* (New Haven: Yale University Press, 2013), p. 138.]

19. Simone de Beauvoir, *All Said and Done*, p. 97.

20. Simone de Beauvoir, *The Mandarins*, p. 610。有研究表明，依赖性强的孩子的母亲更不容易自杀，也许是因为她们对孩子的爱——或起码是她们对自己孩子的责任感——迫使这些母亲不得不活下去。[Jennifer Michael Hecht, *Stay*, p. 153.]

21. Simone de Beauvoir, *Force of Circumstance I: After The War*, p. 271.

22. Simone de Beauvoir, *All Said and Done*, p. 119.

23. Simone de Beauvoir, "My Experience as a Writer," in *"The Useless Mouths" and Other Literary Writings*, trans. Debbie Mann, eds. Margaret A. Simons and Marybeth Timmermann (Urbana: University of Illinois Press, 2011), p297.

24. Seth Abrutyn, Anna S. Mueller and Melissa Osborne, "Rekeying Cultural Scripts for Youth Suicide: How Social Networks Facilitate Suicide Diffusion and Suicide Clusters Following Exposure to Suicide," *Society and Mental Health* 10.2 (2020): 112–135.

25. Simone de Beauvoir, *Adieux: A Farewell to Sartre*, p. 127.

26. Simone de Beauvoir, *The Mandarins*, p. 234.

自毁

1. Simone de Beauvoir, *The Second Sex*, p. 740–741.

2. Christia Mercer, "Descartes' Debt to Teresa of Ávila, or Why We Should Work on Women in the History of Philosophy," *Philosophical Studies* 174 (2017): 2539–2555.

3. Simone de Beauvoir, *The Second Sex*, p. 712–713.

4. Teresa of Ávila, *The Book of My Life,* trans. Mirabai Starr (Boston and London: New Seeds, 2011), p. 225.

5. 圣特蕾莎指出两种有时难以分辨的爱：纯粹的精神之爱，还有另一种"也是精神的，但掺杂了我们的感性和软弱，然而它也是一种有价值的爱，比如亲人和朋友之间的爱，这种爱似乎是法定的"。［Teresa of Ávila, *The Way of Perfection,* trans. E. Allison Peers, Grand Rapids, MI: Christian Classics Ethereal Library, 1964), p. 31.］

6. Teresa of Ávila, *The Interior Castle,* trans. The Benedictines of Stanbrook (London: Thomas Baker, 1921), p. 26–28.

7. Catherine of Siena, *Catherine of Siena: An Anthology Vol.1,* ed. Suzanne Noffke (Arizona: Arizona Center for Medieval and Renaissance Studies, 2012), p. 231.

8. Vida D. Scudder (ed.), *Saint Catherine of Siena as Seen in Her Letters* (New York: E. P. Dutton & Co., 1906), p. 305.

9. Simone de Beauvoir, *The Second Sex,* p. 659。平等救赎是基督教创教初期的教义之一。比如，《加拉太书》（Galatians）3:28 中写道："不分犹太人、希利尼人，自主的、为奴的，或男或女，因为你们在基督耶稣里都成为一了"。

10. Simone de Beauvoir, *The Second Sex,* p. 667.

11. Simone de Beauvoir, *The Second Sex,* p. 669.

12. bell hooks, *All About Love,* p. 72.

13. Simone de Beauvoir, *The Second Sex,* p. 667.

14. Simone de Beauvoir, *The Second Sex,* p. 219–220.

15. Simone de Beauvoir, "Women, Ads, and Hate," in *Feminist Writings,* trans. Marybeth Timmermann, eds. Margaret A. Simons and Marybeth Timmermann (Urbana, Chicago, and Springfield: University of Illinois Press, 2015), p. 275.

16. Simone de Beauvoir, "The Urgency of an Antisexist Law," in *Feminist Writings,* trans. Marybeth Timmermann, eds. Margaret A. Simons and Marybeth Timmermann

(Urbana, Chicago, and Springfield: University of Illinois Press, 2015), p. 266.

17. Simone de Beauvoir, *The Second Sex,* p. 671.

18. Simone de Beauvoir, *The Second Sex,* p. 677.

19. Teresa of Ávila, *The Interior Castle,* p. 26.

20. Simone de Beauvoir, *Force of Circumstance II: Hard Times,* p. 184–185; Simone de Beauvoir, *The Prime of Life,* p. 251–252.

21. Simone de Beauvoir, *My Experience as a Writer,* p. 291.

22. Simone de Beauvoir, *The Prime of Life,* p. 445.

23. 生命伦理学家罗斯玛丽·加兰德－汤姆森（Rosemarie Garland-Thomson）发现波伏瓦关于身份认同和成为女性的见解对理解自己作为残疾人女性的身份很有帮助："文化、话语和社会关系——而不是我们身体的是非对错——决定着我们是谁以及我们被如何理解，这一观点犹如一记智识的惊雷，令我茅塞顿开……突然，我生命中一直以来以为是自己的错的那些问题变成了社会制度的错。我'成为残疾人'的方式和我'成为女人'的方式类似。女性是一个我一直认可并且也认可我的身份，但残疾却是一个……我想要摆脱的身份。"[Rosemarie Garland-Thomson, "The Story of My Work: How I Became Disabled," *Disability Studies Quarterly* 34.2 (2014).]不过，像第一部分中讨论过的，一些有色人种女性发现波伏瓦的分析毫无益处。例如，见 Oyeronke Oyewumi, "Family Bonds/Conceptual Binds," *Signs* 25.4 (2000): 1093–1098。

24. Simone de Beauvoir, *Memoirs of a Dutiful Daughter,* p. 142.

25. Judith G. Coffin, *Sex, Love and Letters,* p. 242.

26. Deirdre Bair, *Simone de Beauvoir: A Biography* (New York: Summit Books, 1990), p. 197.

27. Kate Kirkpatrick, *Becoming Beauvoir,* p. 190, 212, 396.

28. Simone de Beauvoir, *Memoirs of a Dutiful Daughter,* p. 343–344.

29. Simone de Beauvoir, *The Prime of Life*, p. 61.

30. Simone de Beauvoir, *Adieux: A Farewell to Sartre*, p. 300.

31. Simone de Beauvoir, *Wartime Diary*, trans. Anne Deing Cordero (Urbana and Chicago: University of Illinois Press, 2009), p. 187.

32. Simone de Beauvoir, "The Rebellious Woman—an Interview by Alice Schwartzer," in Feminist Writings, trans. Marybeth Timmermann, eds. Margaret A. Simons and Marybeth Timmermann (Urbana, Chicago, and Springfield: Illinois University Press, 2015), p. 198.

33. Simone de Beauvoir, *The Prime of Life*, p. 62.

34. Simone de Beauvoir, *Force of Circumstance II: Hard Times*, p. 377.

35. Simone de Beauvoir, *Memoirs of a Dutiful Daughter*, p. 343.

36. Simone de Beauvoir, *Memoirs of a Dutiful Daughter*, p. 345.

37. Simone de Beauvoir, *The Prime of Life*, p. 478–479.

38. Simone de Beauvoir, *Wartime Diary*, p. 176–177.

39. Simone de Beauvoir, *All Said and Done*, p. 131.

40. Simone de Beauvoir, *Letters to Sartre*, p. 170.

幸福

1. Simone de Beauvoir, *The Ethics of Ambiguity*, p. 13. 此为波伏瓦重点强调。

2. Simone de Beauvoir, "Jean-Paul Sartre," in *Philosophical Writings*, trans. Marybeth Timmermann, eds. Margaret A. Simons, et al., (Urbana and Chicago: University of Illinois Press, 2004), p. 230–232.

3. Simone de Beauvoir, *The Ethics of Ambiguity*, p. 135.

4. Simone de Beauvoir, *All Said and Done*, p. 462–463.

5. Simone de Beauvoir, *The Ethics of Ambiguity*, p. 87.

6. Simone de Beauvoir, *America Day by Day*, trans. Carol Cosman (Berkeley: University

of California Press, 1999), p. 387.

7. Simone de Beauvoir, *The Ethics of Ambiguity*, p. 25.

8. Simone de Beauvoir, "An Existentialist Looks at Americans," in *Philosophical Writings*, eds. Margaret A. Simons, et al. (Urbana and Chicago: University of Illinois Press, 2004), p. 303, 310, 311.

9. Simone de Beauvoir, *Les Belles Images*, p. 51.

10. Simone de Beauvoir, "Poetry and Truth of the Far West" in *Political Writings*, trans. Alexander Hertich, eds. Margaret A. Simons and Marybeth Timmermann (Urbana, Chicago, and Springfield: University of Illinois Press, 2012), p. 36; Simone de Beauvoir, *America Day by Day*, p. 64.

11. "Kate Raworth on economics in the time of an environment and climate emergency," *BBC Newsnight*, May 2, 2019.

12. Deborah D. Danner, David A. Snowdon and Wallace V Friesen, "Positive Emotions in Early Life and Longevity," *Journal of Personality and Social Psychology* 80.5 (2001): 804–813.

13. Barbara L. Fredrickson, et al., "Open Hearts Build Lives: Positive Emotions, Induced through Loving-Kindness Meditation, Build Consequential Personal Resources," *Journal of Personality and Social Psychology* 95.5 (2008): 1045–1062.

14. Joelle Jobin, Carsten Wrosch, and Michael F. Scheier, "Associations between Dispositional Optimism and Diurnal Cortisol in a Community Sample: When Stress Is Perceived as Higher Than Normal," *Health Psychology* 33.4 (2014): 382–391.

15. Jeff C. Huffman, et al., "Effects of Optimism and Gratitude on Physical Activity, Biomarkers, and Readmissions after an Acute Coronary Syndrome," *Circulation: Cardiovascular Quality and Outcomes* 9.1 (2016): 55–63.

16. Simone de Beauvoir, *A Very Easy Death: A Memoir*, p. 101.

17. 心理学家希瑟·巴里·卡佩斯（Heather Barry Kappes）和加布里埃尔·欧廷根（Gabriele Oettingen）发现，积极的幻想会消耗能量，即会让人们失去追求梦想的雄心。他们的解决方式就是一种他们称之为"WOOP"的策略：Wish（愿望），Outcome（产出），Obstacle（障碍），Plan（计划）——意思是许愿是没问题的，但是同样重要的是要考虑可能出现的阻碍以及解决这些阻碍的方法，并且规划行动方案。见 Heather Barry Kappes and Gabriele Oettingen, "Positive Fantasies About Idealized Futures Sap Energy," *Journal of Experimental Social Psychology* 47.4 (2011): 719–729; Gabriele Oettingen, *Rethinking Positive Thinking* (New York: Current, 2015)。

18. Rhonda Byrne, *The Secret* (New York: Atria Books, 2006), p. 28.

19. Simone de Beauvoir, *America Day by Day*, p. 241–242.

20. Sara Ahmed, *The Promise of Happiness* (Durham and London: Duke University Press, 2010), p. 2.

21. 哲学家玛丽莲·弗赖伊同意波伏瓦的观点："通常被压迫的人都会被要求微笑、快乐。顺从显示了我们在所处环境中的温顺和对它的默许。"［Marilyn Frye, *The Politics of Reality* (New York: Crossing Press, 1983), p. 2.］

22. Audre Lorde, *The Cancer Journals* (San Francisco: Aunt Lute Books, 1980), p. 75.

23. Simone de Beauvoir, *The Woman Destroyed*, p. 140.

24. Simone de Beauvoir, *The Woman Destroyed*, p. 252.

25. Simone de Beauvoir, *Memoirs of a Dutiful Daughter*, p. 224.

26. Simone de Beauvoir, *Memoirs of a Dutiful Daughter*, p. 348.

27. Simone de Beauvoir, *Pyrrhus and Cineas*, p. 98.

28. Simone de Beauvoir, *The Mandarins*, p. 53.

29. Simone de Beauvoir, *Diary of a Philosophy Student: Volume 1*, p. 164.

30. Simone de Beauvoir, *Diary of a Philosophy Student: Volume 1*, p. 165.

31. Simone de Beauvoir, *The Prime of Life*, p. 288.

32. Simone de Beauvoir, *Force of Circumstance I: After The War,* p. 162.

33. Simone de Beauvoir, "Must We Burn Sade?" in *The Marquis De Sade,* trans. Annette Michelson (New York: Grove Press, 1953), p. 87.

34. Simone de Beauvoir, *Force of Circumstance I: After The War,* p. 192.

35. Simone de Beauvoir, *Diary of a Philosophy Student: Volume 1,* p. 241–242.

反抗

1. Simone de Beauvoir, *The Second Sex,* p. 749.

2. Simone de Beauvoir, *The Second Sex,* p. 759.

3. 同上。

4. Simone de Beauvoir, *The Ethics of Ambiguity,* p. 96.

5. Amia Srinivasan, *The Right to Sex* (New York: Farrar, Straus and Giroux, 2021), p. 179; Rafia Zakaria, *Against White Feminism* (New York: W. W. Norton & Company, 2021), p. 95.

6. Simone de Beauvoir, *The Mandarins,* p. 584.

7. Simone de Beauvoir, *Memoirs of a Dutiful Daughter,* p. 192.

8. Simone de Beauvoir, *Memoirs of a Dutiful Daughter,* p. 193.

9. Simone de Beauvoir, *Memoirs of a Dutiful Daughter,* p. 181.

10. Simone de Beauvoir, *Diary of a Philosophy Student: Volume 1,* p. 264.

11. Simone de Beauvoir, "Moral Idealism and Political Realism," in *Philosophical Writings,* trans. Anne Deing Cordero, eds. Margaret A. Simons, et al. (Urbana and Chicago: University of Illinois Press, 2004), p. 180.

12. Simone de Beauvoir, *Pyrrhus and Cineas,* p. 180.

13. Simone de Beauvoir, *America Day by Day,* p. 94.

14. Simone de Beauvoir, *Force of Circumstance II: Hard Times,* p. 192.

15. Simone de Beauvoir, *The Mandarins,* p. 585.

16. Simone de Beauvoir, *The Ethics of Ambiguity*, p. 81.

17. Simone de Beauvoir, *Political Writings*, eds. Margaret A. Simons and Marybeth Timmermann (Chicago: University of Illinois Press, 2014), p. 26.

18. Simone de Beauvoir, *The Ethics of Ambiguity*, p. 90.

19. Alice Schwarzer, *After The Second Sex*, p. 74.

20. Kimberlé Crenshaw, "Demarginalizing the Intersection of Race and Sex: A Black Feminist Critique of Antidiscrimination Doctrine, Feminist Theory and Antiracist Politics," *University of Chicago Legal Forum* 1 (1989): 151–152.

21. Gene Demby, "Why Now, White People?" NPR: Code Switch, June 16, 2020.

22. Simone de Beauvoir, *The Ethics of Ambiguity*, p. 91.

23. 同上。

24. Donald J. Trump, "Sad to See the History and Culture of Our Great Country..." August 17, 2017.

25. Simone de Beauvoir, *The Ethics of Ambiguity*, p. 91. 哲学家西塞尔·法布尔（Cécile Fabre）还认为我们有责任选择以正确的方式纪念和记住那些正确的人和正确的事。［Cécile Fabre and Nigel Warburton, "Philosophy Bites," *Cécile Fabre on Remembrance*, 2016.］

26. "Call for Plaques on Scotland's Statues with Links to Slavery," BBC News June 8, 2020.

27. Isabel Wilkerson, Caste (New York: Random House, 2020), p. 14.

28. Simone de Beauvoir, *The Ethics of Ambiguity*, p. 84.

29. Simone de Beauvoir, *The Ethics of Ambiguity*, p. 87.

30. Simone de Beauvoir, *The Mandarins*, p. 26.

31. 哲学家索尼娅·克鲁克斯认为，当弱势群体无法或无法充分为自己发声或行动时，以其盟友的身份运用自身的优势或平台来扩大信息传播，对弱势群体而言是有帮助的，也是负责任的——但其他情况下通常最好不要这么做——保持沉默，不必行动。[Sonia Kruks, "Simone de Beauvoir and the Politics of Privilege," *Hypatia* 20.1 (2005): 185.]哲学家玛丽亚·卢贡内斯（Maria Lugones）和伊丽莎白·斯贝尔曼（Elizabeth Spelman）提议，白人女性以开放、友好、互惠互利，以及（尤其是）谦逊的心态融入社会："于是你需要学会不具侵略性地、不重要地、耐心地忍住眼泪，同时还要随时准备好吸取任何可能出现的教训。"[Maria C. Lugones and Elizabeth V. Spelman, "Have We Got a Theory for You! Feminist Theory, Cultural Imperialism and the Demand for 'the Woman's Voice,'" *Women's Studies International* 6.6 (1983): 580.]

32. Julie Phillips, "Ursula K. Le Guin Was a Creator of Worlds," *Humanities Winter* 2019.

33. "Lettre ouverte à la Commission de révision du code pénal pour la révision de certains textes régissant les rapports entre adultes et mineurs," *Archives Françoise Dolto* 1977.

34. Simone de Beauvoir, *The Mandarins,* p. 358.

35. Simone de Beauvoir, *The Mandarins,* p. 397.

36. Simone de Beauvoir, *The Ethics of Ambiguity,* p. 89–90.

37. Simone de Beauvoir, *The Second Sex: 25 Years Later: Interviewed by John Gerassi,* p. 80.

38. Simone de Beauvoir, *The Ethics of Ambiguity,* p. 89.

39. 在《自由的纽带》（The Bonds of Freedom）一书中，哲学家克里斯塔娜·阿普（Kristana Arp）批评了波伏瓦关于暴力的立场，因为你无法全盘否定他人的自由，除非你杀了他们；然而你可以限制他们的力量，比如可以通过囚禁他们来阻止更进一步的压迫。

40. 哲学家阿米亚·斯里尼瓦桑（Amia Srinivasan）认为，愤怒是一种重要的表达和沟通不公的方式，远比仅仅知道不公更重要。在斯里尼瓦桑看来，告诉人们不要愤怒是社会控制。反对愤怒，甚至共情不公正，不仅表明受害者咎由自取，还意味着不公没有什么大不了，因为其暗含的意思是，这没有什么值得沮丧的。斯里尼瓦桑指出，这种情况的一个例子是，当女性被告诫不要被强奸时，便将强奸的道德责任施加在了受害者而非强奸犯身上。这是一种反向压迫。这种情况中的逻辑谬误是，一些人不被强奸的自由侵害了他人强奸的自由。[Amia Srinivasan, "The Aptness of Anger," *The Journal of Political Philosophy* 26.2 (201): 123–144.]

41. Myisha Cherry, *The Case for Rage* (New York: Oxford University Press, 2021), p. 5.

42. Alona Ferber, "Judith Butler on the Culture Wars, JK Rowling and Living in 'Anti-Intellectual Times,'" *New Statesman* September 22, 2020.

43. Simone de Beauvoir, *The Second Sex,* p. 343.

44. Simone de Beauvoir, *The Ethics of Ambiguity,* p. 97–98。波伏瓦意识到，由于自己是法国人，她成了法国殖民主义的帮凶。她问道："我想撇去作为'阿尔及利亚'战争帮凶的身份，可是怎么才能做到？"[Simone de Beauvoir, *Force of Circumstance II: Hard Times,* p. 91.] 她帮助受折磨的阿尔及利亚受害者，但是总体上感到很无助，直到律师吉赛尔·哈里米（Gisèle Halimi）要她帮忙发起一场释放活动家贾米拉·布帕查（Djamila Boupacha）的运动。布帕查是一个激进的阿尔及利亚独立组织的成员，已被捕数周，受尽折磨，还遭到了强暴。她不承认她的罪名，也没有证据表明她犯了罪。波伏瓦将她的故事记录下来，发表在了全国性的报纸《世界报》（*Le monde*）上，意在改变公众对阿尔及利亚独立战争的看法。布帕查被释放后，她所在的激进组织要强行将她送回阿尔及利亚，但是波伏瓦拒绝干涉此事，因为她不想公开反对她曾支持过的反叛者。哲学家索尼娅·克鲁克斯认为，波伏瓦物化了布帕查——因为波伏瓦决定了如何分享布帕查的故事，并将其用于支持一项更大的事业，但是波伏瓦这么做很可能是没错的，因为至少在这件事当中，就算这个选择是令人痛心的，也并非为了达到目的而不择手段。[Sonia Kruks, Simone de Beauvoir and the Politics of Privilege, p. 194.]

45. 以言辞而非暴力来进行斗争获得了许多哲学上的支持。比如，汉娜·阿伦特提出："从政治角度来讲，光说权力和暴力不同是不够的。权力和暴力是相对立的；当一方处于绝对的统治地位时，另一方就缺席了。"［Hannah Arendt, On Violence. San Diego (New York, London: Harvest/ HBJ, 1970), p. 56.］阿伦特建议权力跟随理性流动，因为理性可以对抗对暴力的需求。这一逻辑的问题是，如果被压迫的人使用暴力，那么就成了他们的错，而不是压迫者的错，尽管最初是压迫者先使用暴力造成了压迫的局面。事实上，当被压迫群体的成员运用暴力来对抗暴力时，他们通常是受到惩罚的人。家庭暴力会得到容忍，甚至被接受、被合法化。比如，在俄罗斯，家庭暴力在2017年被非罪化——站起来反对家庭暴力被避免、被忽视。在美国，警察的残暴是被接受的，而抗议者反对警察残暴的暴力会被更多的警察暴力所镇压。当切切·麦克唐纳（CeCe McDonald），一名跨性别黑人女性在酒吧外的一场种族歧视的口角中被攻击，并且一名女性把一个玻璃杯扔到她脸上时，麦克唐纳用一把剪刀自卫，杀了一名攻击者。麦克唐纳说："我一生中都被规训要相信因为我是跨性别，我就理应受到虐待或接受暴力……这名白人男子以看到我为自己的生命苦苦哀求为乐……通过看到我内心的恐惧来确认他的白人优越感。"她接受了辩诉交易，承认过失杀人，并被判处41个月的有期徒刑。她需要在一间男子监狱服刑，还包括3个月打着保护她的旗号的单独监禁——这种惩罚比被关押还要糟糕。［Jacqueline Gares, *Free CeCe!* Jac Gares Media, Inc., U.S., 2016.］

46. Simone de Beauvoir, *The Ethics of Ambiguity*, p. 28.

47. 受到波伏瓦的启发，索尼娅·克鲁克斯用"模糊的人文主义"这一术语来指代一种善意的、自我批评的人文主义。这种人文主义与压迫和非人性化作斗争，承认政治行动中的矛盾，接受失败的责任，并专注于持续不断的自我重塑。［Sonia Kruks, Simone de Beauvoir and the Politics of Ambiguity (New York: Oxford University Press, 2012), p. 33.］

48. Simone de Beauvoir, *Force of Circumstance II: Hard Times*, p. 375.

49. Simone de Beauvoir, "Moral Idealism and Political Realism," *Philosophical Writings*,

trans. Anne Deing Cordero, eds. Margaret A. Simons, et al. (Urbana and Chicago: University of Illinois Press, 2004), p. 190–191.

50. James Baldwin, *Notes of a Native Son* (Boston: Beacon Press, 2012), p. 15.

51. Simone de Beauvoir, *The Second Sex,* p. 764.

52. Simone de Beauvoir, *Pyrrhus and Cineas,* p. 140.

53. Simone de Beauvoir, "Introduction to Women Insist," in Feminist Writings, trans. Mary beth Timmermann, eds. Margaret A. Simons and Marybeth Timmermann (Urbana, Chicago, and Springfield: University of Illinois Press, 2015), p. 251.

54. 阿蒂尔·兰波（Arthur Rimbaud）曾写过，当女性从被奴役的状况中解放出来，她们就会成为诗人。在《第二性》中，波伏瓦对兰波的这一观点表示赞同。